Das
volkskundliche
Taschenbuch
12

Das
volkskundliche
Taschenbuch
bringt bisher unveröffentlichte Originaltexte
von besonderem Dokumentationswert.
Ein Kommentar situiert das Dokument in seiner Zeit,
dazu kommen Abbildungen und Anmerkungen.

Das
volkskundliche
Taschenbuch
ist eine Reihe
der *Schweizerischen Gesellschaft für Volkskunde,*
begründet und herausgegeben von *Paul Hugger.*

Olga Frey

Großstadtluft und Meereslust

Eine Reise nach Berlin und an die Ostsee 1900

Herausgegeben
von Walter Leimgruber

Limmat Verlag
Zürich

Das Erscheinen des Buches wurde mit Beiträgen des Kantons
Aargau, Abteilung Kulturpflege (Lotteriefonds), und
der Stadt Aarau unterstützt.

Das Umschlagbild stammt aus der »Illustrirten Zeitung«,
Leipzig/Berlin, 27. September 1900.
Zeichnung von Ed. Cucuel (Ausschnitt),
Am Strande von Heringsdorf.

ISBN 3 85791 303 7

Inhalt

Olga Frey-Schmidlin, Aufnahme von J. Lacroix, Genf, ohne Datum

Walter Leimgruber
Einleitung

Kurz vor Weihnachten 1900 ist Olga Frey-Schmidlin aus Aarau sehr beschäftigt. In einem schön gebundenen Album, dessen Deckel sie mit einem umrankten Landschaftsbild bemalt, hält sie ihre Ferienerinnerungen fest. Postkarten, Fotos, Zeitungsausschnitte und andere Andenken ergänzen den Text. Es eilt, denn an Weihnachten soll das Album als Gabe unter dem Christbaum liegen. »Weihnachten 1900. Meinem lieben Mann in Dankbarkeit gewidmet«, steht auf der ersten Seite, und auf der nächsten: »Unsere Reise an die Ostsee, 29. August bis 28. September 1900«.

Nicht zum ersten Mal verfaßt Olga Frey ein solches Werk. Vierzehn Jahre früher hat ihrem Mann die Beschreibung einer gemeinsamen Reise nach Süddeutschland »große Freude« bereitet.

Die Reise des Ehepaars Frey aus dem kleinstädtischen schweizerischen Aarau in die deutsche Hauptstadt Berlin und an die Ostsee erlaubt vielerlei Einblicke in Leben, Denken und Weltsicht des damaligen Bürgertums. Was verbindet eine gutbürgerliche Familie aus der Schweiz mit Deutschland, wie erlebt sie die boomende Metropole Berlin, wie sieht der Badetourismus am Meer um 1900 aus?

Die Freys von Aarau

Die Freys sind in Aarau nicht irgendwer. Othmar Frey ist Direktor der halbstaatlichen Aargauer Bank, der späteren Aargauer Kantonalbank, und damit ein einflußreicher Geschäftsmann. Die weitverzweigte Familie Frey spielt seit über hundert Jahren eine wichtige Rolle in der aargauischen Kantonshauptstadt.

Um 1770 ziehen die Brüder Friedrich (1748–1818) und Daniel (1751–1827) Frey von Lindau, dem »Schwäbischen Venedig«, nach Aarau. In Lindau haben sich die Vorfahren der Brüder als Händler einen Namen gemacht. Einer der mütterlichen Ahnenstämme sind die weitverzweigten Sulzer aus Winterthur, deren Name durch das Industriewerk später weltweit bekannt wird.

Aarau, der neue Wohnort der Freys, ist eine behäbige schweizeri-

Vorderseite des Albums von Olga Frey

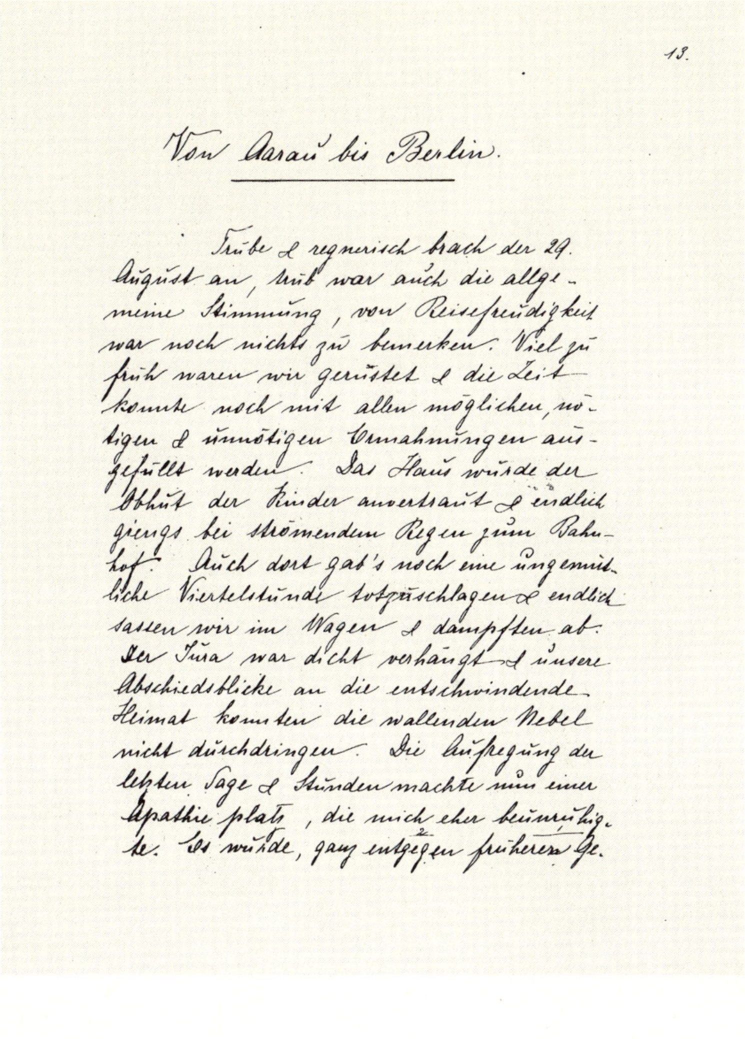

13.

Von Aarau bis Berlin.

Trübe & regnerisch brach der 29.
August an, trüb war auch die allge-
meine Stimmung, von Reisefreudigkeit
war noch nichts zu bemerken. Viel zu
früh waren wir gerüstet & die Zeit
konnte noch mit allen möglichen, nö-
tigen & unnötigen Ermahnungen aus-
gefüllt werden. Das Haus wurde der
Obhut der Kinder anvertraut & endlich
giengs bei strömendem Regen zum Bahn-
hof. Auch dort gab's noch eine ungemüt-
liche Viertelstunde totzuschlagen & endlich
sassen wir im Wagen & dampften ab.
Der Jura war dicht verhängt & unsere
Abschiedsblicke an die entschwindende
Heimat konnten die wallenden Nebel
nicht durchdringen. Die Aufregung der
letzten Tage & Stunden machte nun einer
Apathie platz, die mich eher beunruhig-
te. Es wurde, ganz entgegen früherem Ge-

Von Aarau bis Berlin, Manuskriptseite

sche Kleinstadt.[1] Sie liegt am Rande des Jura auf einem Felssporn über der Aare. Trotz mittelalterlicher Schutzanlage und günstiger Verkehrslage als Fluß- und Brückenort hat die Stadt nie stark expandiert. Um die Mitte des 13. Jahrhunderts durch die Grafen von Kyburg gegründet, fällt sie später an die Habsburger und 1415 an Bern, bei dem sie bis zum Einmarsch der Franzosen 1798 verbleibt. Das Leben in Aarau verläuft in dieser ganzen Epoche eher still und geruhsam, nicht einmal die Reformation geht hier mit gleicher Heftigkeit wie anderswo über die Bühne. Handwerksgeist und -fleiß prägen die Stadt.[2]

Friedrich und David Frey sind wie ihre Vorfahren Kaufleute. Sie erlangen in Aarau das Bürgerrecht und heiraten. Friedrichs Gattin Elisabeth Deppeler ist eine Tochter der Familie Deppeler-Sulzer. Ihr Onkel Hans Kaspar Sulzer zieht nach Lindau, wo er seinerseits die Schwester von Friedrich und David heiratet. Letzterer wiederum ehelicht 1780 die jüngere Schwester von Friedrichs Frau.

Damit zeigt sich bereits ein wichtiges Standbein des Freyschen Erfolgs: eine umsichtige und geschäftsfördernde Heiratspolitik. Friedrich bringt von Zurzach das Geschäft, in das er eingeheiratet hat, mit nach Aarau. Die Freys handeln Engros mit »Englischen, Deutschen und Quinquaillerie Waren« und mit Messern und »Scherenwaar«[3], was zu Auseinandersetzungen mit der in Aarau einflußreichen Meisterschaft der Messerschmiede führt.

Um diese Zeit wird die geschlossene Altstadt Aaraus zu eng, Stück für Stück fällt daher die Stadtmauer und wird durch Häuser ersetzt. Der Graben, der die Mauer begleitet und in dem früher Hirsche weideten, wird von Kettensträflingen aufgefüllt, mit einer Platanenallee bepflanzt und zum Lustwandeln hergerichtet. Es ist wohl kein Zufall, daß die dynamischen Freys gerade hier Wohnsitz nehmen, am Rande der Altstadt, wo die niedergelegte Mauer Aufbruch und Expansion signalisiert.[4]

Die Freys heiraten nicht nur erfolgreich, sie sind auch tüchtige Kaufleute. Friedrich Frey kann das Haus am Graben, in dem er lebt, bald kaufen. Später erwirbt er auch die vor dem Laurenzentor gelegene Villa »Schloßgarten«, eines der schönsten und modernsten Häuser der Stadt, das zum Sitz des Eidgenössischen Direktoriums wird, als Aarau für kurze Zeit schweizerische Hauptstadt ist. Er selbst

Aarau: Rathaus- und Marktgasse (1895)

bleibt im Haus am Graben. Auch Bruder David baut hier ein stattliches Haus, in dem ab 1803 vorübergehend sogar der neue Gemeinderat tagt, nachdem David Stadtammann geworden ist.[5]

Die Umbruchszeit vor und nach dem Einmarsch der Franzosen in die Schweiz 1798 und die neuen Herausforderungen entsprechen den dynamischen Brüdern. Für Aarau bricht die glanzvollste Epoche seiner Geschichte an, und es sind nicht zuletzt Leute vom Schlage der Freys, die wesentlich zu diesem Glanze beitragen. Aarau wird für rund fünf Monate Hauptstadt des neuen helvetischen Staates. Eine Stadterweiterung soll eine repräsentative Hauptstraße entstehen lassen. Doch dann wird Luzern zur Hauptstadt ernannt, die helvetische Regierung verläßt Aarau, das immerhin Hauptort des neuen Kantons Aargau wird.[6]

Die Helvetik bietet Leuten wie den Freys Gelegenheit, sich zu bewähren. Ihre Talente sind gefragt, sie repräsentieren die neuen Anforderungen; in Wirtschaft und Politik sind nicht mehr allein Stand und althergebrachte Rechte gefragt, sondern Geschick, Umsicht und Anpassungsfähigkeit. Schnell machen die Neuzuzüger politische und wirtschaftliche Karriere, was früher im auf Tradition bedachten Aarau wesentlich schwieriger gewesen wäre. David ist u. a. Stadtammann, Großrat und Appellationsrichter, Friedrich ebenfalls Stadtammann, Kommerzienrat des Kantons und Großrat, zudem Oberleutnant der Reiterei.[7]

Friedrich hat acht Kinder, von denen vier Söhne überleben und heiraten. Einer davon ist Daniel, der Großvater von Othmar, unserem reisenden Bankdirektor. 1778 geboren, wird Daniel in Deutschland ausgebildet und dann nach Lindau geschickt, um seiner Cousine Elisabeth (Lisette) Sulzer den Hof zu machen. Die Ehe ist wohl von den Eltern vereinbart worden, da ein Teil des Sulzerschen Vermögens im Geschäft der Brüder Frey liegt. Die zwei gehen 1798 eine Vernunftsehe ein, beide hätten lieber einen anderen Lebenspartner gehabt. 1811 zieht die Familie nach Aarau in ein Haus an der Laurenzenvorstadt. Daniel handelt, betreibt eine Fabrik zur Erzeugung von Schwefelsäure und hat wie sein Vater diverse Ämter inne: Stadtrat, Stadtammann, Großrat.[8]

Aarau spielt zu dieser Zeit, der Epoche der Mediation, Restauration und Regeneration, eine wichtige Rolle in der Schweizer Politik.

Hier wirken viele Persönlichkeiten, die in der ganzen Schweiz und zum Teil weit darüber hinaus bekannt sind. Aus diesem Kreis stammen wesentliche Beiträge zu einer Neuorientierung des Landes, die schließlich zur Bundesverfassung von 1848 führt. Die liberal-patriotischen schweizerischen Schützen-, Turner- und Sängerverbände werden hier gegründet. Mitglieder der Familie Frey sind an all diesen Bestrebungen aktiv beteiligt.

Othmars Vater August Frey (1811–1880) ist Fabrikant und Oberst; seine Frau, Wilhelmine Springer, ist eine Cousine der zweiten Frau von Daniel und stammt aus dem Schwabenland.[9] Othmar ist das jüngste von fünf Kindern.

Somit sind die Elemente des Freyschen Erfolgs deutlich erkennbar: solide kaufmännische Ausbildung, geschickte Heiratspolitik, Engagement in der Politik und militärische Karriere. Die Familie steht damit in einer schweizerisch-bürgerlichen Tradition, die für das 19. und 20. Jahrhundert prägend ist. Am weitesten bringt es mit dieser Kombination Othmars Onkel, Friedrich Frey-Herosé (1801–1873), der zu den ersten Bundesräten des neuen schweizerischen Bundesstaates von 1848 gehört. Die Herosés stammen wie die Freys ursprünglich aus Deutschland, nämlich aus Speyer. »Diktator des Aargaus« nennen die Zeitgenossen Frey-Herosé auf dem Höhepunkt seiner Macht.[10]

Nach 1848 büßt Aarau allerdings die politische Rolle der ersten Jahrhunderthälfte ein. Die gesamtschweizerische Bedeutung und die damit verbundene Regsamkeit verengen sich auf die bescheidenere kulturelle Funktion der Kantonshauptstadt.

Othmar Frey (1851–1914) fügt sich in die Linie der Vorfahren ein. Nach der Kantonsschule studiert er in Deutschland Rechtswissenschaft. In Heidelberg erkrankt er 1870 an Nervenfieber. Seine Schwester Mina reist während der Triumphfeiern der Deutschen nach dem Sieg über Frankreich dorthin, um ihn zu pflegen. »Der Arzt macht nicht viel Hoffnung auf Genesung, doch endlich siegte die Jugendkraft, und ich konnte den sehr geschwächten Kranken nach drei bangen Wochen ins Vaterhaus zurückbringen«, erinnert sie sich später.[11] In Aarau legt Othmar das Fürsprecherexamen ab und wird 1875 Direktionssekretär bei der kantonalen Erziehungsdirektion. 1877 erhält er die Stelle eines Kriminalgerichtsschreibers und Stellvertreters des

Laurenzenvorstadt, erbaut als Prunkstraße, als Aarau für kurze Zeit Hauptstadt der Helvetischen Republik war

Obergerichtsschreibers. 1883 tritt er in den Dienst der 1854 gegründeten, halbstaatlichen Aargauischen Bank und rückt bis zu deren Direktor auf. Im Militär bekleidet er den Rang eines Oberstleutnants im Generalstab.

Othmar heiratet am 25. September 1877 Olga Schmidlin (1858–1911). Wie es sich für die Familie Frey gehört, stammt die Braut aus bestem Haus. Die Schmidlins, ursprünglich aus Süddeutschland stammend, sind 1808 von Solothurn zugezogen und kommen wie die Freys in Aarau schnell zu Ansehen und Einfluß. Olgas Vater Theodor Schmidlin (1810–1894) ist Chemiker und Fabrikant, Artillerie-Oberst, kantonaler Artilleriechef, Bezirksamtmann, Regierungsrat und zweimal Aarauer Stadtammann (1854–1855, 1866–1875). Als überzeugter Radikaler alten Schlages setzt er sich für Volksschule und Volksbildung ein. Zukunftsgläubig und sich an den vielen technischen Errungenschaften seiner Zeit erfreuend, macht er sich einen Namen als Modernisierer, fördert den Bau des Gaswerks und anderer Infrastrukturanlagen und engagiert sich für eine gute Bahnerschließung der Stadt.[12]

Durch ihre Mutter Johanna Margaretha Lutz (1820–1890) von Bern stammt Olga von Adrian von Bubenberg, dem berühmten Helden der Schweizergeschichte, ab. Als gebildete und vielseitig interessierte Frau wirkt sie auch in öffentlichen Ämtern, etwa der Aufsichtskommission der Frauenarbeitsschule. Olga und Othmar Frey wohnen am Graben im Schmidlinhause beim Storchengäßli, das Othmar 1894 von den Miterben seines Schwiegervaters übernommen hat.[13]

Olga und Othmar Frey entstammen also beide Aarauer Familien, die sich durch beruflichen Erfolg und politische und militärische Karriere einen erheblichen Wohlstand geschaffen haben. In diesem Kreis wird streng darauf geachtet, daß die Heiratenden schichtspezifisch zueinander passen; in den Heiratslisten der Familie Frey tauchen immer wieder die einflußreichsten Aarauer Familien auf, manche mehrmals. So entsteht ein dichtes Netz von Verwandtschaftsbeziehungen, das die erworbene Stellung stützt und mithilft, die Rolle der Familie in Staat und Gesellschaft zu verbessern.

Eheleben

Olga und Othmar Frey haben drei Kinder, die Töchter Olga Martha, geb. 1878, und Rosa, geb. 1880, und den Sohn Ernst, geboren 1882. Zum Zeitpunkt der Reise 1900 sind die drei erwachsen, die beiden Töchter bleiben in Aarau und erhalten regelmäßig Postkarten, von Ernst ist im Bericht nie die Rede. Er stirbt bereits 1907, während er Rechtswissenschaften studiert, an der »galoppierenden Schwindsucht«. Die Töchter führen die gutbürgerliche Heiratstradition der Familie weiter: Olga, die wie ihre Mutter als kluge, temperamentvolle und häusliche Frau gilt, heiratet 1904 Alfred Jenny (1877–1936), Direktor der von seinem Vater in der Telli gegründeten Färberei. Jenny leitet als Präsident den aargauischen Arbeitgeberverband und ist Mitglied der Handelskammer und des Handelsgerichtes. Wie die Freys macht auch der begeisterte Reiter Jenny militärische Karriere als Oberst und Regimentskommandant.[14]

Rosa heiratet 1906 den einem alten Aarauer Ratsgeschlecht und einer Textilfabrikantenfamilie entstammenden Julius Hunziker (1867–1941). Sie folgt ihrem Mann an die Ostküste der USA, wo dieser als Kaufmann in leitender Stellung tätig ist. Später kehrt die Familie in die Schweiz zurück und lebt längere Zeit auf Schloß Liebegg, das die Familie Hunziker 1875 erworben hat. Bereits der Urgroßvater von Julius, der Händler, Fabrikant, Stadtammann, Gründer der Gewerbeschule und Oberst Georg Hunziker (1774–1850), ist mit einer Frey aus Aarau verheiratet gewesen.[15]

Olga Frey liegt viel daran, ihrem Mann Freude zu bereiten, ihm ein paar schöne Stunden zu ermöglichen. Dafür schreibt sie nicht nur ihre Ferienerinnerungen, darum bemüht sie sich auch in den Ferien tagtäglich. Sie umsorgt ihn, ist beunruhigt, wenn er ungehalten oder apathisch reagiert. Dennoch ist sie nicht einfach eine devote Gattin. Subtil nutzt sie den Reisebericht, um ihrem Mann zu sagen, wie sehr er sich im Laufe der Ehejahre verändert habe. Was als direkter Vorwurf vielleicht zu einer Auseinandersetzung geführt hätte, läßt sich hier en passant einflechten. Träge ist Othmar Frey geworden, die vielen Sorgen am Arbeitsplatz lassen kaum Zeit und Energie für anderes. Immer pedantischer wird sein Wesen, ein »famoser Gewohnheitsmensch« entsteht, der keine Abwechslung mag. Konzerte, Theater und Einladungen sind ihm ein Schrecken.

Die dynamische, aktive Olga vermißt all dies, sie mag Betrieb, Leben, Kultur, will ihn »herausreißen in neue Bahnen«. Ihre Kinder sind erwachsen, jetzt wäre Zeit für so manches, was in den letzten Jahren zu kurz kam. Aber auch den gemeinsamen Urlaub muß sie sich hart erkämpfen, »zarte Winke« ihrerseits nützen vorerst gar nichts. Sie fällt in eine Depression, das »Ehestandsbarometer« steht bei »Erdbeben«. Der Gatte ist in einer »tiefen Verstimmung«. Doch dann zeigt sich doch noch ein Sonnenstrahl. Plötzlich bietet sich die Möglichkeit, einen vierwöchigen Urlaub anzutreten, wenn man innert zwei Tagen reisefertig ist. Warum diese plötzliche Wende zustande kommt, wird aus dem Bericht nicht klar. Allenfalls hängt sie mit der Arbeit von Othmar Frey zusammen. Im Aargau kommt es ab 1898 zu einer Diskussion, ob die Aargauische Bank, die als gemischtwirtschaftliches Unternehmen geführt wird, vollständig verstaatlicht werden soll. Die Auffassungen von Gegnern und Befürwortern prallen heftig aufeinander. Schließlich spricht sich die Regierung für die Verstaatlichung aus. Diese wird aber in der Volksabstimmung vom 22. Juli 1900 knapp verworfen, die Abstimmung später vom Großen

Rat wegen Verfahrensfehlern allerdings für ungültig erklärt.[16] Vermutlich erlauben es dieser Wahlausgang und dessen Folgen Direktor Frey, einen Urlaub anzutreten. Auf jeden Fall nutzt Olga die Chance geschickt aus. Auch jetzt macht ihr Mann aber klar, daß er vor allem seine Ruhe will. Die Idee der Gattin, die beiden Töchter mitzunehmen, findet keinen Anklang. Organisation und Packen sind ohnehin Sache der Frau. Sie scheint eine gewisse Hektik zu lieben, ist offenbar in ihrem Element. Als sie stürzt und sich dabei leicht verletzt, ist ihre größte Angst, der Urlaub falle ins Wasser.

In den ersten Tagen nach der Abreise ist ihr Mann apathisch, mürrisch, wird in Heidelberg, der ersten Station, noch ernster, »der Ausdruck immer elegischer«. Von dort geht die Reise weiter nach Berlin. Bei der Wahl dieses Reiseziels hat Olga Frey sofort an Museen, Sammlungen, Oper und Theater gedacht. Zusammen mit ihrer in Berlin verheirateten Schwester organisiert sie ein beeindruckendes Programm. Ihr Mann fügt sich, auf Zeichen des aktiven Widerstandes sucht man im Text jedenfalls vergeblich. Doch man glaubt sein erleichtertes Seufzen zu hören, wenn eine Verschnaufpause in einem Bierlokal eingelegt wird. Einem Schoppen ist er nie abgeneigt, da läßt er es sich wohl sein und ist zufrieden. Bierauswahl und -qualität bringen ihn sogar zum Schwärmen. Im übrigen behagt ihm das anstrengende Berlin offensichtlich nicht besonders, hingegen entspannt er sich an der Ostsee zunehmend beim »geliebten, täglich in neuen Tönen gerühmten Bad«. Und der Weg zur besten Bierquelle erhöht auch hier das »Gefühl des Zuhauseseins bedeutend«. Othmar Frey gehört zu den Männern in gutbürgerlichen Berufen, die wegen ihrer Arbeit und ihrer Karriere immer weniger Zeit für kulturelle Belange haben. Die »interessiert-dilettierende Teilnahme am öffentlichen Kulturleben« wird deshalb gegen Ende des 19. Jahrhunderts zunehmend zu einer Sache der Ehefrauen.[17] Das ist auch bei den Freys nicht anders.

Gutmütig und vor allem etwas langweilig und farblos erscheint Othmar Frey. Gewiß, er ist Bankdirektor und Oberstleutnant, aber den Schneid, den Olga an den deutschen Offizieren so bewundert, hat er doch wohl nicht – oder nicht mehr.

Olga Frey ist weder eine besonders originelle Beobachterin noch eine glänzende Schreiberin, ihr Text ist schnörkellos, bisweilen erinnert er an einen Schulaufsatz. Manche Sätze wirken etwas gesucht, die Wendungen clichéhaft. Die schnelle Niederschrift führt zu Wiederholungen und orthographischen Fehlern. Aber der einfache und geradlinige Stil der privaten Erinnerungen dürfte nicht nur typisch sein für eine große Anzahl von ähnlichen Berichten, sondern ist auch Zeugnis für die Schriftkultur des Bürgertums zu dieser Zeit.

Heute pflegen Reisende nicht mehr zu beschreiben, sondern zu fotografieren. Die dabei entstehenden Bilder sind in der Regel von ähnlicher Qualität wie der Text von Olga Frey: Weder technisch-stilistisch hervorragend noch besonders originell, aber doch von großer Aussagekraft, was die jeweiligen Vorstellungen, Sehnsüchte und Lebenswelten betrifft.

»Großstadtluft und Meereslust« ist ein Reisebericht. Dennoch dreht sich im Buch fast alles um Kaiser, Kaisertum und Kaiserreich, wenn manchmal auch nur indirekt. Der Kaiser überstrahlt alles. Nicht nur in der Hauptstadt Berlin, selbst am Badestrand haben die Menschen nur ein Interesse: *ihn* sehen! Das wilhelminische Zeitalter ist fixiert auf den Auftritt des Namensgebers, warnende Rufe will es nicht hören. Auch das Ehepaar Frey aus der republikanischen Schweiz ist geblendet von der kaiserlichen Pracht, wie sie sich in den vielfältigsten Schattierungen zeigt. Die engen Beziehungen zwischen dem deutschschweizerischen Bürgertum und Deutschland werden sichtbar. Darüber hinaus erlaubt der Text vielfältige Einblicke in die bürgerliche Kultur der Jahrhundertwende.

Das handschriftliche Manuskript wurde von Paul Hugger, emeritierter Professor für Volkskunde an der Universität Zürich, auf dem Lausanner Flohmarkt erworben. Zum Konvolut gehörten auch mehrere Fotoalben der Familie, die allerdings die nächste Generation zeigen. Die Dokumente befinden sich im Schweizerischen Institut für Volkskunde in Basel.

Der Text ist, wie in dieser Reihe üblich, im Originalzustand belassen, auf Korrekturen oder Anpassungen an die heutige Schreibweise wurde verzichtet. Lediglich die Interpunktion wurde etwas modernisiert, um die Lesbarkeit zu erhöhen. Olga Frey ist eine intelligente und gebildete Frau. Wenn sie dennoch Bismarck falsch schreibt und aus Tiepolo Diepolo macht, dürfte das auch damit zusammenhängen, daß sie viele Informationen eher mündlich aufnahm als schriftlich, die Nachrichten eher aus dem Munde anderer hörte als in der Zeitung las. Der Anmerkungsapparat zum Text wurde auf ein Minimum beschränkt. Erklärungen sind nur dort angebracht, wo sich keine weiteren Ausführungen in der Einleitung oder im Nachwort finden. Die Zwischentitel wurden vom Herausgeber gesetzt.

Ergänzt wird der Bericht durch Abbildungen der Zeit. Einige davon sind Postkarten, die Olga Frey in ihren Reisebericht eingeklebt hat.

Unser Dank gilt Christoph Schmitt vom Institut für Volkskunde in Mecklenburg-Vorpommern (Wossidlo-Archiv), Rostock, für seine Hilfe bei der Literaturrecherche und Martin Pestalozzi, Stadtarchivar von Aarau, für seine Hinweise zu den Familien Frey und Schmidlin. Paul Hugger hat den Text mit Sorgfalt lektoriert, Walburga Kamm in gewohnt zuverlässiger Art und Weise das Typoskript erstellt.

Anmerkungen

1 Eine Übersicht über die Geschichte Aaraus bieten: Ammann, Alt-Aarau, und ders., Der Bezirk Aarau, 39–85.
2 Aarau, 154–163; Erismann, Von Aarauer Handwerk, 22–26; Walther Merz: Geschichte der Stadt Aarau im Mittelalter. Aarau 1925.
3 Oehler, 65.
4 Ammann, Alt-Aarau, 114; Erismann, Straßennamen, 25.
5 Oehler, 77–79; Erismann, Chronik, 67.
6 Erismann, Aarau, 5–14; Ammann, Alt-Aarau, 105–116.
7 Oehler, 81–95; Frey-Herosé, Autobiographie, 10.
8 Oehler, 104–111.
9 Gertrud Hunziker: Helles und dunkles Rankenwerk um ein altes Bürgerhaus. In: Welt und Leben, Beilage zum Aargauer Tagblatt Nrn. 47–49, 1937.
10 Frey-Herosé, Autobiographie, Einleitung der Redaktion, XIX-XXIII; Lebensbilder aus dem Aargau, 184–193.
11 Mina Frey-Frey, Mein Lebenslauf, 13, zit. nach Oehler, 197.
12 Erismann: Die Aarauer Stadtammänner und Stadtschreiber, 14f.
13 Oehler, 196f.
14 Ebd., 197f.
15 Ebd., 140.
16 Baur, 13–28; Schmid, 182–189.
17 Frevert, zit. nach Tanner, 122.

Olga Frey
Unsere Reise an die Ostsee, 29. August bis 28. September 1900

Weihnachten 1900
Meinem lieben Mann
in Dankbarkeit gewidmet.

»Ganz unverhofft ein Sonnenstrahl«

Kaiser Wilhelm hatte seiner Zeit verfügt, das Jahr 1900 solle sein das erste Jahr des zwanzigsten Jahrhunderts. Diese Verfügung wurde von Astronomen und andern Gelehrten hart angefochten. Berühmte und unberühmte Mathematiker suchten in der Tagespresse und in Fachschriften zu beweisen, daß das Jahr 1900 als Schlußstein des neunzehnten Jahrhunderts zu betrachten sei.

Auch wir schlossen uns dieser letztern Meinung an, und in unserm privaten Lebenskalender bildet das Jahr 1900 mit seinen mannigfachen Erlebnissen den Schluß einer langen Reihe von Jahren, wo wir an die heimatliche Scholle gebunden waren. Ganz unerwarteter Weise konnten wir in diesem denkwürdigen Jahre unsere Flügel regen, und wir durften einen langen Flug unternehmen, der uns bis an die fernen Gestade der Ostsee trug.

Während unserer dreiundzwanzigjährigen Ehe hatten wir bis jetzt nur ein Mal die Grenze unseres kleinen Vaterlandes überschritten, als wir im Jahr 1886 eine Reise durch Süddeutschland machten. Meine damalige bescheidene Reisebeschreibung hatte Dir, mein lieber Mann, so große Freude bereitet, daß ich mich entschloß, die vielen schönen Eindrücke dieser zweiten Reise nach Deutschland für Dich mit der Feder festzuhalten. Leider ist dieser Entschluß erst etwas spät entstanden, als die Tage, die uns von der Festzeit trennen, schon leicht zu zählen waren. Diese Reisebeschreibung soll nämlich als bescheidenes Zeichen meiner großen Dankbarkeit Deinen diesjährigen Weihnachtstisch zieren und konnte daher nicht sorgfältig vorbereitet werden, wesshalb ich um gütige Nachsicht bitte. Da diese Reise gerad in die Jahres-Tage unserer Hochzeit fiel, dürfen wir sie vielleicht als etwas verfrühte silberne Hochzeitsreise betrachten.

Als das Jahr 1900 seinen Anfang nahm, hatten wir noch keine Ahnung, was für große Dinge unserer warteten. Bald aber fiengst Du an, von einer Carlsbaderkur[1] zu sprechen, und diese Andeutungen

1 Karlsbad in Westböhmen (heute Tschechische Republik, damals Österreich-Un-

wurden gegen den Frühling hin immer deutlicher und wiederholten sich immer öfter. Mein Embonpoint[2] und öftere Leberbeschwerden mochten allerdings eine solche Kur als nützlich erscheinen lassen, aber dennoch wollte ich nichts davon hören. Eine sich zufällig zeigende, sehr angenehme Reisegesellschaft und Deine im Ernst ausgesprochene Drohung, selbst gar nicht fortzugehen, bevor ich in dem gelobten Lande der Fettsüchtigen war, ließen mich endlich in den mehr als sauren Apfel beißen. Sehr schweren Herzens reiste ich am 8. Mai nach Carlsbad ab, machte mir aber unterwegs beständig Vorwürfe über meine Nachgiebigkeit und Schwäche. Die Reise gieng mit angenehmer Unterbrechung in München gut von statten.

Es folgten nun meist unangenehme Tage, wo das Heimweh sein Recht behauptete. Die Wirkung der ersten und zweiten Kurwoche war auch keine vielversprechende, so daß oft das Stimmungsbarometer sehr tief stand. Der Himmel schien sich auch verschworen zu haben, uns mit seinem Segen, der in Form von Regen und Schnee herunterfiel, zu überschütten. Erst als die Sonne wieder über Carlsbads schönen Wäldern lachte, wurden unsere Herzen leichter, und voll Zuversicht befolgten wir getreu und gewissenhaft die harten Weisungen des Arztes. In aller Frühe giengs zu den bekannten Brunnen, es folgten die obligaten ein-, zweistündigen Dauermärsche, an deren Ende der Frühstückstisch verheißungsvoll winkte. Erst in der vierten Woche hatte ich Gelegenheit, Carlsbad schätzen zu lernen, und einige schöne Ausflüge zeigten seine vielen landschaftlichen Schönheiten. Gar gern schüttelten wir nach 4 Wochen den böhmischen Staub von den Füßen, und trotz Gegenbefehl des Arztes trat ich, leider nur 7 Kilo leichter, die Heimreise an. Einige Tage bei meiner lieben Schwester in München rüttelten die gesunkenen Lebensgeister wieder auf. Aber weder die Bitten meiner Verwandten, noch die Lockungen des berühmten Münchner Frohnleichnahmsfestes vermochten mich länger zu halten, denn mich zogs mit aller Macht nach Hause. Ein famoser neuer Blitzzug brachte mich in 5 Stunden nach Zürich, wo ich aber 3 1/2 Stunden ›liegen bleiben mußte‹. Sie boten mir will-

---

garn) wurde seit dem 18. Jahrhundert durch seine Heilquellen, die zum Teil als Sprudel stoßweise emporsteigen, ein weltberühmter Kurort.

2 Wohlbeleibtheit, Körperfülle.

kommene Gelegenheit, die Familie Hegar zu begrüßen, dort ein Gewitter abzuwarten und eine gute Tasse Thee zu trinken. Am Vorabend Deines Wiegenfestes langte ich denn wohlbehalten in der Heimat an und mußte viel erzählen von ausgestandenen Leiden und auch von mancher angenehmen Stunde.

Mitte Juni war nun herangerückt, und ich wagte bald zarte Winke, welche andeuten sollten, daß ich mein Wort nun erfüllt habe und nun ein gleiches von Dir erwarte. Die Verhältnisse im Geschäft hatten sich aber durch lange Kur eines Angestellten so gestaltet, daß an ein Urlaubsgesuch nicht zu denken war. Gar schweren Herzens sah ich den Sommer seinen Höhepunkt erreichen, ohne daß Reisepläne gemacht werden durften. Ein Monat um den andern schwand, die Hitze, viel Aufregung und vermehrte Arbeit, das alles drückte auf die Nerven und auf die allgemeine Stimmung. Als der Juli schwand und auch der August bald seinem Ende nahte, war tiefe Depression und zu guter Letzt kam noch der Ukas, es könne erst für den November ein längerer Urlaub erteilt werden.

Ich war tief unglücklich und wollte diesen Bescheid nicht annehmen, weil ich wohl einsah, daß Du am Ende Deiner Kräfte angelangt warst. Pläne hatte man keine mehr gemacht, denn im Juli agitierte ich für einen Aufenthalt im Wallis mit den Mädchen, und es gab nichts daraus. Im August machte ich mir nur noch im Stillen meine Gedanken, durfte aber nichts mehr von Plänen laut werden lassen.

Als der Höhepunkt der Depression erreicht und das Ehestandsbarometer schon bei Erdbeben stand, zeigte sich ganz unverhofft ein Sonnenstrahl, der nach einigen heißen Stunden endlich siegreich das schwarze Gewölk zerriß. Es zeigte sich nämlich eine neue Constellation, die 4 Wochen Urlaub ermöglichte, wenn man innert 2 Tagen reisefertig sein könne. Jetzt giengs an ein Beraten, das wegen der Aufgeregtheit der Geister zu keinem befriedigenden Resultat führen wollte.

In Anbetracht der Tatsache, daß die Carlsbader Kur nachträglich einen ausgezeichneten Erfolg aufwies, der wunderbarer Weise, Dank meiner steten Diät, einen Gewichtsverlust von 17 Kilo und eine gesteigerte Lebenskraft hervorgebracht hatte, fand ich es unverantwortlich, wenn ich schon wieder fortgehe zur Erholung, die ich nicht nötig hatte. Gar gern hätte ich den beiden Mädchen eine Abwechslung gegönnt, weil sie den ganzen Sommer brav gehütet hatten, und plaidierte deshalb für ihre Teilnahme an einem eventuellen Aufenthalt irgendwo.

Erst als ich einsah, daß dieser Vorschlag gar keinen Anklang fand, rückte ich mit neuen Plänen hervor. Es mußten dieselben der schon vorgerückten Jahreszeit mit den schon kurzen Tagen und um so längeren Abenden angepaßt werden. In den letzten Jahren hatten wir einen Bergaufenthalt gemacht, der keine langandauernde Wirkung ausgeübt hatte. Die unangenehmen politischen Zustände, die ewigen, daraus resultierenden Angriffe auf die Bank und eine tiefe Verstimmung schienen mir alle dafür zu sprechen, einmal den Heimatstaub abzuschütteln und in die Ferne zu schweifen. Die Erfahrung lehrte glücklicherweise, daß es das Richtige war.

Du, lieber Mann, hattest in den letzten Jahren, ohne es selbst zu wissen, eine bedeutende Veränderung durchgemacht. Das früher weniger hervortretende Pedantische in Deinem Wesen hatte sich sehr einseitig mehr ausgebildet, und Du warst auf dem besten Wege, ein famoser Gewohnheitsmensch zu werden. Ein Tag sollte sein wie der andere, keine Abwechslung sollte die Gleichmäßigkeit der Tage stören; Concerte und Theater existierten nicht mehr für Dich, Einladungen waren Dir ein Schrecken. In diese alten lieben Gewohnheiten sollten meine Pläne eine Bresche schlagen und Dich einmal herausreißen in neue Bahnen.

Seit Jahren waren wir schon eingeladen nach Berlin, das Du vor 28 Jahren zum letzten Mal gesehen hattest. Jetzt war der Moment gekommen, die Reichshauptstadt heimzusuchen und alte Erinnerungen aufzufrischen. Der Besuch der Museen und Sammlungen sollte Deinen Geist auffrischen, und die langen Abende konnten in der Oper oder im Theater gut verbracht werden.

Damit aber auch der ermüdete Körper seine Ruhe finde, schlug ich vor, die Hälfte der Zeit am Meer zuzubringen, von dessen großer Heilwirkung man oft Wunder erzählen hörte.

Voll Dankbarkeit bezeuge ich hier, daß Du, nachdem das Urlaubsgesuch bewilligt war, gern auf alle meine Pläne eingiengst und mir die Vorbereitung zu deren Ausführung üerließest. Jetzt galt kein Zaudern und kein Säumen mehr, der Stein war im Rollen und ließ sich nicht mehr aufhalten. In kurzer Zeit hatten wir die Reiseroute besprochen, und die combinierten Fahrkarten konnten bestellt werden an Hand der in Eile angekauften Routenkarte.

Du hattest genug zu tun mit dem Abwickeln wichtiger Geschäfte, mit vielerlei Anordnungen auf der Bank, sodaß Du zutrauensvoll mir alles übrige anheimstelltest. In zwei Tagen ist vieles möglich, und am Abend des 28. August stand der Koffer gepackt. Abschiedsbesuche konnten wenige mehr gemacht werden, aber jedermann war hoch erstaunt über den raschen Entschluß und über unsere hochfliegenden Pläne.

Beinah drohte aber das große Unternehmen in letzter Stunde noch ins Wasser zu fallen. Ich glitschte nämlich auf der Treppe aus und beschädigte leicht mein altes Knie, das früher schon mehrere Male aus den Fugen gegangen war. Größer als die Schmerzen waren meine Besorgnisse, die Reise müsse wegen des Unfalls hinausgeschoben werden. Glücklicherweise war die Sache nicht gar so schlimm, wie sie zuerst aussah, und man bemerkte mein Hinken nicht.

Müde und abgespannt gieng mäniglich zur Ruhe, um am andern Morgen zu großen Dingen zu erwachen.

Trübe und regnerisch brach der 29. August an, trüb war auch die allgemeine Stimmung, von Reisefreudigkeit war noch nichts zu bemerken. Viel zu früh waren wir gerüstet, und die Zeit konnte noch mit allen möglichen, nötigen und unnötigen Ermahnungen ausgefüllt werden. Das Haus wurde der Obhut der Kinder anvertraut, und endlich giengs bei strömendem Regen zum Bahnhof. Auch dort gab's noch eine ungemütliche Viertelstunde totzuschlagen, und endlich saßen wir im Wagen und dampften ab. Der Jura war dicht verhängt, und unsere Abschiedsblicke an die entschwindende Heimat konnten die wallenden Nebel nicht durchdringen. Die Aufregung der letzten Tage und Stunden machte nun einer Apathie platz, die mich eher beunruhigte. Es wurde, früheren Gewohnheiten ganz entgegen, weder der gelbe Bürkli, noch der grüne Henschel um Rat gefragt, und voll Resignation ergabst Du Dich in Dein Schicksal. Nicht einmal die verschiedenen Anschlüsse vermochten Dich zu interessieren, und langsam rückten wir bis Olten vor. Die Rekonstruktion des dortigen Bahnhofes hat den Reisenden nicht viel Annehmlichkeiten gebracht. Der jetzige Bahnhof mag weniger lebensgefährlich sein als früher, unbequemer ist er jedenfalls, namentlich für die Aarauer, welche nach Basel reisen. Kaum ist man in Aarau mit seinen Siebensachen glücklich untergebracht, muß man nach 20 Minuten wieder aussteigen, darf Treppen hinunter und wieder welche hinauf krabbeln, was für Leute mit viel Handgepäck, zu denen wir gottlob nicht gehörten, sicher sehr ungemütlich ist.

Als wir den unterführenden Gang durchschritten hatten und wir eben die Treppe zum Baslerperron emporstiegen, steht oben eine merkwürdig bekannte Person, lange magere Figur, diplomatisches Aussehen, liebes, freundliches Gesicht mit treuen blauen Augen. Zu unserer großen Freude entpuppte sich dieselbe als unser lieber Schwager Keller, mit dem wir nun gemeinsam nach Basel weiterfahren konnten. Er war auf einer Reise nach dem Schwarzwald begriffen, und gegenseitig freuten wir uns des glücklichen Zufalles, der uns, wenn auch für kurze Zeit, zusammengeführt hatte.

Unser Wagen gehörte jedenfalls auf die Liste der Auszurangierenden, wenigstens zeigte er unten den ominösen gelben rechten Winkel angemalt. Aber wir hatten doch ein Coupé für uns allein, wenn auch ein altmodisches und holperiges. Noch hingen die Wolken tief unter der Nase der Frohburger Fluh, und der Regen fiel gemächlich nieder, aber das Wetter erschien uns schon viel weniger trostlos als vorher, und voll Zuversicht begannen wir auf Besserung zu hoffen. Arnold teilte uns seine Reisepläne mit, und wir entwickelten ihm unsere Route. Gar zu gern hätten wir ihn bis Heidelberg wenigstens mitgenommen, aber sein Pflichtgefühl war leider größer als die Lust, uns zu begleiten. Unter anregenden Gesprächen vergieng die Zeit nur zu rasch. Das stille grüne Baselbiet war schnell durcheilt; vergebens suchten unsere Blicke die Schauenburgerfluh, aber neidische Nebel verhüllten sie und das gleichnamige Schloß unsern Blicken. Gar bald war der Basler Bahnhof erreicht, und wir bestiegen die deutschen Wagen, die uns in weitem Bogen um die Stadt herum nach dem deutschen Bahnhof führten. Man fährt, hinter schönen weiten Landgütern durch, über die imposante Rheinbrücke und hat damit dem Vaterland für einige Zeit Valet gesagt.

Am badischen Bahnhof wurde man durch die strammen deutschen Beamten empfangen und in die Zollhalle gewiesen. Das zu einer

Zollrevision gehörende Gedränge machte sich sehr bemerkbar, jeder wollte der erste sein, und doch war das Gepäck noch gar nicht hereingebracht. Nach einigem Stoßen und Drängen kamen auch wir an die Reihe und wurde unser Koffer bis auf seine innersten Eingeweide durchsucht. Als er endlich umgeschrieben war, wurden wir mit Verdacht entlassen und konnten uns nach Plätzen in einem Frankfurter Wagen umsehen. Eine kleine Stärkung beruhigte die durch den Zollrummel in Aufregung gebrachten Nerven.

Indessen war uns unser lieber Schwager abhanden gekommen. Da ihn die Zahl der Zollwächter ungeschoren gelassen, hatte er sich in aller Stille hinter ein saures Nierchen oder eine Portion Kutteln zurückgezogen und erschien neugestärkt auf dem Perron, um sich von uns zu verabschieden. Nur ungern sahen wir ihn scheiden, denn er wäre uns ein lieber Reisegefährte gewesen. Das letzte Glockenzeichen schnitt die gegenseitigen guten Wünsche entzwei, und wir fuhren in wohlangefülltem Coupé davon.

Über der Rheinebene lagen die Nebelmaßen nicht mehr so dicht wie in der Schweiz, sie fiengen an sich in Wolken zu ballen, und gar bald zeigten sich vielverheißende Stückchen blauen Himmels. In Zeit einer halben Stunde war die Situation total verändert; die Sonne beleuchtete die hübsche Gegend, und ein günstiger Wind blies die Wolkenfetzen in die Schweiz hinein.

Die Eisenbahn begleitet auf der ersten Strecke den Rhein bei seinen Krümmungen; das Thal wird immer breiter, die Ebene nach Westen immer größer. Auf der rechten Seite bleiben wir stets in geringer Entfernung von den mit Weinstöcken bepflanzten westlichen Ausläufern des Schwarzwaldes. Von den Höhen winken die malerischen Trümmer vieler alter Burgen und Schlösser. Wir sind hier in der Heimat des berühmten Markgräflers, weiter unten gedeiht der Affenthaler. Gar bald ist Freiburg erreicht, das mit seinen roten Kirchtürmen einen hübschen Anblick gewährt. Es liegt gar lieblich an den Hängen des Schwarzwaldes, wo hier besonders der Blauen und der Belchen hervortreten. Gegen Westen sieht man die blaue Kette der Vogesen.

Das Großherzogtum Baden ist ein schönes Land, überall herrscht reges Treiben und man merkt, wie die Industrie überall blüht. Hie und da öffnet sich gegen den Schwarzwald ein malerisches Seitental, und der Blick taucht gern in das tiefe Waldesdunkel hinein.

An allen Stationen musterten wir genau die Ein- und Aussteigenden, denn wir hofften irgendwo Walter Frey mit seiner jungen Frau zu treffen. Wir hatten gestern von Baden-Baden aus eine Karte von dem glücklichen Päärchen erhalten und mußten sie also hier in der Gegend suchen. Es war aber alles Sperbern vergeblich, und auch in Heidelberg konnten wir sie nirgends finden.

In Oos, wo die Zweigbahn nach Baden abgeht, wurde zum Mittagessen gerufen, was uns sehr angenehm war. Wir verfügten uns in den Speisewagen, wo wir sehr gut verpflegt wurden. Es ist diese Neuerung der mitfahrenden Speisewagen sehr zu begrüßen, denn mit größter Muße und Ruhe kann man dort eine gute Mahlzeit einnehmen, während man früher in Eile und Hast in irgend einem Bahnhofrestaurant etwas hinunterschlucken mußte. Jetzt hat man eine ganze Stunde Zeit, sich gehörig zu erquicken, bekommt auch noch einen guten Kaffee.

Ohne viel davon zu bemerken, waren wir an der Festung Rastatt vorbeigekommen und befanden uns nun schon in Karlsruhe, der badischen Capitale. Hier sahen wir die ersten deutschen Offiziere sich wichtig machen. Noch kam die Station Bruchsal mit Garnison, und um 2 Uhr nahten wir uns schon unserm Endziel, Heidelberg.

Heidelberg

Seit Jahren war einer unserer Lieblingswünsche, gemeinsam die Stadt am Nekar mit ihrem schönen Schloß zu besuchen, wo Du so schöne Zeiten verlebt hast. Der Himmel war dem Projekt günstig, denn das herrliche Landschaftsbild lag im schönsten Sonnenschein vor uns. Da unsere Zeit kurz bemessen war, nahmen wir einen Wagen, um eine Rundfahrt zu machen. Zu unserer großen Überraschung fuhr der Kutscher nach dem »Philosophenweg«, der sich auf halber Höhe des Heiligenberges hinzieht. Wohl ist die Auffahrt so steil, daß das Aarauer Nanettli entsetzt wäre über die Zumutung, seine Gäule da hinaufzuschicken; aber um so lohnender ist die Aussicht auf dem ganzen Weg. Man hat einen herrlichen Blick auf Stadt, Schloß und Tal, auf die Rheinebene mit dem Speirer Dom und auf die schönen Formen des Haardtgebirges. Zu unsern Füßen lag die Stadt, eingeengt auf dem schmalen Ufersaum zwischen dem Gebirge und dem Nekar.

Von hier zeigt sich auch das Schloß in seiner größten Ausdehnung, diese wunderbare Ruine, die nach Umfang und Lage die großartigste und schönste von ganz Deutschland ist. Unsere Straße stieg immer höher den Berg hinan, durch Gärten und Landgüter, über grüne Wiesen, wo eben das duftende Heu eingeführt wurde. Durch herrliche Buchen- und Kastanienwälder führte der Weg wieder ins Tal hinunter, und durch die weltberühmte Hirschgasse gelangten wir auf die Neuenheimerstraße. In tiefem Frieden lag das Wirthshaus, wo seit Jahrhunderten die Mensuren[3] ausgefochten werden, denn die Musensöhne sind leider alle in den Ferien.

Über die schöne Brücke gelangten wir über den Nekar in die Stadt, und von da führte eine prachtvolle neue Kunststraße auf das Schloß. Ein Heidelberger Bürger, Dr. Kleinschmidt, hinterließ der Stadt sein ganzes Vermögen, um daraus eine neue Fahrstraße nach dem Schloß

3 Pauken: ein Zweikampf mit blanker Waffe bei den Studenten. Im Gegensatz zum Duell, das dem Austragen einer persönlichen Forderung dient, soll die Mensur im engeren Sinn nur im erzieherischen Sinne erfolgen. Die Bestimmungs-Mensur bedeutet, daß jedes Mitglied der Verbindung zu einer Mindestzahl von Mensuren verpflichtet ist und dazu vom Fechtwart bestimmt wird; dagegen ist die Verabredungs- oder Besprechungs-Mensur freiwillig.

bauen zu lassen. Schöne Häuser sind zu beiden Seiten aufgeführt worden, wahre Prachtsbauten, meist im gothischen Styl. Mehrere derselben gehören den verschiedenen Studentenverbindungen, die darin ihre Vereins- und Vergnügungslokale haben. Auch eine Drahtseilbahn führt von der Stadt zum Schloß; die Fahrt ist aber kein Genuß, weil man im dunkeln Tunnel die Höhe gewinnt.

Voll heiliger Ehrfurcht betritt man den stillen Schloßgarten mit seinen hohen Mauern, den alten prächtigen Bäumen, die aus dunkeln Epheubeeten aufsteigen. Über die Brücke gelangten wir in den Schloßhof, der ganz eingeschlossen ist von den verschiedenen Gebäuden, die den verschiedensten Zeitaltern und Stylen angehören. Der schönste Bau ist der Otto-Heinrichsbau, diese höchste Leistung der reinen Renaissance in Deutschland. Es giebt nichts Schöneres als diese, nach dem Hof gerichtete Hauptfaçade, die reich geschmückt ist mit edlem Steinbildwerk. Immer fällt mir bei dem Anblick der schöne Roman von Ernst Eckstein »Klythia«[4] ein, der hier in diesem Bau spielt. Die zwei Hauptpersonen sind des Baumeisters Töchterlein, das im obern Stockwerk des herrlichen Baues wohnt, und der junge Bildhauer, der die schönen Standbilder der heidnischen Gottheiten hoch dort oben herzustellen hat.

Der Friedrichsbau sucht die einfache Schönheit der Renaissance an Pracht noch zu überbieten und zeigt eine Überladung von reichen Ornamenten. Er ist eben in der Restauration begriffen, und überall werden die verwitterten Verzierungen ergänzt oder durch ganz neue Stücke ersetzt. Wir machten weder der Gallerie noch dem großen Faß einen Besuch, weil wir das beide von früher her kannten, sondern wir verfügten uns direkt durch den gewölbten Gang auf den großen Altan, von dessen beiden Erkern man eine herrliche Aussicht auf die Stadt und das Nekartal hat.

Weiter giengs nun zum gesprengten Turm, der wie ein Felskoloß im Graben liegt, imposant durch die Festigkeit des Mauerwerkes, aus dessen Lücken Bäumchen und Sträucher hervorwachsen. Der Gang

4 Ernst Eckstein, 1845–1900, deutscher Schriftsteller, Journalist und Herausgeber. Eine der meistgelesenen Vielschreiber der Gründerzeit. Vielseitiger Verfasser von Gedichten, Erzählungen, historischen Romanen, Lustspielen und Reiseberichten, der sich vor allem mit seinen Humoresken aus dem Gymnasialleben und seinen Professorenromanen dem Geschmack der Zeit anpasste.

durch den Schloßgarten ist einer der schönsten Spaziergänge, die es giebt; er bietet eine Menge der reizvollsten Ausblicke auf die Stadt, den Nekar und die weite Rheinebene. Der allerschönste Punkt ist die große Terrasse, die auf hohen kunstvoll errichteten Steinbogen ruht. Von hier hat man den schönsten Überblick über das Schloß, das sich in seiner imposanten Größe vor uns ausdehnt. Auf diesem herrlichen Punkt hat man dem Dichter Viktor Scheffel[5] jüngst ein Standbild in Erz errichtet; er hat es reichlich verdient, denn wie oft hat er in herrlichen Versen die schöne Stadt und das lustige Treiben ihrer Musensöhne besungen!

Bei diesem genußreichen Spaziergang erwartete ich einen fröhlichen Gefühlsausbruch von dem alten Studenten an meiner Seite, sei es in Form eines Jauchzers oder eines leise gesummten Studentenliedes, hervorgerufen durch mächtige Reminiscenzen an die alte schöne Zeit der Burschenherrlichkeit. Die Wirkung war aber eine ganz andere, als ich gehofft, denn Dein liebes Gesicht wurde immer ernster, der Ausdruck immer elegischer. Mit Macht drängte sich Dir der Contrast auf zwischen der damaligen sorglosen Zeit voll Übermut und Freiheit und der jetzigen ernsten, voll Arbeit und Sorgen.

Um die gesunkenen Lebensgeister wieder etwas in die Höhe zu bringen, schlug ich vor, das Abendbrot im herrlichen Schloßgarten zu nehmen, wo eben die Klänge des täglich stattfindenden Concertes herüberlockten. Eine geputzte Menge mit sehr kosmopolitischem Charakter saß an den vielen Tischen zerstreut und labte sich an Kaffee mit großen Quantitäten von allerhand süßem Gebäck. Nicht einmal das gute Heidelberger Bier vermochte die Wehmut zu ertränken, und unter ernsten Gesprächen verließen wir die fröhlichen Menschen, und die rauschenden Klänge heiterer Weisen tönten bald nur noch von ferne an unser Ohr. Die Drahtseilbahn führte uns in ein Paar Minuten in das Herz der Stadt hinunter, und nun giengs auf die Suche nach der alten Bude. Der »Faule Pelz«, wo man früher die Mahlzeiten eingenommen hatte, war bald gefunden;

5 Joseph Victor von Scheffel, 1826–1886, Schriftsteller, dessen Schriften vor allem durch freiheitliche Gesinnung und romantische Naturfreude gekennzeichnet sind. Bekannt wurden vor allem sein Versepos »Der Trompeter von Säckingen« und sein Roman »Ekkehard«, ebenso seine Burschenlieder (»Gaudeamus«).

auch der kleine Brunnen, an dem man sich oft erquickt hatte, war noch zur Stelle. In dem engen Gäßchen, wo Deine alte Wohnung war, hatte sich nichts verändert, sogar die Hausnummer stimmte noch; die Hebamme Sieben bot darauf immer noch ihre Dienste an, und ein ältliches Frauenzimmer unter der Tür machte die Täuschung vollkommen. Es war aber jedenfalls die Tochter der damaligen, denn sonst wären die dreißig Jahre an ihr vorbeigegangen, ohne eine Spur zu hinterlassen. Durch ein anderes enges Quergäßchen gelangten wir zur Bauamtsgasse, wo die erste Wohnung gelegen war. Zu den vielen heitern Erinnerungen mischten sich auch ernstere an Deine damalige lange Leidenszeit, die viele Monate dauerte, bis die Spuren des Typhus verwischt waren.

In der alten Stadt hat sich wenig verändert, die bekannten Straßenbilder sind noch die gleichen, nur werden die etwas engen Gassen jetzt von eiligen Tramwagen durchschnitten. Nach außen hingegen hat sich Heidelberg riesig verändert, und nach allen Seiten, wo die Lage im engen Tal es wenigstens erlaubte, hat es sich stark ausgedehnt. Die früheren Dörfer Neuenheim, Handschuchsheim u. a. sind nun trotz langem Widerspruch der dortigen Bauern mit der Stadt vereinigt worden. Heidelbergs Einwohnerzahl nimmt stetig zu, und gar viele Fremde aller Nationalitäten siedeln sich hier an, angezogen durch die einzig schöne Lage der Stadt, durch die vielen Bildungsmittel und noch viele andere Vorzüge. Wer ein frohes, heiteres Leben liebt, gewürzt durch den sprudelnden Übermut der Studentenschaar, dem muß hier wohl sein.

Der Tram führte uns auch an der ›Oberrheinischen Bank‹ vorbei, deren liebenswürdigen Direktor wir letztes Jahr in Hohfluh kennen gelernt hatten. Eine große Neuerung ist die Drahtseilbahn, die vom Schloß weiter führt nach der Molkenkur, jener idyllischen Wirtschaft im Walde, die wir leider der kurzen Zeit halber nicht besuchen konnten. Mit Interesse betrachteten wir aus der Ferne den Königsstuhl, aus dessen Waldesdunkel oben die Kuppel der neuen Sternwarte hervorlugte, welche seiner Zeit die Heimat für Walter Villiger hätte geben sollen. Es ist dies jedenfalls ein idealer Punkt, nicht nur für die Beobachtung der Sternenwelt, aber im Winter muß es still und einsam sein dort oben.

Da wir noch übrige Zeit hatten bis zum Abgang unseres Zuges, spazierten wir noch in den schön gehaltenen Anlagen beim Bahnhof bis zur Universität, die still und verlassen da lag. Zu früh wie gewöhnlich waren wir am Bahnhof und hatten hier Gelegenheit, den großen Verkehr zu beobachten. Die Züge kommen von allen Richtungen; eine Menge Lokalzüge nach Mannheim oder ins Nekartal mit vielen Arbeitern werden abgefertigt. Aber auch internationale Blitzzüge aus allen Richtungen durchsausen den Bahnhof. In einem solchen Luxuszug fanden wir Platz und hatten sogar ein ganzes Coupé zu unserer alleinigen Verfügung. Da konnten wir denn mit Muße die liebliche Gegend betrachten. Die Bahn zieht sich immer an dem westlichen Abhang des Odenwaldes hin, dessen höchster Punkt, der Melibokus, das Rheintal, die Vogesen und den Main mit dem Taunus beherrscht. An seinem Fuße dehnen sich die vielen blühenden Ortschaften an der sog. Bergstraße aus, Weinheim, Ingenheim und wie sie alle heißen. Ihre schöne Lage unter Obstbäumen, am Abhang einer Reihe mit Wald und Reben bepflanzter Hügel, macht diese Ortschaften zum Lieblingssommeraufenthalt der Frankfurter und Mannheimer. Schöne Landhäuser, freundliche Gasthöfe und Pensionen wechseln ab mit kühnen Burgen und Schlössern.

So abwechslungsreich die Gegend zu unserer Rechten war, so eintönig zu unserer Linken, wo sich die Rheinebene hinzog. Dafür bot sich aber hier unserm Auge ein Sonnenuntergang dar, wie wir ihn bei uns in den Bergen nicht kennen. Wie ein blutigroter Feuerball versank das Tagesgestirn langsam und imposant in der Ebene, noch einmal die Gegend in ein warmes rotes Licht tauchend. Gar bald legten sich dann die Abendschatten über das Land und verdeckten uns jeden weitern Ausblick.

Die vielen Lichter verrieten uns, daß wir bei Darmstadt vorbeifuhren, und nach kurzer Fahrt nahten wir uns Frankfurt, dem Endziel unserer heutigen genußreichen Fahrt. Lange Reihen elektrischer Lampen zeigten die Nähe der großen Stadt; weit hinaus zog sich der Manövrierbahnhof, die langen Wagenreihen wollten immer noch kein Ende nehmen.

Endlich erreichten wir den Frankfurter Bahnhof, der einer der schönsten von ganz Europa ist. Kühn steigt die riesige Halle in einem einzigen Bogen empor und wölbt sich schützend über eine Menge Geleise. Hier sahen wir zum ersten Mal eine praktische Neuerung, die das Umladen der Berge von großen Gepäckstücken wesentlich erleichtert: Auch in Berlin trafen wir in allen Bahnhöfen diese Einrichtung. Die zum Umladen bestimmten Wagen werden gefüllt und auf eine mit Drahtgittern umgebene eiserne Versenkung gebracht. Ein leichter Druck und der schwere Wagen versinkt, kommt unten auf eine ähnliche Vorrichtung und erscheint auf dem nächsten Perron auf die gleiche Weise, wo dann die Gepäckstücke neuerdings verladen werden.

Um 8 Uhr traten wir auf den imposanten Bahnhofplatz, der umsäumt ist von einer langen Reihe hellerleuchteter Hôtels. Die Wahl wurde uns ordentlich schwer, und wir überließen uns dem Zufall, der uns denn auch sehr gut führte. In dem Hôtel Continental waren wir in jeder Beziehung gut aufgenommen; ein schönes geräumiges Zimmer zeigte allen Comfort, auch raffinierte elektrische Beleuchtung. Das Nachtessen in dem ganz feinen Restaurationszimmer war ausgezeichnet, der Ingelheimer ganz prima, und wohltuend wirkte die lautlose und bescheidene Haltung der Kellner.

In nächtlicher Stunde machten wir einen langen Spaziergang durch die schön erleuchteten Straßen. Sehr schön ist die neu angelegte breite Kaiserstraße, die vom Bahnhof nach der Zeil führt. Die lange Reihe riesiger Geschäftshäuser beweist zur Genüge, daß Frankfurt fast die erste deutsche Industriestadt ist. Die Aufregung des abwechslungsreichen Tages ließ uns nur wenig Schlaf finden; eine kleine Episode mit dem Handkoffer tat ein übriges.

Nach ziemlich ruheloser Nacht erhoben wir uns in aller Frühe, um unsere Reisevorbereitungen zu machen. Ein herrlicher, etwas kühler Morgen begrüßte uns, das herrlichste Reisewetter versprechend. Gar bald war Alles besorgt, Gepäck aufgegeben und gute Plätze im Morgen Schnellzug erobert. Es war ein D. Zug mit Speisewagen und wir konnten bis Berlin im gleichen Wagen sitzen bleiben. Es ist dies von großem Vorteil für die Reisenden, denn man fährt so ruhig den ganzen Tag dahin; nirgends wird man durch einen bevorstehenden Wagenwechsel aufgeregt, man muß auch nicht fürchten, einen Anschluß zu verfehlen, und was die früheren Aufregungen alle waren. Ganz häuslich läßt man sich nieder; man wählt, wenn man wie wir immer zur Zeit da ist, den besten Platz, den man den ganzen Tag behält. Man löst bei dem Schaffner für 2 Mark eine Platzkarte, sodaß man ganz ruhig seinen Platz längere Zeit verlassen kann, ohne ihn zu verlieren. Ist man vom langen Sitzen ermüdet, kann man sich in dem Seitengang ergehen und dort die Gegend durch die großen Fenster stehend betrachten. Für meine Corpulenz war allerdings der Durchgang etwas eng, und gab es oft allerlei Reibungen, wenn die Leute nicht vorzogen, sich schleunigst bei meinem Nahen in ihre Gemächer zurückzuziehen. Die Herren verbarrikadieren meist den Gang, weil sie dort rauchen. Sehr angenehm kann man auch die Fahrt unterbrechen, indem man sich in den Speisewagen verfügt, um dort eine nötige Stärkung zu sich zu nehmen.

Die Verpflegung in den Speisewagen ist durchwegs eine sehr gute; Speisen und Gestränke lassen nichts zu wünschen übrig. Quantitativ und qualitativ ist alles recht, und die Preise sind angemessen und nicht zu hoch. Diese Restaurationswagen gehören meist einer Berliner Gesellschaft; von dort aus werden sie verproviantiert und ausgerüstet. Koch möchte ich allerdings nicht sein, und kann man kaum begreifen, wie sich bei dem ewigen Rütteln und Stoßen etwas Rechtes kochen läßt. In einer ganz kleinen Kammer steht der Kochherd, die Kohlenvorräte, er ist Küche, Anricht- und Aufwaschraum, alles zugleich. Auf einer Fahrt war der Koch sicherlich ein verkommener Student, denn seine Corpulenz, (die in Anbetracht der engen Küche eher unpraktisch war), seine vielen Schmisse, die goldene Lorgnette[6] auf der Nase stellten ihn eher in eine Heidelbergerkneipe an den richtigen Platz. Auch nicht zu beneiden sind die Kellner, die zur Ausübung ihres Berufes viel Equilibristik gelernt haben müssen. Mit großer Behendigkeit balancieren sie die verschiedenen Schüsseln und stürmen mit dem schwankenden Gang, der sonst den Seeleuten eigentümlich ist, durch den Wagen auf und ab.

Doch auch von den Reisenden verlangt das Essen im Restaurationswagen einige Geschicklichkeit. Trotz Puffen und Stoßen muß man sich fein säuberlich bedienen lernen. Am Schwierigsten ist das Einschenken und das Trinken. Am besten nimmt man sein Glas in

6 Bügellose, an einem Stil vor die Augen zu haltende Brille.

die Hand und schenkt sichs nur halbvoll. In die größte Verlegenheit kam ich einmal, als ich aus einer tiefen weiten Tasse Thee trinken sollte, der auf allen Seiten emporplatschte. Das sind aber alles kleine Unannehmlichkeiten, die in keinem Verhältniß stehen zu den Vorzügen dieser neuen Einrichtung.

An einen großen Nachteil dieser neuen Luxuszüge denkt man glücklicherweise nicht, nur wurde man in letzter Zeit auf traurige Weise öfter daran erinnert. Ich meine damit die Gefährlichkeit, die von ihrer Bauart und Zusammenstellung bedingt wird. Bei Zusammenstößen ist der arme Reisende in seinem geschlossenen Coupé, das keinen direkten Ausgang, sondern nur eine Schiebetür nach dem engen Gang hat, gefangen wie die Maus in der Falle und muß elendiglich zu Grunde gehen, wenn, wie jüngst in Offenbach, der Wagen in Folge des Anpralls in Brand gerät. Man darf nicht an die Martern und Qualen der Passagiere denken, sonst gienge man seiner Lebtag nicht mehr in einen solchen Zug. Da muß man etwas Fatalist sein und sich sagen, das Schicksal könne uns überall ereilen, in welcher Form es wolle und wo es auch sei.

Voll Lebenslust und Daseinsfreude fuhren wir in den wunderbaren Morgen hinaus. Ein leichter Duft verschleierte die Landschaft, und taubenetzt hingen die Gräser und Bäume hernieder. Schon verschwanden in der blauen Ferne die Häuser und Türme Frankfurts; Offenbach, Hanau und andere Stationen flogen an uns vorüber. Vorerst durchfuhr der Zug selbst für unsere verwöhnten Augen schöne Gegenden. Die Landschaft war gebirgig, von reichen Wasseradern durchzogen und von vielen industriereichen Ortschaften belebt. Links hatten wir die Vogelsberge, rechts das Rhöngebirge, und bis zur Station Elm stieg das Tracé der Bahn ganz gehörig. Dort erreichten wir die Wasserscheide und den höchsten Punkt der Fahrt. In einem Spitzwinkel veränderte der Zug hier seine Richtung, und in scharfer Kurve fuhren wir nach Norden, d. h. Nordosten.

Fulda, der nächste große Ort, ist hübsch an der Fulda gelegen, ist Bischoffssitz, und von weitem schon erblickt man den hochgelegenen bischöflichen Palast. Aus einer Menge von Fabrikkaminen kann man auch auf reichen industriellen Verkehr schließen.

Leider führte uns unsere Reiseroute nicht über Erfurt und Eisenach, sondern nördlich über Nordhausen, um in Halle sich wieder mit der südlichen Linie zu vereinigen. Gar zu gern wäre ich einmal durch den schönen Thüringerwald gefahren, am Fuße der Burg von Eisenach vorbei, durch das verkehrsreiche Thüringen. Schon bei meiner ersten Fahrt nach Berlin wollte der Zufall, daß ich durch die viel eintönigere Gegend von Braunschweig fahren mußte.

Auf langer Fahrt überqueren wir die Unstrut, die Leine und treffen hier mit der alten Linie von Göttingen zusammen. In der Ferne gegen Süden sieht man den Harz, an dessen südlichem Abhang Nordhausen liegt. Die Bahn hat nun ganz nach Osten die Richtung genommen. Gar bald erhebt der von Sagen geschmückte Kyffhäuser sein waldbewachsenes Haupt. Das alte Schloß der Hohenstaufen ist verfallen; ein neuer stolzer Turmbau erhebt sich auf dem Berg, in dem nach der alten schönen Sage der alte Barbarossa schläft. In den trüben Tagen deutscher Geschichte entstand dieselbe aus der Hoffnung des Volkes auf eine Wiederkehr des Kaisertums und dessen alter Herrlichkeit.

Nach Sangershausen kommt die Station Eisleben, die für uns nicht nur Interesse hat als Geburtsort des größten Reformators, sondern auch als Wiege der Frau Oberrichter Heuberger[7]. Die Gegend schien uns eine trostlose, verunstaltet durch den Bergbau. Kein Baum und kein Strauch ist zu sehen, alles ist mit einem dichten, schwarzen Staub bedeckt. Eine Unmenge von niedern Schloten werfen den schwarzen Rauch empor und machen die Luft undurchsichtig. Die Stadt selbst liegt in einem tiefen Kessel; ganze Dämme von schwarzen Schlacken sind ringsherum aufgehäuft. Zahllose Luftbahnen verbinden die umliegenden Höhen mit der Stadt und dem Schienengeleise, und schaffen das gewonnene Material, meist Kupfer und Silber, fort.

Nachdem wir die Saale überschritten, nähern wir uns der berühmten Stadt Halle, berühmt durch seine alte berühmte Universität, seine Salzbergwerke und seine große Industrie. In der Ferne sieht man, nebst vielen alten Schlössern und Ruinen, die alte Feste Giebichenstein an der Saale.

7 Wohl die Gattin von Jakob Heuberger-Weigand, 1841–1912, Fürsprech, Dr. jur. h.c., Oberrichter des Kantons Aargau. Biographisches Lexikon des Aargaus, 351f.

Bald sind wir in Wittenberg, wo Luther seiner Zeit seine berühmten Thesen anheftete, und die Bahn überschreitet die Elbe, hier noch ein kleiner Fluß. Die Ermüdung fängt nachgerade an sich geltend zu machen, und mit Ungeduld blickt man nach den Zeichen der nahenden Reichshauptstadt. Das Auge sieht nichts wie eine endlose Sandebene, hie und da durch kleine Waldparzellen unterbrochen. Das Land ist wenig bebaut; wir bemerken die uns ganz fremden Lupinenfelder, deren gelbe Blüten einen hübschen Anblick gewähren. Überall ist man mit Einheimsen des Getreides beschäftigt; der Pflug, der die sandige Erde durchschneidet, wirft große Staubwolken auf. Auf den großen Kornfeldern stehen die Dampfdreschmaschinen, welche an Ort und Stelle gleich das Getreide bearbeiten. Zahllose Windmühlen sind in eifriger Bewegung, das Korn zu mahlen, und lustig setzt der Wind ihre langen Flügel in Bewegung, für uns auch ein seltener Anblick.

Bald machen die Wiesen und Äcker den Gemüseanpflanzungen Platz, und man bekommt einen kleinen Begriff von dem Consum einer Großstadt, wenn man die Tausende von Kohl- und Kabisstöcken, von Salat und dgl. sieht.

In Eile fahren wir an Großbeeren und seinem Schlachtfelde vorbei, vorbei auch an den großen roten Backsteinbauten der großen preußischen Kadettenanstalt in Lichterfelde, wo die Zukunft der Armee gedrillt wird.

Man fängt an sich zu recken und zu strecken, versucht seine steifen Glieder in Gang zu bringen, packt seine Reisebücher ein und setzt sich voll Erwartung in Position. Schlag 5 Uhr fahren wir in den Anhalter Bahnhof ein. Ein lebhaftes Gedränge, ein Begrüßen und Umarmen, ein Stoßen von Seite der Gepäckträger, das uns dem Ausgang zuschiebt, trotzdem wir noch niemand von unsern Verwandten entdeckt hatten. Stillstehen war unmöglich, und so warteten wir nicht länger, sondern wir ließen uns von dem betreffenden Schutzmann eine Taxameter Droschkenmarke ausliefern. Es war aber keine leichte Arbeit, unter den Hunderten von Vehikeln gerade die Nummer 8964 herauszufinden. Endlich wars geglückt, und wie im sichern Hafen saßen wir glücklich in unserer Droschke, allerdings ohne Gepäck, denn das ließen wir ruhig im Bahnhof liegen, weil wir ja keine Ahnung hatten, wo wir untergebracht werden sollten.

Berlin: Anhalter Bahnhof und Königgrätzer Straße

Im Schritt machten wir uns langsam aus dem Gewühl los, und bald giengs in schlankem Trabe in ruhigere Gegenden. Durch die Königin Augustastraße immer dem Ufer des Kanales entlang, bogen wir in die wohlbekannte Friedrich Wilhelmstraße ein und fuhren bald an dem schönen Haus, wo Seegers wohnen, vor. Noch immer zeigte sich kein Mensch zum Empfang, nur der Hausmeister, Herr Knak, streckte den Kopf hinaus, um zu sehen, ob wir würdig seien, die Herrschaftstreppe hinaufzusteigen. Dem Maler Sperl[8] hatte er kurze Zeit vorher die hintere Dienstentreppe angewiesen.

Wir schleppten unser Handgepäck voll Resignation die mit Teppi-

8 Johann Sperl, 1840–1914, lebte zusammen mit dem Maler W. Leibl, einem Freund der Seegers, malte Landschafts- und Gartenbilder und bäuerliche Interieurs.

chen belegten hohen Treppen hinauf und schellten. Bald erscheint Kurt und öffnet uns die Tür; er war gar nicht verwundert über unser Erscheinen und meldete, Mamma erwarte uns am Bahnhof Friedrichstraße. Irgend jemand hatte ihr gesagt, der Frankfurter Abendzug fahre dort ein, und so hatte sie sich schon vor längerer Zeit dorthin begeben. Kurt hatte keine Zeit, uns länger zu unterhalten, da sein Peiniger und Hauslehrer, Dr. Klajus, im Kinderzimmer mit Ungeduld seiner harrt, um ihn in die Geheimnisse der Mathematik einzuweihen. Wir erfuhren nur schnell, daß unser Schwager noch für längere Zeit in Kutterling bei Professor Leibl weile.

Wir machten uns etwas bequem und warteten mit Geduld auf das Erscheinen meiner Schwester. Gar bald erschien sie denn auch und entschuldigte sich lebhaft über das Mißverständniß. Sehr gern stärkten wir uns an einer Tasse Thee in dem wunderschönen Eßzimmer; die genaue Besichtigung der Wohnung verschoben wir noch etwas und giengen lieber mit Anna aus, unser Quartier zu beziehen. Da Seegers momentan kein großes Gastzimmer hatten, war für uns Logis in der Nähe genommen worden. Am entgegengesetzten Ende der Friedrich Wilhelmstraßse bekamen wir im Parterre zwei sehr schöne Zimmer, viel zu schön für unsere Bedürfnisse. Das erste war ein schöner Salon, mit Eßtisch, Schreibtisch etc., wo ein wundervoller Blumenstrauß von riesigen Dimensionen zu unserm Empfang bereit stand. Nebenan war ein schönes Schlafzimmer, und die freundliche Besitzerin, Fräulein Mahnke, hieß uns herzlich willkommen. Man fühlte sich gleich behaglich, besonders als uns die Hausschlüssel ausgehändigt wurden. Nachdem noch für die Herbeischaffung unseres Gepäckes gesorgt war, machten wir mit Anna einen kleinen Spaziergang, um uns in der nächsten Umgebung etwas zu orientieren. Durch die stille, schöne Rauchstraße langten wir zu Haus an, als es eben stark dunkelte. Imposant ist namentlich der Aufgang zur Seeger'schen Wohnung Abends bei Beleuchtung.

Ernst jun. war mittlerweile auch heimgekommen, und Kurt war erlöst vom Lernen. Zum Empfang gab's ausgezeichnete Rebhühner und andere gute Sachen. Nach dem Nachtessen wurde der Phonograph von Ernst vorgeführt, der eine Menge Lieder und Märsche spielte. Vor vielen vielen Jahren sahen wir in Aarau im Storchensaal einen Phonographen, wie er eben, in primitver Art, von Edison erfunden worden war. Wenn man die damalige Vorführung mit den quitschenden Tönen (le phonographe a l'honneur de vous presenter ses hommages) verglich mit dem heutigen Instrument, so mußte ein immenser Fortschritt konstatiert werden. Ernst besitzt eine große Auswahl der kleinen Wachswalzen und ist damit im Stand, ein ganzes Concertprogram zusammenzustellen. Sehr hübsch sind die Märsche der Militärmusiken, ferner Solostücke von Violoncell und Flöte mit Begleitung. Sehr gut verstanden wird auch das gesprochene und das gesungene Wort, allerdings muß es von Künstlern hineingesungen oder gesprochen werden.

Berlin

Etwas ermüdet von der langen Reise zogen wir uns bei Zeiten in unser Quartier zurück, fanden aber auch diese Nacht nicht viel Ruhe, weil wir den Lärm der Straße und das Gerassel der Trambahn nicht gewöhnt waren. Für den kommenden Morgen hatten wir keine gemeinsamen Pläne gemacht, sondern wir wollten, um meine Schwester in ihren Arbeiten nicht zu stören, auf eigene Faust Entdeckungsreisen machen.

Nach beendigter Morgentoilette fanden wir in unserm, von der Sonne bestrahlten Salon den Frühstückstisch zierlich gedeckt, sogar die neuste ›Tante Voss‹[9] lag neben Thee und Kaffee und wartete auf unser Erscheinen. Das prachtvolle Wetter lockte uns gar nicht in das Getümmel der Stadt, sondern es zog uns mit Macht hinaus in die freie Natur.

Zu einer für Berlin sehr frühen Morgenstunde machten wir uns auf den Weg zum zoologischen Garten. Es war ein wundervoller Morgen, so duftig und taufrisch und still. Auf dem Kanal wurden langsam die großen Lastkähne mit mühevollem Stoßen aufwärts nach dem Hafen gebracht. Gar oft sah ich dem Leben und Treiben auf einem solchen Kahne zu. Ununterbrochen verrichtet der Mann mit seinen Knechten die schwere Arbeit; indem sie die langen Stangen zum Stoßen an der Schulter ansetzen, gehen sie langsam und gebückt auf dem schmalen Brett der Länge des Schiffes nach und bringen so mit ihrer großen Kraftanstrengung den Kahn um ein weniges vorwärts. In einem ganz niedrigen Verschlag wohnt meist die ganze Familie auf dem Schiff; ein blühender Blumenstock auf dem Dach dieser Zwergenwohnung verrät wenigstens oft die Anwesenheit der Frau. Auch Kinder sieht man oft in dieser kleinen Welt; sie tummeln sich auf diesem beschränkten, gefährlichen Spielplatz. Meist ist auch ein Hündchen dabei, das unermüdlich den Schritten seines Herrn folgt und mit ihm hunderte von Malen den Weg dem Schiffe lang macht.

---

9 Vossische Zeitung: die älteste Berliner Zeitung, 1617 aus einer titellosen Postzeitung entstanden, seit 1721 verlegt als »Berlinische Privilegierte Zeitung«, später nach ihren Besitzern »Vossische« genannt, seit 1824 Tageszeitung.

Sehr hübsch ist's, wenn im Herbst die großen Elbkähne kommen, die den Spree-Athenern die köstlichen Früchte der sächsischen Schweiz bringen. Schön geschichtet und sortiert liegen die Äpfel und Birnen in getrennten Behältern. Einen langen Weg müssen sie machen, erst Elbeabwärts, dann in die Havel und von dort durch die große Schleuse Spreeaufwärts. Schon von weitem riecht man den Duft des herrlichen Obstes, das meist von den Händlern gekauft wird. Sehr oft bringt ein kleiner Remorqueur[10], der dazu noch ›Olga‹ hieß, eine ganze Reihe solcher Kähne den Kanal aufwärts und erspart so den Leuten ihre saure Arbeit, indem er sie mit seiner Dampfkraft hinaufschleppt.

Über die Corneliusbrücke gelangten wir in den Kurfürstendamm und hatten von hier aus die wunderschöne Kaiser Wilhelm-Gedächtnißkirche, mir die liebste Kirche der Stadt. Sie ist in Form eines lateinischen Kreuzes im spätromanischen Styl erbaut, und zwar aus grauem Tuffstein, unter Verwendung von Sandstein und Granit. Sehr schön ist auch der sie umgebende Platz; die Façaden der dortigen Häuser sind im genauen Styl der Kirche erbaut, was durch Subsidien des Kaisers erlangt wurde.

Ganz in der Nähe ist das Hauptportal zum Zoologischen Garten, dem wir unsern Besuch machen wollen. Das Haupttor ist ganz neu in indischem Styl erbaut worden; zwei riesige Elephanten tragen auf ihrem Rücken die Pfeiler der Eingangspforte. Wunderschöne Parkanlagen umgeben die meist neu erstellten Wohnstätten der verschiedenen Tiere. Unter dem Schatten riesiger Bäume ergehen sich die Dickhäuter, die Raubtiere, die Wiederkäuer aller Arten. In großangelegten Teichen tummelt sich das Volk der Schwimmvögel, der Stelz- und Hühnervögel und verführt einen großen Lärm. Rauschende Kaskaden versehen die riesigen Bassins mit frischem Wasser. In originellem Styl sind die Ställe der Tiere erbaut; besonders reich ausgeführt ist das in arabischem Styl gehaltene Antilopenhaus mit Majolikafüllungen. Das neue Affenhaus mit seinen muntern Insassen, sowie das neue Elephantenhaus zeigen die Architektur der reichen indischen Pagoden. Das Wohnhaus der Hirsche und Antilopen war im Bau be-

10 Kleiner Schleppdampfer.

griffen und wurde in norwegischem Styl aufgeführt. Ferner kamen wir an einem großen Neubau vorüber in altägyptischer Bauart, an dessen Façade eben die bekannten schlanken Figuren von Ägypterinen in Mosaik angebracht wurden.

Die Tiere sind meist in mehreren Arten und auch in mehreren Exemplaren vorhanden und weisen teils seltene Stücke auf. Eine Menge von Staatslöwen und Tigern sind Geschenke der Leiter der afrikanischen Schutztruppe[11]. Von Major Wissmann[12] zum Beispiel ist ein prachtvolles Paar Königslöwen da. Interessant, aber häßlich ist das Nilpferd, das aber selten sein nasses Element verläßt und sichtbar wird. Die ganze Anlage des Gartens ist weitläufig, und kann man 2–3 Stunden drin herumgehen, ohne Alles gesehen zu haben. Etwas störend war für uns der Besuch zahlreicher Schulen, welche jeweilen die verschiedenen Käfige belagerten und den Einblick unmöglich machten. Kaum war man einer solchen Schaar ausgewichen, prallte man auf eine neue. Sämtliche Schuljugend schien heut losgelassen zu sein, um den herrlichen Morgen unter gleichzeitiger Belehrung im Freien zuzubringen. Grad viel Interesse brachten die Kinder der Sache nicht entgegen, die wenigsten Lehrer gaben ihnen Erklärungen zum Gesehenen. Am wichtigsten war der Inhalt der mitgebrachten Körbchen und Büchsen, der fleißig vertilgt wurde. Den herumstehenden Automaten wurde öfter zugesprochen, denn die eingeworfenen 10 Pfennigstücke brachten gar herrliche Chocolade und Biscuits zu Tage.

Etwas ermüdet von dem vielen Gehen, Stehen und Sehen zogen wir uns in die schöne Restauration am großen Neptunsteich zurück und nahmen ein zweites Frühstück zu uns, das gar trefflich schmeckte unter dem grünen Laubdach. Dann zogen wir unsere Zeit zu Rat und überlegten, was sich noch unternehmen ließe.

In Anbetracht der späten Mahlzeitsstunde blieben uns noch 1½–2 Stunden übrig und wir entschlossen uns, noch Charlottenburg und

11 Kolonialtruppen in den deutschen Kolonien in Afrika. Diese hießen bis 1918 amtlich Schutzgebiete: Deutsch-Südwestafrika (heute Namibia), Deutsch-Ostafrika (heute Tansania), Kamerun, Togo.

12 Hermann von Wissmann, 1853–1905, Offizier und Afrikaforscher, durchquerte 1881/82 und 1886/87 Afrika von Westen nach Osten (von Angola nach Moçambique), 1895/96 Gouverneur von Deutsch-Ostafrika.

dem Mausoleum einen Besuch zu machen. Gleich vor dem Hauptportal des Zoologischen Garten ist die Haltestelle der elektrischen Trambahn. Von einem offenen Wagen aus konnte man gut die Straßen übersehen.

Mit dem Aufblühen von Berlin gieng auch dasjenige von Charlottenburg Hand in Hand, denn die Stadt, die in den Achtziger Jahren 40 000 Einwohner hatte, zählt heute deren 167 000 und ist, abgesehen von ihrer kommunalen Selbständigkeit, ganz zu Berlin zu rechnen. Man kann bis an das königliche Schloß fahren, wo man im rechten Flügel die Karten löst, welche zum Eintritt ins Mausoleum berechtigen. Der große Garten ist nach französischem Schnitt angelegt; zahllose Hermen[13] flankieren den Weg. Am Ende einer langen Thuja-Allee liegt in stimmungsvoller Einsamkeit die Ruhestätte der zwei Herrscherpaare. Bis 1888 umschloß die Grabkapelle nur die Überreste der herrlichen Königin Luise und ihres Gemahls. Nach dem Tode des alten Kaisers Wilhelm wurde sie umgebaut und erweitert, um Raum zu schaffen für seine Gruft und die 2 Jahre später verstorbene Kaiserin Augusta.[14] Viele Leute behaupten, das Mausoleum habe dadurch viel verloren, namentlich sei die Beleuchtung nicht mehr so einheitlich. Früher durchflutete das eigentümliche, wunderbare blaue Licht den ganzen Raum, jetzt liegt es nur auf den Sarkophagen des alten Herrscherpaares, während diejenigen des Kaiserpaares mehr vom gelben Licht bestrahlt sind. Eine tieffeierliche Stimmung bemächtigt sich des Besuchers beim Eintritt in die Halle, wo tiefe Stille herrscht, denn kein Wort wird laut. Es wäre wohl gar nicht nötig, diese Verordnung an den Wänden anzuschlagen, denn unwillkürlich verstummt ein Jeder beim Anblick der weißen Marmorbilder. Im Vorraum steht auf hohem Sockel der riesige Grabesengel mit ausgebreiteten Flügeln, und im obern kapellenartigen Raum ruhen die beiden Herrscherpaare. Die Sarkophage der Königin Luise und des Königs Friedrich Wilhelm III. sind von Rauch[15] erstellt wor-

13 Pfeiler oder Säulen, die mit einer Büste gekrönt sind (ursprünglich des Gottes Hermes, später auch anderer Götter).

14 Wilhelm I., 1797–1888; Augusta von Sachsen-Weimar, 1811–1890.

15 König Friedrich Wilhelm III., 1770–1840, verheiratet mit Prinzessin Luise von Mecklenburg-Strelitz. Christian Daniel Rauch, 1777–1857 avancierte mit dem Grabmal für die 1810 verstorbene Königin Luise zum ersten Bildhauer seiner Zeit.

den und sind wahre Kunstwerke. In wunderbarer Anmut liegt der Körper der schönen Königin wie ruhend auf ihren Kissen, der Liebreiz der Jugend ist darüber hingegossen. Nicht minder ergreifend wirken die Marmorbilder ihres Sohnes und seiner Gattin, welche beide vom Bildhauer Enke hergestellt sind.[16] In seinen Hermelinmantel gehüllt, das Schwert auf der Brust ruht hier der greise Heldenkaiser aus nach seiner langen Pilgerreise. In den Zügen der Kaiserin Augusta liest man viel Leid und Schmerz; das Alter und viel körperliches Leiden haben ihnen den Stempel aufgedrückt. Nur ungern trennt man sich von der weihevollen Stätte und tritt geblendet aus dem tiefen Halbdunkel in den vom goldigen Sonnenlicht überstrahlten Garten.

Auf Zickzackwegen kehren wir zum Schloß zurück, das eben restauriert wird. Gar bald nimmt uns der Tram auf, und wir fahren bis fast vor unser Haus, auf den Lützow Platz. Wir hatten unsern Vormittag gut ausgenutzt und viel Genuß gehabt dabei. Zum Mittagessen fanden wir uns bei Anna ein und erfuhren da, daß unsere ferneren Reisepläne eine Änderung erleiden müssen. Wir hatten uns vorgenommen, nur einen Tag in Berlin zu bleiben und dann das schöne Wetter und die frühen Herbsttage zu benutzen, um ans Meer zu reisen. Am 1. September, also am morgigen Tag, sollte aber die große Herbstparade stattfinden, die dieß Jahr mit besonderem Pomp ausgeführt werden sollte. Anna hatte schon alle möglichen Schritte getan, um uns überall Zutritt zu verschaffen. Ihre Anstrengungen waren auch unter Assistenz ihres Hausarztes von Erfolg gekrönt gewesen in Bezug auf den großen Zapfenstreich. Für Erlaubniß zum Betreten des Tempelhofer Feldes, die Adèle auf der schweizerischen Gesandtschaft hatte holen wollen, verlangte man dort die Anwesenheit des betreffenden Schweizers. Nach dem Essen begleitete Dich der immer dienstbereite Kurt nach der Gesandtschaft, die ihren Sitz in der Bendlerstraße hat, für Berliner Begriffe ganz in der Nähe, für Aarauer ein ziemliches Stück Weg.

Trotzdem der Termin für Passir-Scheine zur Parade schon abgelaufen, war der Sekretär, Dr. Vogel, so liebenswürdig, einen Angestellten extra zum Polizei-Präsidium zu schicken mit der Empfehlung des Gesuches. Die Visitenkarte mit dem Bankdirektor verfieng aber

16 Erdmann Encke, 1843–1896, deutscher Bildhauer.

Berlin: Spittelmarkt

nicht und mußte »der schweizerische Oberstlieutenant« herhalten. In zuvorkommendster Weise wurde dort entsprochen, und der Gesandtschaftsdiener brachte die Karte sogar in unsere Wohnung.

Der Passir-Schein trug schon die No. 412, ein Beweis für die starke Nachfrage und lautete auf den oben genannten Oberstl. mit Angehörigen in einem Landauer. Jetzt hieß es noch, sich ein solches Vehikel zu verschaffen, denn Droschken, auch solche erster Güte, wurden nicht zugelassen, es mußte ein Wagen mit Charakter der Privat-Equipage sein.[17] Ein Herr vom Geschäft war von 5 Uhr an bis

17 Droschken sind Pferdekutschen zum Mieten, Landauer sind vierrädrige, viersitzige Kutschwagen, deren Verdeck von der Mitte aus nach vorn und hinten aufklappbar ist, Equipagen sind herrschaftliche Kutschen.

Abends 9 ½ Uhr auf der Suche nach einem Wagen. Alle Fuhrhalter hatten ihre Wagen und Pferde schon lange versprochen, und schon fürchteten wir, die Sache aufgeben zu müssen, als der Herr Abends 10 Uhr telephonierte, er hätte einen Wagen gefunden. Für den Notfall hatten wir noch ein Hinterpförtchen offen behalten, ein Fenster im III. Stock eines Hauses in der Nähe des Tempelhofer Feldes, von wo man mehr einen allgemeinen Überblick gehabt hätte, ohne Détails erkennen zu können.

Es galt nun auch für den Zapfenstreich einige Formalitäten zu erfüllen, und sahen wir bei der Gelegenheit, wie umständlich und schwierig solche Sachen in der Großstadt zu erreichen sind. Wir machten uns mit Anna auf die Füße, das heißt auf den Tram und fuhren am Hafenplatz, wo reges Leben herrschte, vorbei bis zum Anhalter Bahnhof. Von dort verfügte sich Anna in die Sprechstunde zu Dr. Kute, und wir patrouillierten indessen wohl zwanzig Mal die lange Anhalterstraße hinauf und hinunter. Als unsere Geduld schon etwas und unsere Beine etwas mehr noch erschöpft waren, erschien sie endlich triumphierend mit sechs Erlaubnißkarten zum Betreten der Kommandantur für den 1. September 1900. Durch die Vermittlung des Hausarztes und alle möglichen Umwege waren wir in den Besitz dieser höchst wichtigen Dokumente gelangt, die uns sehr gute Dienste leisten sollten.

Zu Fuß spazierten wir die lange Wilhelmstraße hinunter nach den Linden. Unterwegs begegneten wir eine Menge Hofwagen mit hohen Herrschaften, meist Offizieren, welche die Gäste für die Parade vom Bahnhof abholten. Große Wagen mit Gepäckstücken und Dienerschaft folgten nach.

Unter den Linden war viel Bewegung und von der historischen Ecke bei Kranzler an stauten sich die Menschen, und stellten sich längs den »Bürgersteigen« auf. Daraus schlossen wir, daß etwas Großes im Sinn sei und stellten uns auch auf. Bald erschien denn auch in einer offenen Victoria Chaise ohne Begleitung der Kaiser mit der Kaiserin und fuhr im schnellsten Trab ins Schloß. In kurzen Zwischenräumen folgten die Equipagen der hohen Würdenträger, und zuletzt erschien ein reich vergoldeter Galawagen mit großen Spiegelscheiben, wie man sie zu Zeiten Ludwigs XV. gehabt hatte. Vier schön geschirrte Pferde waren vorgespannt, und auf dem Bock und auf dem Trittbrett saßen oder standen vier goldbetreßte Bediente in strammster Haltung; namentlich fielen ihre rosafarbenen, wohlgeformten Waden ins Auge.

Im Wagen saßen wie in einem Glashaus von allen Seiten sichtbar zwei Herren in prachtvoll überstickten Uniformen, mit reichen Spitzenjabots[18]. Um die kunstvoll gekräuselten Haare nicht in Unordnung zu bringen, hielten sie den mit Goldborten und Federn besetzten Dreispitz auf den Knien und fuhren so am Schloße vor, wo vor einer Viertelstunde die Kaiserstandarte aufgezogen worden war. Wir erfuhren erst am folgenden Tag aus der Zeitung, daß wir der Auffahrt des neu akreditierten Gesandten von Spanien beigewohnt hatten. Er wurde von den Majestäten zum ersten Mal empfangen und dem gesammten diplomatischen Corps vorgestellt. Die Ceremonie muß nicht lange gedauert haben, denn als wir weiter gegen das Schloß spaziert waren, defilierten alle Wagen an uns vorüber bei ihrer Rückfahrt. Der Gesandte und sein Sekretär trugen jetzt die Dreispitze auf dem schön gescheitelten Haupt. Auch das Kaiserpaar sauste bald im Galopp an uns vorüber, von den Beifallsrufen der Menge begleitet, nach Potsdam zurück.

Erst jetzt fanden wir Zeit, die Via triumphalis, den Stolz Berlins, näher zu betrachten, nachdem die Menschen sich etws verlaufen hatten. Sie ist der Schauplatz feierlicher Einzüge des königlichen Hauses und hoher Gäste, des siegreichen Heeres, sowie vieler anderer festlicher Veranstaltungen; sie ist der Brennpunkt des vornehmen Berliner Lebens. Die breite Straße ist mit langen Reihen von Linden und Kastanien bepflanzt und bietet Abends in der Beleuchtung der Bogenlampen, mit den strahlenden Auslagen der Magazine ein glänzendes Bild dar. Seit den bald 30 Jahren Deiner Abwesenheit hat sich das Gesammtbild der Straße wenig verändert.

Mit dem herrlichen, den Propyläen in Athen nachgebildeten Brandenburger Tor beginnt die lange Reihe herrlicher Bauten, die ihren Abschluß findet beim königlichen Schloß. Das Tor macht immer einen gewaltigen Eindruck und wirkt durch die Einfachheit der riesigen

18 Jabots sind am Kragen befestigte Spitzen- oder Seidenrüschen.

dorischen Säulengänge, welche verschiedene Durchgänge bilden, von denen der mittlere nur vom Kaiser und der Feuerwehr benutzt werden darf. Vom Pariserplatz abwärts folgen die Paläste der verschiedenen Botschaften, mehrerer Ministerien und der sonstigen öffentlichen Gebäude. Dazwischen erheben sich eine Menge mit dem höchsten Comfort der Neuzeit ausgestatette Hôtels und Restaurants und Cafés, denen die alten, aus dem vorigen Jahrhundert stammenden, schlichten Häuser Platz machen mußten. Die Magazine haben sich auch sehr modernisiert und kommen, was Glanz und Großartigkeit des Verkehrs betrifft, denjenigen von Paris und Wien nach.

Von weitem schon zieht das am östlichen Ende der Linden aufragende Denkmal Friedrichs des Großen unsere Blicke auf sich. Es ist wohl die größte und populärste Schöpfung des Meisters Rauch.[19] Auf dem Sockel von Granit und den reichen in Bronze aufgeführten Reliefs erhebt sich imposant das kolossale Reiterbild des Königs mit dem Krückstock im Krönungsmantel. Mit Interesse betrachten wir die in der Nähe liegenden Palais, vor allem das kronprinzliche, wo früher der alte Kaiser Wilhelm I. wohnte und wo er so oft am historischen Eckfenster dem Wachaufzug zusah.[20] Sehr schön ist auch das Palais mit seinem großen, auf dorischen Säulen ruhenden Balkon, das nun der Kaiserin Friedrich[21] gehört, aber nicht bewohnt ist. Die Universität mit den davorstehenden Marmordenkmälern der Brüder Humboldt weckte viele Erinnerung an die früheren Zeiten, wo Du, wissensdurstig, täglich den weiten Weg vom südlichen Ende der Stadt hierher machtest, um Deine Studien zu machen und Deinen Gesichtskreis zu erweitern. Sie sind wohl alle dahingegangen, die berühmten Professoren, die Euch damals mit der Fülle ihres Wissens zu fesseln wußten.

19 Beginn des Denkmalbaus 1839, eingeweiht 1851.

20 Wilhelm I. war bis ins hohe Alter diszipliniert und arbeitete viel. Eine tägliche Unterbrechung war das Erscheinen des Kaisers an dem berühmten Eckfenster seines Palais während des Aufziehens der Wache. Als 1885 ein Hofbeamter einen Vortrag hielt, unterbrach ihn plötzlich der Kaiser: »Verzeihen Sie einen Augenblick, die Wachparade kommt. Es steht ja schon im Baedeker, daß ich mich dem Publikum zeigen muß.« Nach einigen Verbeugungen diesem gegenüber wurde der Vortrag fortgesetzt. Schüddekopf, 31.

21 Victoria, die Gattin von Kaiser Friedrich III.

Hinter dem Palais Wilhelms I. liegt die Bibliothek, eines der effektvollsten Werke des Barokstyls; im Volksmund heißt es spottweise die »Bücherkommode«. Auch die auf dem Platz zwischen Bibliothek und Opernhaus errichteten 5 Standbilder von Rauch kennen wir hauptsächlich aus der Schrift: Die Denkmäler Berlins und der Volkswitz. Sie verkörpern die Gestalten der alten Generale aus der Zeit der Freiheitskriege und zwar: Blücher auf dem Ofenrohr, Gneisenau mit der vorgestreckten Hand und der Frage: meine Handschuhnummer, Fräulein? die dürfte wohl No. zehn sein? Scharnhorst hebt den Finger auf und sagt: Horch, die scheene Musik! und Bülow, der über seine nassen Hosen klagt, mit denen er ins Wasser gefallen.

Von einem der Brüder Humboldt behauptet der Volkswitz, er brüte, und den andern bewundert er, ›weil er mit *die* Beene auf den Chimborasso[22] jestiegen!‹

Neu ist das in den neunziger Jahren enthüllte Marmordenkmal der Kaiserin Auguste; es stellt die alte Kaiserin, in wallende Gewänder gehüllt, dar, auf einem Sockel mit Reliefs über Krankenpflege und Erziehung der Kinder.

Über den Schinkelplatz, am Zeughaus vorbei, gelangen wir auf die Schloßbrücke, die mit 8 lebensgroßen Marmorgruppen geschmückt ist. Vor uns liegt der Lustgarten, jener schöne Platz zwischen der Spree, dem alten Museum, dem königlichen Schloß und dem Dom.

In der Mitte desselben steht auf hohem Granitsockel das Reiterstandbild Friedrich Wilhelms III. Hinter dem Denkmal, vor der Freitreppe zum Museum liegt die aus einem Findlingsblock ausgehauene Granitschale von riesigen Dimensionen.

Der Lustgarten und seine Umgebung wird von dem gewaltigen Neubau des Domes[23] beherrscht. Die frühere Domkirche war zu Anfang der neunziger Jahre niedergerissen und gesprengt worden, um dem neuen Prachtbau Platz zu machen.

Noch sieht man nur den Rohbau, der Ausbau dürfte noch länger nicht beendigt sein. Gewaltig ist der Eindruck des in den Formen

---

22 Chimborazo, Chimborasso: erloschener Vulkan in der Westkordillere Ecuadors, mit 6310 Metern der höchste Berg des Landes.

23 1894–1904 von Julius Raschdorff (nach Skizzen des Kaisers Wilhelm II.) erbaut.

Berlin: Unter den Linden/Ecke Friedrichstraße

VICTORIA HOTEL
VICTORIA-CAFÉ
VICTORIA-CAFÉ
VICTORIA-CAFÉ
VICTORIA CAF
VICTORIA-CAFE
VICTORIA-CAFE

der Hochrenaissance in Sandstein aufgeführten Domes, der ohne Zweifel unter den bedeutendsten Werken neuerer Kirchenbaukunst in erster Linie steht. Seine Kuppel bestimmt fortan den Charakter des gesamten Stadtbildes. Allerdings leiden bedauerlicherweise die älteren Monumentalbauten, die bisher für den Charakter des herrlichen Platzes maßgebend waren, sehr unter der neuen Nachbarschaft.

Dem Platz vor dem Schloß und dem an der Westseite desselben gelegenen Nationaldenkmal für Kaiser Wilhelm I. konnten wir nicht mehr die gehörige Aufmerksamkeit widmen, da die Zeit vorgerückt war und wir des ungewohnten Sehens halber müde waren. Wir nahmen deshalb eine Droschke, die uns aus dem Menschengewühl der Linden hinausführt in die freie Natur, in den Tiergarten. Seit meinem letzten Besuch vor zwei Jahren hat das persönliche Eingreifen des Kaisers große Veränderungen hervorgebracht. Die vielen Gesträuche und Unterholzgruppen sind entfernt worden, die Bäume, die früher unter dem alten Kaiser als unantastbar heilig galten, sind nun auf höheren Befehl durchforstet worden. Dadurch hat die ganze große Anlage einen durchaus veränderten Charakter bekommen. Überall sind, an Stelle des undurchdringlichen Baumdunkels, Durchblicke entstanden, die auch Licht und Sonne den Eintritt ermöglichen. Große lichte Rasenflächen sind dadurch entstanden, und an schönen Tagen herrscht fröhliches Treiben, namentlich auf den Kinderspielplätzen.

Wir fuhren durch die neue Siegesallee hinunter, ohne genauer die vielen neuen, vom Kaiser gespendeten Marmorgruppen betrachten zu können. Wir versparen das genaue Studium derselben auf unsere Wiederkehr und kamen etwas ermüdet nach Haus. Eine Einladung in das Kroll'sche Operntheater zur Aufführung des Mikado schlugen wir dankend aus, da wir Kleinstädter nicht allzuviel vertragen konnten. Für den kommenden Morgen war die Tagwache auf 5 ½ Uhr festgesetzt, und so zogen wir uns lieber nach dem Nachtessen bald zurück. Noch immer können wir uns aber nicht an den Lärm der Großstadt gewöhnen, und mit Sehnsucht gedenken wir unserer heimatlichen Stille am Graben. Zudem ist es heiß und dumpf in den Zimmern, da die Fenster des Lärmes halber nicht geöffnet werden durften.

Berlin: Dom und Friedrichsbrücke

Bald nach 6 Uhr begaben wir uns zum Frühstück zu Anna, wo auch allerlei Proviant, Eß- und Trinkbares, eingepackt wurde. Unser Wagen war auf 6 ¾ Uhr bestellt, weil nach 7 ½ Uhr die Zufahrtsstraßen nach dem Tempelhofer Feld gesperrt werden.

Ernst hatte vaterländische Feier in der Schule und konnte die Partie nicht mitmachen. Kurt durfte schwänzen und saß stillvergnügt mit uns im Wagen; es war das ein eleganter Landauer mit schönen Pferden, aber einem ältlichen, hagern Kutscher mit etwas abgeschabtem Frack. Die Fahrt gieng südwärts, durch stille Straßen; ein leichter Nebel verhüllte die Sonne, und kalt durchschauerte uns die kühle Morgenluft. Es war der erste September, also ein richtiger Herbstmorgen; zur Erinnerung an den großen Sieg von Sedan[24] findet jeweilen an dem Tag die große Parade statt.

24 Bei Sedan in den französischen Ardennen wurde im Deutsch-Französischen Krieg von 1870/71 eine französische Armee eingeschlossen und Frankreich zur Kapitulation gezwungen. Der Sedanstag wurde im Deutschen Reich feierlich begangen. Die Herbstparade in Berlin fand jedoch nicht immer genau am 1. September statt.

Herbstparade

Gar bald boten die Straßen ein ganz anderes Bild. Ganze Reihen von Wagen strebten alle dem gleichen Ziel entgegen. Aus allen Straßen ergossen sich die endlosen Schaaren der anmarschierenden Truppen. Bald drängten wir uns durch ganze Infanterieregimenter; dann waren's wieder endlose Züge von Artillerie, die uns den Weg verbarrikadierten. Die Soldaten giengen frei, nicht im Schritt, schmauchten auch wohl fröhlich ein Pfeifchen. Die höhern Offiziere ritten auf ihren prachtvollen Pferden meist voraus; alles glänzte spiegelblank an der Ausrüstung. Immer dichter wurden die Schaaren heranmarschierenden Militärs, und immer schwieriger wurde für uns das Vorrükken. Bei der Großbeerenstraße standen ganze Züge Soldaten Spalier. Plötzlich winkte ein Offizier unserm Kutscher ab und vertrat uns den Weg. Der Alte wollte sich aber nicht stören lassen, sondern ließ die Pferde, auf sein gutes Recht vertrauend, langsam vorgehen. Die für uns etwas unangenehme Collision klärte sich aber unter lautem Gelächter der Umstehenden auf. Der Kutscher hatte, nach höherem Befehl, die blaue Passierkarte unserer Gesandtschaft wohl aufgesteckt, aber anstatt allen sichtbar vorn war sie, hinter der hohen Angströhre[25] versteckt, hinten aufgepflanzt. Da regnete gar mancher derbe Witz auf das Haupt unseres Rosselenkers, was ihm nicht viel Eindruck machte. Hauptsache für uns war, daß wir unangefochten vorwärts rücken konnten. Je näher wir dem Paradefeld kamen, desto größer wurde die Menge des schaulustigen Volkes. Alle Fenster, ja die Dächer und Zäune waren von Menschen besetzt. Am Ende der langen Großbeerenstraße bogen wir im rechten Winkel gegen die Haide ein. Hunderte von berittenen Schutzleuten sprengten hin und her, brachten Ordres und wiesen auch uns den Weg. Am nördlichen Ende des immensen Tempelhofer Feldes mußten wir in Mitten von hundert Wagen Aufstellung nehmen, und zwar begleitete uns ein Schutzmann, bis wir genau in die lange Reihe eingefahren waren. Ausgerichtet wie die Grenadiere mußten die Wagen sein; wir bewunderten die mu-

25 Zylinder.

Skizzen von Charles Huars, 1907

sterhafte Ordnung und das sich fügende Publikum in gleichem Maße. Die Parade war auf 8 ½ Uhr bestellt worden, und nun war es kaum 7 ½ Uhr, sodaß man Muße genug hatte, die engere und weitere Umgebung zu betrachten. Das Tempelhofer Feld ist der Exerzierplatz der Berliner Garnison; an seinem Nord- und Westrande stehen die Kasernen der verschiedenen Regimenter. So weit das Auge blicken konnte, sah man nichts als anrückende Regimenter, und in weitester Ferne, kaum sichtbar, stand die Artillerie am südlichsten Ende des Paradeplatzes. Die Parade sollte dies Jahr mit außerordentlichem Glanz gefeiert werden, wohl zur Einweihung des neuen Jahrhunderts. Es waren daher auch viele hohe Herrschaften angekommen, unter andern die Großherzöge von Hessen und Oldenburg; die Zeitungen sprachen auch vom König von Württemberg, den wir aber nicht sahen.

Viele Hundert Wagen standen vor, neben und hinter uns, und Alles harrte voll Geduld des kommenden Schauspiels. Um 8 Uhr hatten alle Truppen auf dem Paradefeld Aufstellung genommen, und zwar wich sie von allen früheren wesentlich ab. Sonst standen die Truppen in langer Front, heute stand das erste Treffen in Form eines riesenhaften Hufeisens. Es waren aufgestellt 3 Garde-Infanterie Divisionen, 3 Garde Artillerie-Brigaden, 1 Garde Kavallerie Division und viele andere Truppen wie die Eisenbahn Brigade, die Kadetten und viele andere; auch die Luftschifferabteilung fehlte nicht und eine Abteilung nach China beorderter Mannschaften in Kakiuniform mit ihren aufgekrempten Filzhüten.

Der Kaiser hatte sich schon in aller Frühe im Fahnenzimmer im Palais seines Großvaters eingefunden, wo er 43 neue Fahnen einweihte. Unter dem Präsentirmarsch stellten sich die neuen Fahnen hinter den alten auf, und der Kaiser ritt an der Spitze der Compagnie mit den Feldzeichen die lange Friedrichsstraße hinunter nach dem Paradefelde. Dort war indessen die Kaiserin zu Pferd in der Uniform ihrer Bayreuther Dragoner eingetroffen. Sie trug ein weißes Wollkleid mit gelbem Schild in Herzform, einen schwarzen Dreimaster mit Silberborten und Federstutz und über der Brust das Orangeband des Ordens vom Schwarzen Adler. In ihrer Umgebung waren ihr Bruder, der Herzog Günther, ihr Schwager, der Erbprinz von Sachsen-Meiningen. Auch Prinz Heinrich mit seiner Gemahlin war in der Suite und die

Berlin: Parade-Aufmarsch unter den Linden

schon genannten Großherzoge von Hessen und Oldenburg, alles in glänzendsten Uniformen zu Pferde.

In einem Viererzug, à la Daumont bespannt[26], mit Spitzenreitern, der kleine Herzog von Albany in Husaren Uniform mit seiner Mutter. Schließlich erschienen zwei gleich wie der obige bespannte Wagen; im ersten saß die kleine Prinzessin Victoria, im weißen Federhut, mit ihrem Bruder, dem Prinzen Joachim, und im zweiten die Prinzen Oskar und August Wilhelm. Lautes Hurrahrufen verkündete die Ankunft des Kaisers. Mit dem Marschallstab in der Hand, nach allen Seiten freundlich grüßend, ritt der Kaiser vor dem Fahnenwald heran und übergab die Feldzeichen den Regimentern. Sein Guten Morgen-Gruß wurde von den Truppen mit einem weit über das Feld hinschallenden Ruf: Guten Morgen, Majestät! erwiedert. Es macht diese Begrüßung einen ganz eigenartigen Eindruck. Dann begann das Abreiten der Fronten; der goldene Stab, Kaiser, Kaiserin, alle Gäste und Wagen ritten im Schritt die endlosen Reihen hinunter, während Musik und Spielleute anschlugen und die Feldzeichen sich senkten. Wie die Mauern standen die Grenadiere in ihren hohen Pelzmützen, oder die Potsdamer Jäger; hübsch waren die alten Uniformen mit den leuchtenden Blechhelmen aus der friedericianischen Zeit. Nach ¾ stündigem Ritt stellten sich die Herrschaften bei dem historischen Baum auf, und zum Schauspiel des Defilierens durften unsere Wagen eine Frontveränderung machen, sodaß wir in nächste Nähe des Kaiserpaares zu stehen kamen. Allerdings trennte uns eine dichte Mauer von Schutzleuten von den Fürstlichkeiten, aber immerhin hatten wir sehr gute Plätze. Leider wollten aber viele noch mehr sehen, und schon die vordern Insassen der Wagen fiengen an aufzustehen, was uns zwang, ein gleiches zu tun. Damen in den schönsten und feinsten Toiletten stiegen nicht nur auf die Polster ihrer Landauer, nein sogar viele kletterten auf die Verdecke und die Kutschersitze, wo sie in halsbrechenden Stellungen verharrten.

---

26 eigtl. à la d'Aumont: Viergespann ohne Zügel, von zwei Reitern im Sattel gelenkt, besonders bei Staatskarossen verwendet, benannt nach Herzog L.-M.-C. d'Aumont, 1762–1831.

Anderthalb Stunden dauerte der Vorbeimarsch. In Regimentskolonnen defilierten die Regimenter; im strammsten Paradeschritt, unter den Klängen der vom Kaiser wieder ins Leben gerufenen alten historischen Märsche, marschierten die Infanteristen alle vorbei. Der Kronprinz marschierte auf dem Flügel der Leibkompagnie des I. Garde Regimentes.

Dann folgten die berittenen Truppen, und werde ich nie den imposanten Anblick der heranreitenden Gardekürassiere vergessen. Die silbernen Helme mit dem vergoldeten Adler glänzten in der strahlenden Sonne. Der Boden dröhnte unter der Menge der heranrückenden Pferde. Wir sahen die berühmten Kürassiere (Bismark) mit den silbernen Kürassen, andere in den weißen Uniformen mit gelben Aufschlägen. Groß war die Verschiedenheit der Husaren, denn es gab solche mit gelben Aufschlägen und Brustlatzen, andere mit roten, mit weißen, ein steter Wechsel. Sehr hübsch waren die Uhlanen mit ihren wallenden Fähnchen. Wir ergötzten uns beim Herannahen jedes neuen Regimentes an den Sprüngen und Gabriolen[27] des jeweiligen Kapellmeisters. Wie das Regiment in die Nähe des kaiserlichen Inspektors kam, mußte die Musik einschwenken; der Paukist verließ die übrigen Spielleute und jagte in großem, weitem Bogen wie rasend herum, fuchtelte mit beiden Armen wie verrückt in der Luft und schlug, wenn der Kaiserruf nach längerer Pause wieder ertönte, damit auf die Paucken hernieder. Immer neue Massen Kavallerie trabten heran, und endlich kam die lange Kette der Artillerie im Trab. Es wollte nicht enden, denn immer noch lösten sich Truppenkörper in der Ferne ab und kamen näher. Eine solche Paradeabnahme muß ein sehr mühsames Vergnügen sein, denn sogar wir, die wir nicht zu Pferde saßen, waren müde und ermattet. Überall in den Wagen wurden die mitgebrachten Mundvorräte hervorgeholt, und es begann ein vergnügtes Schnabulieren und Pokulieren[28]. Eine Menge Offiziere, die schon defiliert waren, kamen nun mit Freunden ihre offenbar herbeigereisten Verwandten begrüßen. Diener breiteten auf weißen Damasttüchern ganze Berge von Sandwichs aus; die silbernen Becher kreisten dazu und es herrschte fröhliches Leben. Auch wir stärkten

27 Kapriolen.

28 Zechen, stark trinken.

Kaiser Wilhelm im Manöver, begleitet von Schaulustigen

uns an den mitgebrachten Vorräten und ließen uns alles trefflich schmecken. Immer mehr Besuche drängten sich zwischen den Pferden durch an die Wagen heran. Da hatten wir Gelegenheit, in der Nähe die verschiedenen Uniformen zu studieren und zu bewundern.

Sowie ein Regiment defiliert war, marschierte es in unserer nächsten Nähe ab, nach allen Richtungen, in die Kasernen. Auch die Kaiserin verließ in einem strammen Galopp das Exerzierfeld, begleitet vom Großherzog von Oldenburg, den man in seiner Uhlanen Uniform leicht erkannte. Als auch der Kaiser mit seiner glänzenden Suite abgeritten war, wurde auch den Wagen der Weg freigegeben. Jetzt entstand aber ein ganz unglaubliches Gedränge und die reine, wilde Jagd, vor der selbst die dagegenanstürmenden berittenen Schutzleute machtlos weichen mußten. Durch den weichen, hochaufwirbelnden Staub jagten die Wagen dahin, um so bald als möglich als die ersten die Chaussé zu erreichen. Haarscharf streiften sich die Räder der Equipagen, und oft gab's eine kleine Carambolage. Endlich hatten wir auf der Straße festern Boden, aber die Situation war wenn möglich noch ungemütlicher. In 5–6 Reihen nebeneinander suchten die Wagen vorzudrängen; 4 auch 5 Mal fuhr man einem Vehikel vor, um im nächsten Moment wieder von demselben überholt zu werden. Und doch nützte dieses Eilen gar nichts, da sich weiter vorn alles wieder staute. Auch unser Kutscher bekam den Befehl, so rasch als möglich vorwärts zu fahren, da Anna hoffte, uns den Kaiser auf seinem Rückmarsch durch die Friedrichstraße zu zeigen. Sie hoffte, auf andern Wegen ihm zuvorzukommen und bis zum Geschäft vorzudringen, wo wir ihn dann sehr gut gesehen hätten. Gar bald sah man zu meiner großen Beruhigung das Unmögliche des Unterfangens ein, denn alle Straßen waren von abmarschierenden Truppen angefüllt. Hie und da wurde, von Decken wohl umhüllt, ein Parade-Offizierspferd vom Burschen sorgfältig heimgeführt. Je näher wir gegen die Friedrichsstraße kamen, desto mehr Gedränge, bis am Ende die Straße ganz abgesperrt wurde durch einen Cordon von Schutzleuten. Auf allen möglichen Umwegen suchten wir doch durchzudringen, und schon schien das zu gelingen, als plötzlich die schaulustige Menge in Schaaren uns entgegenströmte. Wir waren 2 Minuten zu spät gekommen, da der Kaiser mit seiner Eskorte eben passiert hatte. Wir waren froh, aus dem Gewühl herauszukommen, und wohl wurde uns erst, als wir in die stillere, schöne Tiergartenstraße einbogen. Um 6 ½ Uhr waren wir von hier ausgezogen, und um 1 Uhr kamen wir wahrhaftig erst nach Haus. Gar trefflich schmeckte uns das Essen, das uns Anna mit bekannter Sorgfalt aufstellen ließ, und gern verhielten wir uns den Mittag etwas ruhig, weil uns für den Abend neue Strapazen erwarteten.

Wenn man, wie das in Berlin Sitte ist, erst nach 2 Uhr speist, ist der Nachmittag sehr kurz, besonders wenn man Abends ins Theater oder sonst irgendwohin will. Da muß man sich schon nach 6 Uhr bald wieder auf den Weg machen, wenn man bequem sein Ziel errreichen will.

Auch heut war dies der Fall, und nach dem Thee waren wir um 6 ½ Uhr schon wieder unterwegs, um dem Zapfenstreich, der um 9 Uhr beginnen sollte, beizuwohnen. Wir wußten aber, daß von 6 ½ Uhr an die Straßen in der Nähe des Schloßes gesperrt wurden, und in dem

Fall wären ja alle klugen Vorbereitungen vergebens gewesen. Wir fuhren in zwei Droschken unter die Linden und bis ans Ende der Straße, wo vis-à-vis vom Zeughaus die Kommandantur von Berlin steht. Denn, man staune! Von diesem nobeln Standpunkt aus sollten wir das seltene Schauspiel betrachten, das selbst Berliner noch nie gesehen haben. Meine Schwester zum Beispiel lebt seit 14 Jahren in Berlin und hat's noch nie zu einem Zapfenstreich gebracht.

Vom Café Bauer an waren schon alle Trottoirs von einer dichten Menschenmenge besetzt, und wären wir jedenfalls nur mit energischer Nachhilfe der Ellbogen durchgekommen. Unsere Droschken wurden noch durchgelassen, und wohlbehalten langten wir am Ziel unserer Fahrt an. Der Militärposten, der die Portale der Kommandantur zu bewachen hat, ließ uns nach Vorzeigen unserer Karten passieren, und wir durften eintreten. Unser Weg gieng aber nicht etwa die breiten Treppen zur Wohnung des hohen Militärbeamten hinan, nein fein säuberlich und bescheiden marschierten wir in den Hof nach einem Hintergebäude zu. Erst probierten wir den Aufstieg auf der linken Hausseite und läuteten etwas zaghaft an der Glocke. Wir mußten aber hören, daß der von uns Gesuchte, Herr Feldwebel X, auf der andern Seite des Hofes wohne. Also wieder hinunter und im rechten Hinterhaus hinauf und auf was für Hühnertreppen, steil wie die Leiter Jakobs. Unter lautem Geschnaufe standen wir endlich an der Tür der feldwebelschen Wohnung. Herr Dr. Kute hatte uns eine Empfehlung an Frau Feldwebel mitgegeben, und so wurden wir freundlich von derselben empfangen und in ein kleines Besuchszimmer geführt. Herr Doktor kannte die nette Frau von früheren Zeiten her, wo sie in Ostpreußen Erzieherin in einer ihm befreundeten Familie gewesen war. Aus Gefälligkeit für ihn wollte sie uns aufnehmen, und wir erfuhren von ihr, daß sie noch eine ganze Menge ›Bekannter‹ erwarte. Die von ihr bewohnte Dienstwohnung lag nach vorne, also nach den Linden zu und nahm die ganze Front des Hauses im zweiten Stock ein. Für jedes Fenster waren mindestens 5 Personen erwartet. Es dürfen aber diese Fenster nicht bezahlt werden; man zeigt nachher seine Erkenntlichkeit auf weniger verfängliche Weise in Form von Naturalgaben.

Um 7 Uhr waren wir an Ort und Stelle und hatten also Zeit genug uns umzusehen. In dem etwas niedrigen Raum herrschte eine drückende, tropische Hitze, und das kleine Fenster führte fast keine frische Luft zu. Um zum Fenster zu gelangen, mußte man einen Holztritt besteigen, der jämmerlich ächzte, besonders wenn ich mich auf den Lugaus begab. Unter uns direkt war der große Balkon des Kommandanten, der im spätern Verlaufe des Abends von einigen höheren Offizieren mit ihren Gattinnen besetzt wurde. Der Herr Feldwebel, ein sehr netter, noch junger Mann, erschien auch, um uns zu begrüßen, und bekamen wir eigentlich erst hier den Begriff von der Würde und Stellung eines solchen militärischen Funktionärs. Die Wohnung war auf's Hübscheste ausgestattet und verriet einen soliden Wohlstand.

Abwechslungsweise bestiegen wir unser Observatorium und betrachteten wir die Situation. Der Himmel war nicht mehr so wolkenlos wie am Morgen, und hinter einer hohen, grauen Wand gieng die Sonne zur Rüste.

Auf dem Trottoir zu unsern Füßen stand die Menge Kopf an Kopf und zwar schon Stunden lang. Der Berliner muß sehr stark sein im Stehen, wenigstens schienen die Leute nicht müde zu sein; ab und zu erscholl fröhliches Gelächter, wenn irgend einer einen gelungenen Witz machte. Der breite Platz hingegen war total menschenleer, denn eben hatte das Militär die Straßen abgesperrt und die Stellung in Spalierform zu beiden Seiten derselben in 2 Gliedern eingenommen. Im Lustgarten waren Hunderte von Neugierigen, alle glücklich über ihren eroberten Standpunkt; aber, o weh! er wurde auf höheren Befehl geräumt. Von 8 Uhr an durfte Niemand mehr passieren, und mit Verwunderung beobachteten wir unzählige Mal dieselbe Szene: Höhere Offiziere waren in Folge ihrer Stellung mit ihren Damen bis zur Schloßbrücke gelangt, wurden nun aber hier vom Militärposten aufgehalten und nicht weiter gelassen. Nicht alle wollten sich dieß gefallen lassen; sie verlangten den kommandierenden Offizier zu sprechen und begannen mit dem zu parlamentieren, was aber nichts nützte. Sie mußten am Ende parieren und durften sich der Spree nach rechts in ein dunkles Gäßchen drücken, immerhin nicht angenehm, da Hunderte von Augen die Szene beobachtet hatten.

Die Dunkelheit brach herein, und die elektrischen Bogenlampen beleuchteten den schönen Platz taghell. Das ganze Schloß war erleuchtet, denn dort hat seit einigen Stunden die große Parade-Tafel stattgefunden, die sich jedes Jahr der Parade des Gardekorps anschließt. Dazu sind geladen alle fürstlichen Gäste, die Generalität und die Offiziere alle, die ein höheres Kommando führen, hier bis zum Regimentskommandanten. Das Liebesmahl schien beendigt, denn viele Offiziere kamen, in ihre weiten grauen Mäntel gehüllt, über den menschenleeren Platz vom Schloß her. Die meisten hatten die Interimsmütze auf und trugen den schweren Helm in der Hand nach Haus. Von Ferne lockte der Trommelschlag der sich von allen Seiten einfindenden Musikkorps und der Spielleute. Sie hatten beim Denkmal des alten Fritz Stellung genommen, und unter den Klängen des York'schen Marsches setzten sich die 32 Musikkorps in Bewegung. Zu beiden Seiten marschierten Soldaten mit Magnesiumfackeln, welche den imposanten Aufzug beleuchteten. In langen Linien, von 30 Mann in der Breite, nahten die Spielleute, streng ausgerichtet. Voraus giengen jeweilen die Kapellmeister mit dem Tambourmajorstock, dann die Musiker nach Instrumenten geordnet. Es waren gegen zweitausend Mitwirkende, die zum Schloß marschierten, wo sie ein großes Quarré formierten; die Fackelträger umsäumten dasselbe. Nun erschollen die diversen Musikstücke, von der Riesenkapelle musterhaft ausgeführt. Die Produktionen waren fein ausgefeilt und dynamisch abgetönt. Feierlich hallten die Klänge der alten Freiheitshymnen in die stille Nacht hinein. Am schönsten und ergreifendsten war eine Dankhymne nach der Schlacht von Herzog Albrecht komponiert. Sehr wirkungvoll war der langsam anschwellende und ebenso wieder langsam verhallende Wirbel des Zapfenstreichs. Das Bild wurde durch rote und grüne bengalische Flammen beleuchtet, und magisch flammte oft die Kuppel des Domes aus dem Dunkel empor. Rot und grün rauschten die Fontänen im Lustgarten empor, und hell erstrahlten die edlen Formen des Zeughauses und des alten Museums. Das ganze Bild prägte sich unverwischbar unserm Gedächtniß ein.

Um 9 ½ Uhr war der Zapfenstreich beendet, und unter den Klängen der Nationalhymne marschierten die Soldaten in ihre Quartiere zurück. Langsam verlief sich die Menge in die vielen Seitenstraßen; unser Warten wurde noch belohnt, denn wir sahen das Kaiserpaar unten vorbeifahren und im Dunkel der Nacht verschwinden. Auch der Kronprinz fuhr im Wagen vorbei und wurde wie seine Eltern vom Jauchzen der Menge begleitet.

Vom Herrn Feldwebel begleitet, krochen wir die Hühnertreppe hinunter und fanden uns aus dem dunkeln Hof hinaus, dankbar für die Aufnahme, die uns den Anblick dieses seltenen Schauspiels gestattet hatte. In den Straßen herrschte noch lebhaftes Gedränge, als wir auf dem Weg nach einer Restauration waren. In der Friedrichstraße wogte die Menge hinauf und hinunter, und nur mit Mühe kam man langsam vorwärts. Endlich fanden wir in dem neuen Kaiserkeller einen Tisch und zwar in der originell ausgestatteten Berliner Ratstube mit den alten Wappen. Es dauerte ziemlich lange bis wir unsern Hunger und Durst gestillt hatten, denn alle Räume waren überfüllt, und es wurde langsam serviert. Trotzdem waren wir vergnügt beisammen und ließen's uns trefflich schmecken. Totmüde langten wir nach 12 Uhr zu Hause an; die vielen Eindrücke des ereignissreichen Tages stürmten aber noch lange auf das müde Gehirn ein und ließen es nicht zur Ruhe kommen.

An der Ostsee

Die Strapazen der zwei ereignißreichen Berlinertage waren zu groß gewesen und ließen eine große Müdigkeit und auch wieder eine Unruhe zurück. Für die Nerven eines überarbeiteten Bankdirektors war allerdings dieses aufregende Leben vorerst das reine Gift, und so war es in erster Linie notwendig, für Ruhe zu sorgen. Darum entschlossen wir uns, am nächsten Tag, es war der 2. September, an die See abzureisen. Ich wäre lieber noch einen Tag in Berlin geblieben, denn ungern reiste ich ins Ungewisse hinein. Zuletzt mußte ich aber einsehen, daß die schleunige Abreise das Richtige sei, und machte mich daher am Sonntagmorgen ans Einpacken, was keine kleine Arbeit war, da wir einen Teil unserer Kleider in Berlin zurückließen. Nach dem Frühstück und dem Abschied von Frl. Mahnke giengen wir zu Anna, die uns ein famoses Gabelfrühstück bereit hielt. Leider war der Apetit noch nicht vorhanden, und wir stärkten uns nur etwas, weil wir bis Abends nichts mehr bekamen.

Der Morgen war trüb und grau, was meine Reiselust auch nicht erhöhte. Als wir zum Stettiner Bahnhof fuhren, ließ der Regen nach, und das Wetter schien sich etwas aufheitern zu wollen. Bei der Gepäckaufgabe erlebten wir eine große Überraschung. Als der Gepäckträger unsern Koffer besorgt hatte und nun den Gepäckschein überreichte, forderte er 30 Pfennig. Natürlich wollte man ihm nun den Betrag für den Koffer aushändigen, und da erfuhren wir zu unserm großen Erstaunen, daß der nichts koste; wir hatten auf jedem Billet 25 K. Freigepäck und, da unser Koffer gerade 50 K. wog, kostete er nichts. Wir Schweizer kennen eben diese Einrichtung nicht und begreifen nun, warum die so gewöhnten Norddeutschen so sehr sparen am Gepäck, wenn sie in der Schweiz reisen. Die Vergünstigung des Freigepäcks gilt aber nur für Reisende, die mit einfachen oder Retourbillets reisen; Rundreisebillets haben diesen Vorteil nicht.

10 Minuten vor 12 Uhr sollte unser Zug abgehen, und konnten wir noch eine halbe Stunde mit meiner Schwester verplaudern. Sie versprach, uns an einem schönen Sonntag mit ihren Söhnen zu besuchen, und gab uns noch allerlei gute Ratschläge mit. Leider wurde der pro-

Karte Usedom (aus Wille, 1983)

jektierte Besuch nicht ausgeführt, was wir sehr bedauerten. Bis Mitte September verkehrten auf der Route noch Schnellzüge, die nach Beendigung der Saison aufhören. Wir fanden ein gutes Coupé, das bis nach Heringsdorf fuhr, sodaß wir nirgends umzusteigen brauchten; 4 Stunden konnten wir ruhig sitzen bleiben.

Vom Stettiner Bahnhof führt die Bahn in nördlicher und nordwestlicher Richtung, und kamen wir so durch den Norden Berlins. An der Peripherie beobachteten wir zahllose Gärten mit kleinen Gartenhäuschen, die alle mit lustig flatternden Fähnchen geschmückt waren. Hier scheinen sich viele Familien der umliegenden Vorstädte zu erholen und ihren Kohl zu bauen. Bald erreichten wir die Stadt Eberswalde, bekannt durch ihre große Forstakademie und ihre vorzüglichen Spritz- und Apfelkuchen, die am Bahnhof lebhaft ausgerufen werden. Eine Stunde lang durchfuhren wir die Uckermark, ein gutbebautes Land, von vielen Teichen und kleinen Seen unterbrochen. Auffallend war für uns das fast gänzliche Fehlen des Obstbaues, und doch waren die wenigen Apfelbäume reich mit Obst behangen, ein Beweis, daß dasselbe gedeihen könnte.

In Angermünde, mit seiner alten gothischen Kirche an einem See malerisch gelegen, zweigt die Bahnlinie nach Stettin ab. Wir fahren in meist nördlicher Richtung der Ucker entlang, zum Teil auf Dämmen, durch schöne Wälder nach Prenzlau am Uckersee, der alten ansehnlichen Hauptstadt der Uckermark, mit befestigten Stadtmauern. In Pasewalk war etwas mehr Verkehr am Bahnhof, denn hier liegt ein Kürassierregiment in Garnison. Merkwürdig hoben sich die neuerbauten roten Gebäude der Kasernen und Stallungen von dem alten Stadtbild mit seinen alten Türmen ab.

In Ducherow zweigte unsere Linie ab, denn die Hauptroute geht nach Stralsund[29] weiter. Schon hier merkte man die Nähe der See, denn ein starker Wind blies über das immer flacher werdende Land

29 Stralsund: Um 1230 gegründet, Hansestadt, Blüte im 14. und 15. Jahrhundert, im 30jährigen Krieg von Wallenstein erfolglos belagert, fällt es durch den Westfälischen Frieden an Schweden. Von Napoleons Truppen 1806 und 1813 besetzt, gelangt es 1815 als Teil der neuen Provinz Pommern an Preussen, wird Provinzialhauptstadt, Verwaltungszentrum und Festung. Um 1900 31 000 Einwohner, reiche Industrie, vor allem die Spielkartenfabrikation ist berühmt.

hin. Die Bahn führt hier über die schmale Peene, den westlichen Mündungsarm der Oder, auf die Insel Usedom hinüber. Von der Brücke aus haben wir einen schönen Blick auf das Haff, das hier reich mit kleinen und größern Frachtschiffen bedeckt ist. Das Städtchen Usedom liegt fast ganz im Wasser; man sieht ihm an, daß schon mancher rauhe Sturm darüber hinweggefegt ist. Von hier aus kann man zu Wasser, auf der Peene ins Seebad Zinnowitz gelangen, das an dem westlichsten Teil der schmalen, langgestreckten Insel liegt. Dieselbe ist reich bewaldet, an vielen Orten kaum eine Viertelstunde breit. Die Bahn nimmt nun eine ganz östliche Richtung an, und fährt man durch Wald oder Bruch bis Swinemünde[30], das an der Mündung der Swine liegt, am östlichsten Punkt der Insel Usedom, dort wo sie sich mit der Schwesterinsel Wollin fast berührt. Von hier ist Heringsdorf nur noch 20 Minuten entfernt; man fährt unfern der Küste, meist durch Föhrenwald, ohne aber das Meer zu erblicken. In Ahlbeck, der einzigen Zwischenstation, war reger Verkehr. Ganze Familien mit Bergen von Gepäckstücken, nicht nur mit Kind und Kegel, nein, noch mit Hund und Vogel, warteten auf den Zug von Heringsdorf, um nach monatelangem Aufenthalt an der See gestärkt und gebräunt heimzukehren. Vorherrschend war das jüdische Element. Noch ein paar Minuten, und das Ziel unserer Reise ist erreicht.

Der Bahnhof liegt mitten im Walde, ganz einsam, und so mutet das nun entstehende Gedränge, das Hantieren mit Koffern etc. ganz eigentümlich an. Da wir keine Ahnung hatten von den hiesigen Entfernungen, nahmen wir eine der vielen bereitstehenden Droschken und fuhren in das Ungewisse hinein, um eine Wohnung zu suchen. Von Anna war uns das Kurhaus empfohlen worden, und so ließen wir uns zuerst dorthin führen. Wir hatten die Absicht, uns an verschiedenen Orten umzusehen und dann das Passendste zu wählen. Aber wie es oft geht, bleibt man gewöhnlich am ersten Ort hängen, wenigstens uns geht es meist so. Wir ließen uns denn auch dies Mal drankriegen und blieben hängen.

30 Swinemünde blüht auf unter Friedrich dem Großen. Es hat 1900 9500 Einwohner, ist Hauptort der Inseln Usedom und Wollin. Seebad, Verkehrs- und Handelsmittelpunkt auch der anderen Seebäder der beiden Inseln.

Heringsdorf: Kurhotelkomplex, von der Kaiser Wilhelm-Brücke aus gesehen

Man zeigte uns ein Zimmer im II. Stock nach Osten gelegen, mit kleinem gedeckten Holzbalkon und Aussicht nach Swinemünde und auf das Meer. Der Preis war für die vorgerückte Saison allerdings zu hoch, aber, da wir keine Freunde sind von Feilschen und Markten, blieben wir hier. Und mit der Zeit wurde uns das Zimmer so lieb, daß wir es nicht bereuten. Es war groß und geräumig, sonnig, was im Herbst viel wert ist, und dann so still und ruhig; das war sein größter Vorteil, vor dem der Nachteil, das viele Treppensteigen, zurücktrat.

Nachdem wir uns unserer Sachen entledigt, treten wir hinaus auf den Balkon, und da endlich – liegt es vor uns, das Meer, das wir so lange ersehnt hatten. Leider war der Himmel grau, und so präsentiert es sich noch nicht in seiner ganzen Pracht, wie wir's noch so oft bewundern sollten. Ein Vierteil unseres Gesichtskreises ist von Land begrenzt, und zwar liegt gegen Südosten die Insel Wollin, die östlichste, durch die an ihrem Ausfluß versandete Dievenow, die dritte Odermündung, von Hinterpommern abgetrennt. Ganz scharf treten die gelben Schorfen des Kaffeeberges hervor und an seinem Fuß treten bei ganz klarem Wetter die Häuser des Seebades Misdroy hervor.[31] Mehr nach Süden sehen wir den Strand der Stadt Swinemünde und dahinter einige Hügel. Der andere Teil unserer Aussicht bildet das Meer, das immer wechselnde und sich verändernde.

Wir wollten nun aber zuerst unsere nähere Umgebung kennen lernen und stiegen von unserer Warte hinunter. Vom Parterre des Kurhauses führt eine Treppe direkt an den Strand hinunter. Hier ist das Centrum des Heringsdorfer Kurlebens, das sich meist an dem Platz bei der Brücke und dem Strandkasino abspielt. Prachtvolle Buchen beschatten den Platz vor dem Kurhaus, wo auch heute reges Leben herrscht. Weil's Sonntag ist, sind aus der Umgegend, namentlich von Stettin, eine Menge Leute herübergekommen, um einen Tag hier in der herrlichen Natur zu verleben. Wir machen einen kleinen Spaziergang, um uns etwas zu orientieren. Auf festem, breitem Kiesweg, der sich über den Dünen erhebt, gehen wir hinaus, immer dem Meer entlang. Es ist dies die herrliche Strandpromenade, die südlich nach dem Seebad

---

31 Misdroy ist der einzige Badeort von Bedeutung auf Usedoms Nachbarinsel Wollin. Sein beliebtestes Ausflugziel ist der Kaffeeberg mit seinem Restaurant.

Ahlbeck und nördlich bis an den Fuß des Langen Berges führt. Sie ist eine noch junge Schöpfung der Heringsdorfer Aktienbadgesellschaft und bietet für den Ort einen großen Vorteil. Das Gehen auf den Dünen, das heißt Waten im Sand, ist mühsam, während dem man auf der Promenade, auch bei schlechtem Wetter, immer leicht und trocken geht. Dieser schöne Strandweg ist mit Bäumen bepflanzt; zahlreiche Bänke laden überall zum Ausruhen ein. Neben dem Fußgängerweg ist der Weg für die Radler angelegt, der fleißig benutzt wird. Es wird hier dem neusten Sport lebhaft gehuldigt, und überall sind den unzähligen Radlern extra Wege eingeräumt, was ja auch für die Fußgänger von Vorteil ist.

Der Radlerweg befindet sich auf der äußern Seite der Strandpromenade, also gegen das Meer zu, während sich auf Landseite die Landstraße findet. Sie begleitet aber nur ein Stück weit den Strandweg, tritt weiter außen mehr ins Land hinein und läßt die wunderschönen Villen bis an die See, d. h. bis an die Promenade hinunterreichen. Und solcher Villen giebt es die ganz große Menge, eine ist reizender und schöner als die andere, und wäre es schwer, einer den Preis zu geben. In allen möglichen Stylen sind sie erbaut; es giebt welche im ländlichen Cottage Styl, auch reizende Schweizer-Chalets und dann wieder pompöse Paläste, je nach den Bedürfnissen und dem Stand der glücklichen Besitzer. Gleich neben dem Kurhaus ist eine schöne Villa, die nur aus einem Stockwerk besteht. Massive dunkle Marmorsäulen mit korinthischem Kapitäl tragen das mit reichen Fresken bemalte Giebelfeld. Weit offen stehen die großen Glastüren des Hauptgemaches und geben die entzückende Aussicht auf die Meeresbucht frei.

Was alle gemeinsam haben, das sind herrliche Gärten mit den schönsten Bäumen. Der Wald reicht eben in Herinsgdorf überall bis ans Meer hinunter, und mit kluger Pietät wurden überall die Bäume geschont. Die Gartenanlagen gleichen eher einem Naturpark, der aber ausgezeichnet gepflegt ist. Den ganzen Tag rauscht das Wasser aus den gelegten Schläuchen mit Brausen und bewäßert die saftig grünen Rasenflächen. Auch der Bodengestaltung hat sich der Gärtner klugerweise angepaßt, denn wellenförmig steigen die Rasenflächen an, um wieder in eine kleine Böschung zu fallen, was den Park überaus reizvoll gestaltet.

Eine Hauptzierde von Heringsdorf sind wirklich seine Bäume, und einen schöneren Droschkenhalteplatz als hier giebts wohl in der ganzen Welt nicht. Riesige, alte Buchen mit ihren kerzengeraden Stämmen wölben ihr grünes Laubdach über den Platz zwischen Bahnhof und Kurhaus.

Leider brach die Dunkelheit bald herein, so daß wir gezwungen wurden, in unser Hôtel zurückzukehren. In der mit großen elektrischen Bogenlampen taghell erleuchteten Glashalle nahmen wir unser Nachtessen ein. Schon der Sekretär der schweizerischen Gesandtschaft hatte Dir mit begeisterten Worten diese Halle mit der davorliegenden Terrasse als den idealsten Punkt der ganzen Ostseeküste geschildert. Das bestellte Essen war sehr gut, fein serviert, auch prompt, denn eine Menge Kellner wartete in dem fast leeren Raum. Die Rechnung war dann aber auch angemessen fein, ganz im Style des Kaiserhofes in Berlin, dem das Kurhaus auch gehört. Einmal und nicht wieder, dachten wir nachher und beschlossen uns morgen anderweitig umzusehen nach Eßgelegenheiten. Es war und blieb dies die einzige Mahlzeit, die wir im Kurhaus eingenommen, nicht einmal das Frühstück ließen wir uns dort geben. Nach dem Essen machten wir noch einen nächtlichen Spaziergang und lernten uns dabei in Heringsdorf orientieren. Die Plätze und Hauptwege sind alle sehr gut elektrisch beleuchtet. Die Lichtquelle ist bei uns im Kurhaus, d. h. an dasselbe angebaut, wo sie mit großen Maschinen hergestellt wird. Mit richtigem Instinkt fanden wir gleich den Weg zur besten Bierquelle, was bei gewissen Leuten das Gefühl des Zuhauseseins bedeutend erhöhte. In der kleinen Bude des freundlichen, glattgescheitelten Herrn Salchow wurden wir mit der Zeit Stammgäste, denn das ›Tucha‹ Bier soll ganz ausgezeichnet geschmeckt haben. Der Name dieses Hopfensaftes klang uns zwar etwas spanisch, aber bald lernten wir diese Sprache verstehen, es war dieses Bier das Produkt der ›von Tucher'schen Brauerei in Nürnberg‹. Herr Salchow kredenzte dasselbe mit schlauer Berechnung in tulpenförmigen Kelchen, wo der Schaum die größte Fläche einnahm. Da man in dieser Bierstube keinen offenen Wein bekam, war es immer eine schwierige Frage, was ich trinken sollte, um meine Anwesenheit im Lokal zu rechtfertigen. Aus Gefälligkeit braute mir dann Herr Salchow hie und da ein Glas Thee; er nahm es aber auch nicht übel, wenn ich da saß, ohne etwas zu genießen. Nach 9 Uhr kehrten wir in unser neues Domizil zurück, Du in fröhlichster Stimmung, voll neuer Lebenslust. Wir traten auf unsern Balkon hinaus, sahen auf das tiefschwarze Meer hinaus und erblickten in der Ferne das gelbe und das rote Licht des Leuchtturms an der Mole in Swinemünde; auch die vielen Lichter der dortigen Badeetablissemente waren gut zu erkennen, sowie in ganz weitester Ferne diejenigen von Misdroy.

Zum ersten Mal seit unserer Abreise genossen wir einen ruhigen Schlaf, der von keinem Wagengerassel gestört wurde. Am ganzen Strand ist kein Fuhrwerkverkehr gestattet, und so hört man hier nur das Geräusch der Wellen, das nur beruhigend auf die Nerven wirkt.

Bei unserer Ankunft war ich eher enttäuscht gewesen beim Anblick des Meeres; es war mir zu zahm, und die Wellen schlichen mir zu langsam heran. Welch anderes Bild erwartete uns heute beim Erwachen! Ein kolossaler Nordoststurm wühlte das Meer auf und blies mit unbändiger Kraft darüber hin. Die Wellen wurden mit aller Macht dahergepeitscht; sie stiegen in die Höhe und fielen dann mit Dröhnen und Ächzen auf die Dünen hernieder und brachten Gischt und Algen, auch wenige Muscheln im Gefolge. Die gestern fast spiegelglatte See war heut nicht mehr zu erkennen in diesem gewaltigen Aufruhr der Natur. Da kein Regen fiel, waren die Wellen bald tiefblau, dann wieder smaragdgrün, und stachen die weißen Wogenkämme leuchtend wie Silber daraus hervor; es war ein ewig wechselndes Farbenspiel.

Welch anderes Bild gewährte aber heute der Strand! Die Segelschiffe waren ans Land zurückgezogen worden, ebenso auch die Strandkörbe und Strandhütten. Wo gestern hundert fröhliche Menschen ihr Wesen trieben, wars heut ausgestorben, nur die wetterharten Schiffsleute bargen ihre Kähne, denn immer weiter landeinwärts spritzte das Wasser. Von der hohen Terrasse des Strandkasinos, unser Lieblingsaufenthalt während der ganzen Zeit, sahen wir voll Interesse und Bewunderung diesem neuen Schauspiel zu, das immer wechselt in Farbe und Beleuchtung. An die Stelle dieses großartigen, wechselvollen Bildes setzten wir im Geist eine Alpenaussicht in unsern Schweizerbergen und mußten bei dem Vegleich dem ersten den Vorzug geben. Was uns das Meer so lieb machte, war eben seine Manigfaltigkeit, heut die Ruhe, morgen der Sturm; keinen Moment bleibt es sich gleich, und am schönsten ist es beim schlechten Wetter, wo unsere Alpen sich hinter einem dichten Wolkenschleier verstecken.

Stundenlang hätten wir ohne Ermüdung, mit immer neuem Interesse und mit neuem Entzücken, dem Schauspiel zugesehen. Wir waren im Rücken von der Hauswand geschützt und konnten so ziemlich lang dem Sturmwind trotzen. Zuletzt wurde uns aber das Tosen doch zu arg, und wir beschlossen, uns etwas landeinwärts zurückzuziehen und das Innere der Insel etwas auszukundschaften. So gelangten wir auf den Kulm, eine mit Kiefern und Buchen bewaldete Anhöhe, die sich ziemlich steil etwa 30 M. über dem Strand erhebt. Von hier aus war das Schauspiel noch imposanter, weil wir einen größern Gesichtskreis hatten. Nach Nordwesten sieht man eine kleine Erhebung, am Horizont verschwindend, es ist die Greifswalder Oie[32], und etwas weiter nördlich, nur guten Augen sichtbar, die Küste der Insel Rügen. In unbegrenzte Ferne schweift hier das Auge und labt sich an dem erregten Kampf der Elemente. Aber auch hier vertreibt uns der Sturm, der uns fast die Kleider vom Leibe reißt. Wir schreiten daher südwärts, auf wohlgepflegten Wegen, in den herrlichen Buchenwald. Mitten im Waldesdunkel, auf dem Rücken des Bergzuges, welcher die Nordküste flankiert, erhebt sich der rote Bau der Heringsdorfer Kirche, ein wahrhaft ideales Gotteshaus. Das Waldesrauschen begleitet den Gesang der Gemeinde, und der Vögel Chor stimmt mit ein.

Ein wahres Labyrinth von herrlichen Wegen durchzieht den waldigen Bergrücken. Die warme Sonne durchdringt das Blätterdach der Buchen und wärmt uns angenehm die am Wind erstarrten Glieder. Ganz windstill ist's hier im Walde, und nur das fernherschallende Brausen des Meeres erinnert an den dort tobenden Sturm. Das ist ein unbezahlbarer Vorteil dieses Seebades: wenn draußen der Wind den Aufenthalt am Strande unmöglich macht, steigt man in den Wald hinauf, wo herrliche Plätzchen zum Sitzen einladen. Meerluft und Waldesduft! wo findet man das leicht nebeneinander?

---

32 Eine der kleinen Inseln vor Rügen, weniger als 1,5 km lang und 600 m breit, Geröllstrand und und zerrissene Steilwände. War früher viel grösser, wurde aber durch die Meeresbrandung zerstört. Um 1900 werden Schutzbauten gegen die weitere Zerstörung errichtet. Leuchtturm. Etwa 20 Bewohner.

Auf dem Rückweg rekognoscierten wir verschiedene Restaurants; eine sehr zweckmäßige Sitte läßt hier die Leute ihre Menus vom Tag draußen anheften. Ganz ungeniert studiert man die verschiedenen Tageskarten, sieht sich auch den nebenstehenden Preis an und wählt sich das Menu, das am meisten zusagt. Auf diese Weise lernten wir alle möglichen Restaurants kennen und fanden fast überall zu mäßigem Preis ein gutes Mittagessen mit zwei Gängen. Sehr angenehm war uns auch der norddeutsche Brauch, der jedes Essen mit einer schön garnierten Schüssel endigen läßt, die Käse in 3–4 Sorten, Butter, zwei und dreierlei Brot und Radieschen in apetitlichster Weise präsentiert.

So regalierten wir uns heut vortrefflich im Gesellschaftshaus, das auf der Anhöhe, in der Nähe der Kirche, am Walde liegt. Auch von hier hat man einen schönen Blick auf das Meer hinaus, allerdings von Bäumen begrenzt.

Gegen Abend wanderten wir den Strand entlang und zwar dies Mal in nördlicher Richtung. Der Strandweg führt hier am Fuße des Kulms entlang; früher war er gefährdet durch öfteres Herabrutschen des abschüssigen Kulmufers, das man jetzt durch verschiedene Vorkehrungen zu befestigen gesucht hat. Auch die Sturmflut hat hier schon öfter große Verwüstungen angerichtet, und so mußten die hier erbauten Villen durch starke, steinerne Vormauern geschützt werden. So liegen die vielen reizenden Landhäuser der sogenannten Plantage alle hinter dem hohen, festen Damm, auf dem unser Weg dahinführt. Nach dieser Seite dehnt sich Heringsdorf in neuster Zeit am meisten aus, und sind diese Villen alle ganz neu. Sie sind weniger elegant als die am Strand gegen Ahlbeck zu, dafür aber viel origineller, im Chalet Styl; reizende Häuschen in norwegischer Art erbaut, mit Blumen reich geschmückt, von elektrischem Licht erhellt, lassen den Wunsch oft laut werden, selbst ein solches Schmuckkästchen von Villa zu besitzen.

Durch die lebhafte Baulust hat der Ort hier fast die Grenze von Bansin erreicht, ein ganz junger, aufstrebender Badeort, mit billigeren Wohnungsverhältnissen. Ein kleines Motorboot vermittelt den Verkehr mit der Heringsdorferbrücke verschiedene Male im Tag.

Hier ist die Insel schmal; eine das Wasser nicht durchlassende Lehmschicht, welche als Untergrund derselben dient, begünstigte die

Bildung und Erhaltung von zahlreichen Landseen. Manche stehen gar nicht, andere nur vorübergehend, mit der See und dem Haff in Verbindung. Der größte derartige See war der Gothensee, der aber nach der See hin durch einen Kanal abgelassen wurde. Dadurch wurde der See bedeutend verkleinert und viel nutzbares und fruchtbares Land gewonnen. Von Bansin führt die Landstraße durch das Innere der Insel über Heringsdorf bis nach Swinemünde.

Der Sturm hatte ausgetobt und begann sich gegen Abend ganz zu legen, sodaß wir nach dem Abendessen bis nach 9 Uhr am Strande sitzen konnten. Auch heut erfreuten wir uns wieder eines gesunden Schlafes, und so waren die Ermüdungen bald vergessen.

Am andern Morgen bot sich wieder ein neues Bild unserm Auge dar. Gerade gegenüber von unserm Balkon stieg das herrliche Tagesgestirn aus den Fluten des Meeres empor. Wo gestern wilde Wogenbrandung war, da sah man heut nur leichtes Kräuseln der Wellen. Ein leichter Nebel lag in der Frühe über dem Wasser, aber als er sich hob, sahen wir gegen Swinemünde zu Dutzende von Fischerbooten, die noch der Fischerei oblagen. Meist sind sie die ganze Nacht draußen auf dem Fang und kehren in den Vormittagsstunden zurück mit ihrer Beute. Die Fischer haben meist schwere Segelbarken mit einem oder mehreren Segeln von weißer oder auch roter Leinwand, was wunderbar hübsch aussieht, wenn sie von der Sonne beschienen werden. Auch große Dampfer besorgen den Fischfang, und soll ihre Beute weit ertragreicher und ausgiebiger sein, als die der kleinen Boote. Die letztern haben eine mühselige Arbeit; meist arbeiten zwei Barken gemeinsam. Nachdem das Netz geordnet ist, wird es hinuntergelassen und dann zwischen den beiden Schiffen geschleppt. Nach einiger Zeit wird es aufgewickelt und die Beute erlesen. So oft wir Gelegenheit hatten, diese Fischerszenen zu beobachten, war der Ertrag ein sehr kleiner. Die Ostsee ist im Ganzen nicht fischreich; namentlich bringt sie die feinern, sehr gesuchten Fische der Nordsee nicht hervor. Am meisten gefangen werden hier Aale und Flundern, die in geräuchertem Zustande überall auf der Straße feilgeboten, massenhaft gekauft und als Delikatesse verschickt werden.

Die Flunder schmeckt ganz gut, freilich nicht so fein wie ihre Verwandten, die Sole. Das eigentliche Fischerleben bekommt man in He-

»Schiffertypen von der Ostsee«

ringsdorf nicht zu sehen, denn der fashionable Kurort bietet keinen Platz für einfache, ärmliche Fischerhäuser. Die muß man in Ahlbeck suchen, welches die Heimat der Seefischer ist. Über hundert Boote gehen von dort aus jeden Abend meilenweit in See und kommen in der Morgenfrühe oft reich beladen nach Haus. Die ausgebreiteten, zum Trocknen aufgehängten Netze und die in der Nähe liegenden Fisch-Räuchereien verbreiten einen Geruch, den man in Heringsdorf gern vermißt, denn er verpestet oft geradezu die Luft. Die Fischer sind wetterharte, kräftige Gestalten, denen man leicht den Kampf mit dem Elemente ansieht. Trotz ihrer Armut sehen sie froh und heiter in die Welt und scheinen vollkommen zufrieden zu sein mit ihrem Schicksal. Es gibt darunter äußerst charakteristische Typen, wie sie die zwei Bilder in sehr gelungener Weise darstellen.

Strandleben

Nach dem Frühstück, das hier von vielen Leuten sehr spät eingenommen wird, geht man hinunter an den Strand. Die gestern geflüchteten Unterkunftsmittel werden wieder auf die Düne hinunter geschoben. Es sind dieß meist transportable Strandhütten mit Wänden von Storendrilch[33], mit verschließbaren Türen und einem Fensterchen mit Schutzvorrichtung gegen die Sonne. Dann giebts auch viele Strandkörbe aus festem Weidengeflecht, die leichter zu transportieren sind, und dann noch, weiter zurück am Strand, wo sie von den Wellen nicht erreicht werden können, stehen feste Rohrhütten, viereckig mit Bank und Tisch und mit einem Dach aus Schilf versehen. Die letztern waren aber meist unbesetzt und sahen unwohnlich aus. Man mietet die verschiedenen Hütten für die Zeit seines Aufenthaltes und bezahlt dafür per Woche 4 Mark.

Von 9 Uhr an belebt sich der Strand; da erscheinen die Kurgäste auf der Düne und suchen sich ihre Hütte auf. Sie wird je nach dem Stand der Sonne gedreht und geöffnet. Die Kinder ergreifen ihre Grabscheite und fangen an, einen Wall von Sand aufzuwerfen, in dem sich die Frau Mamma mit der Arbeit niederläßt. Der Vater setzt sich mit seinen Zeitungen in die Hütte und sieht mit Stolz seinen Sprößlingen zu, die alle möglichen Wasser- und Kunstbauten erstellen. Für Kinder giebts keinen idealern Aufenthalt in den Ferien als das Meerbad. Den ganzen Tag gehen sie barfuß auf der Düne umher und sind immer vollauf beschäftigt. Die kennen nicht die Langeweile, die unsere Kinder an einem Bergkurort oft durchmachen, wo sie immer gehütet werden müssen, keinen Lärm machen dürfen und hübsch artig beim Haus sitzen können. Hier sind sich die Kinder meist selbst überlassen, und doch passiert ihnen nichts. Sie waten im seichten Wasser umher, fangen sich kleine Fische, die weiter zurück in einen größern Teich gebracht werden, welch letzterer durch einen kleinen Kanal Wasser zugeführt bekommt.

Aber auch die Erwachsenen machen sich recht lustig, und konnte man manchem ›flirt‹ zusehen. Da liegen sie, Herren und Damen, im

33 Drilch ist schweizerisch für Drillich, festes Gewebe.

Heringsdorf: Strandleben

Sand eingewühlt vor ihren Strandhütten und belustigen sich. Man wirft sich Sand an, bis man fast davon zugedeckt ist, oder man spielt Blindekuh und andere Spiele, wobei es oft laut zugeht. Nicht jede Familie lebt für sich in ihrer Hütte, man sieht sie mehr in Rudeln beisammen.

Jeden Morgen erscheint auf der Düne der Herr Photograph mit seinem Apparat und nimmt die Gesellschaft in den malerischsten Gruppierungen auf. Sehr oft setzt man sich in ein kleines Boot, das etwa 1 Meter ins Wasser geschoben wird; das sieht dann auf dem Bild aus, als ob man in der Nußschale draußen auf dem bewegten Meer wäre, was zu Haus sicherlich seine Wirkung nicht verfehlt.

Ein besonderes Vergnügen für die Kleinen bildet noch das Eselreiten. Den ganzen Tag befindet sich die Eselfamilie am Strand und wird lebhaft in Anspruch genommen. Mit großer Sicherheit sitzen die kleinen Herren im Sattel, und die Dämchen der Zukunft wiegen sich voll Anmut in dem Damensattel. So geht die Reitpartie im langsamen Schritt auf der Düne hinauf und hinunter, gefolgt von der besorgten Mutter, die aber im Grund nicht weniger stolz ist als ihre mutigen Sprößlinge.

Familie am Strand

Nach dem gestrigen Sturmwetter, das jeden Sport unmöglich gemacht hat, wird heut lebhaft das schöne Wetter ausgenützt. Eine Menge Segelfahrten wird unternommen, und ward die Vorbereitung bis zum Abgang einer solchen Expedition von uns immer mit Vergnügen beobachtet. Mit großer Mühe werden erst die gestern ans Land gezogenen und verankerten Schiffe freigemacht, oder flott, wie die Schiffer sich ausdrücken. Mit ihren hohen Wasserstiefeln angetan, waten die Matrosen oft bis an die Hüften im Wasser, bringen den Ballast ins Schiff und hantieren an den Segelschnüren herum. Nun kann die Einschiffung der Gesellschaft vor sich gehen, was auf zwei Arten zu geschehen pflegt: entweder haben die Passagiere das Vergnügen, auf einem schmalen, am Rand des Schiffes aufliegenden Brett vorwärts zu balancieren, oder sie werden Huckepack von den Matrosen auf den Rücken genommen und durch's Wasser getragen. Oft werden

Mädchen im Sand, um 1905

sie auch ausgebotet, d. h. die Matrosen, im Wasser watend, schieben ein kleines Schiffchen an den Segler heran und bringen so ihre Passagiere an Bord.

Nun kann die Expedition losgehen; erst wird noch das Steuer befestigt, das Schiff vollends flott gemacht und die Segel gerefft. Die Gesellschaft sitzt im hintern Teile des Bootes, damit der Kiel möglichst frei bleibt, was die Bewegung desselben wesentlich erleichtert. Weht der Wind nun günstig, so packt er die gehißten Segel und hui, geht die Fahrt lustig ins Weite. Das Boot schauckelt lebhaft hin und her, was natürlich das Vergnügen erhöht.

Nun ist mittlerweile die Zeit zum Bad herangerückt. Heringsdorf besitzt 4 große Badanstalten, welche weit in die See hinausgebaut sind. Es wird hier getrennt gebadet; das Herrenbad mit 90 Zellen liegt westlich von der großen Brücke, das Damenbad mit 60 Zellen östlich von derselben. Zu den Badanstalten führen feste Wege, die mit Brettern belegt sind, weil man in dem weichen Sand nicht vorwärts kommt. In einer der vielen Zellen entkleidet man sich, geht dann auf der langen Seitengallerie hinaus und begiebt sich von der hohen Treppe aus ins Wasser.

Die an den Bäumen des Kurplatzes angehefteten meteorolgischen Mitteilungen verzeigen für heut eine Temperatur des Wassers von 16° Celsius, was allerdings recht wenig ist. Trotz dem vorsorglichen Abraten unseres Portiers, der ein Schweizer war, aus Bülach gebürtig, läßest Du Dich nicht mehr halten, und es zieht Dich mit Macht in das feuchte Element. Beim Herrn Unglaube wird eine elegante Badehose erstanden, marineblau mit weißen Streifen, sehr fein und gut zu unterscheiden aus der Ferne, und wahrhaftig, auch einen Bademantel muß man haben, der nach dem Bade den nassen Körper mit seinen weichen Falten umhüllen soll. Du siehst darin sehr imposant aus, wie ein Beduine, dem nur noch der gebräunte Teint fehlt. Diese Badutensilien werden in Plaidform zusammengelegt und mit dem Riemen zusammengeschnallt, und nun kanns losgehen. Im Vorbeigehen kauft man sich schnell die Badmarke, verabschiedet sich von der Frau und geht mit elastischem Schritt davon. Die Frau, auch eine Tochter Evas, sucht sich einen möglichst günstigen Beobachtungsposten aus, denn sie will sehen, wie sich der Mann in dieser neuen Situation benehmen wird. Auf der Terrasse des Strandkasinos pflanzt sie sich auf, mit dem ausgezeichneten Feldstecher bewaffnet, und harret der kommenden Dinge. Schon plätschern viele Männlein im Wasser herum, stellen sich mit dem Rücken der nahenden Welle entgegen und lassen sich von derselben überschütten. Der Badeplatz liegt ganz frei da und ist mit Seilen eingefaßt. Da kommt auf der langen Gallerie eine Gestalt, deren graumeliertes Haar mir äußerst bekannt vorkommt. Auf der Treppe, wo sie sich des Beduinenmantels entledigt, zeigt sich nun auch die blaugestreifte Badhose, die nun, ohne langes Besinnen und Anfeuchten, keck ins Wasser taucht. Ich kann jede Miene des mich interessierenden Badenden beobachten und sehe, wie der erst etwas gespannte Gesichtsausdruck immer heiterer und zuletzt geradezu ausgelassen wird. Jetzt winkt er mir mit der Hand und spritzt mir Wasser zu, und gar bald bewegt er sich in dem fremden Element wie ein alter Habitué der Seebäder. Er geht, wie sie, den Wellen entgegen, duckt sich und läßt sich von ihnen total begraben, was mir oft den Herzschlag sonderbar beschleunigt. Und jetzt! wahrhaftig! – er schwimmt, und zwar wie ein Fisch so elegant. Ich sehe ihm an, wie wohl ihm ist bei der gesunden Bewegung und wie ungern er sich losreißt. Aber länger als 5 Minuten soll man nicht im Wasser bleiben, lieber zwei Mal im Tag baden, das soll weniger schädlich sein. Aus dem Sturzbad einer mächtigen Welle, entsteigt er dem Schaume des Meeres und wird oben an der Treppe von den den Beduinenmantel haltenden Armen des Wärters liebend umfangen. Die weiße Gestalt eilt auf der Gallerie zurück und entschwindet in einer Zelle meinen Augen. Gar bald erscheint der sehnlich Erwartete mit seinem nach allen Regeln eines alten Füsiliers gerollten Badzeug und mit glückstrahlendem Angesicht. Er findet nicht Worte, die den Hochgenuß eines solchen Wellenbades auch nur einigermaßen richtig schildern könnten. Neugestärkt und verjüngt sucht er sich ein Plätzchen, studiert aber vorher noch die heutigen Speisezettel, denn das Meerwasser scheint sehr anregend auf die Magennerven zu wirken.

Nicht alle sind aber so prompt mit ihrem Bade fertig; da wird allerlei aufgeführt. Gar viele nehmen nach dem Wasserbad noch ein Sonnen- oder Sandbad. Da legen sie sich eine Stunde lang, im adamitischen Costüm natürlich in den Sand an die Sonne und lassen sich rösten. Täglich konnten wir auch einen jungen Mann beobachten, der vor dem Bad, nur mit den Schwimmhosen bekleidet, eine Stunde lang auf seinem Velo saß und in der Badanstalt in Ring- und Curvenlinien herumfuhr. Zu welchem Zweck er das tat, konnten wir nicht erfahren.

Der gebadete Magen ließ sich nicht mehr mit guten Worten beruhigen, und, eine halbe Stunde früher als sonst, suchten wir eine Speisegelegenheit auf. Die Wahl fiel dieß Mal auf das Strandkasino, das in fremdländischem Styl erst vor zwei Jahren erbaut wurde. Der bizarre, bunte Bau belebt das Strandbild auf hübsche Weise. Im Erdgeschoß, d. h. unter den Bögen, die die Glasveranda tragen, befinden sich eine Reihe von Verkaufslokalen, wo die Produkte des Meeres, namentlich Muscheln und damit verfertigte Gegenstände, auch Bernstein- und Elfenbein- und Perlmuttersachen feilgeboten werden. Eine breite Holztreppe führt von der Düne aus direkt in die Restauration, wohin man aber auch von der Terrasse und dem Kurhausplatz aus auf breiten Steinstufen hinuntergelangt. In der langen Glashalle, die mit grünen Friesvorhängen in kleinere Abschnitte geteilt ist, sitzt man sehr behaglich und kann hier, Angesichts des Meeres in Ruhe seine Mahlzeit verzehren. Im Sommer sitzt man in der offenen Veranda und auf der Terrasse, wo jeden Morgen die Kurmusik 1 ½ Stunden spielt.

Das Kasino enthält außerdem noch einen großen Concert- und Ballsaal, mit einer kleinen Bühne für theatralische Aufführungen. Aus dem daneben liegenden Musiksaal ertönen oft herzzerreißende Lieder, von musikalischen Damen vorgetragen; ein schöner Flügel ladet zum Spielen ein. Zwei schöne, große Lesezimmer sind sehr comfortabel und wohnlich eingerichtet, hunderte von Zeitungen aus aller Herrenländer, für jede Parteirichtung, liegen wohlgeordnet auf, auch viele Zeitschriften und Bücher stehen zur Benutzung frei. Abends erhellt eine riesige Lampe den langen grünen Tisch, der namentlich bei schlechtem Wetter immer belagert ist. Eine feierliche Stille herrscht in dem Raum, denn jedes Sprechen ist verboten. Für die männlichen und weiblichen Frau Basen ist nebenan ein Conversationssaal eingerichtet, wo sie sich nach langem Schweigen erholen können.

Alle diese Räume stehen jedem Kurgast offen, insofern er den Obolus, die Kurtaxe, erlegt hat. Auch der Genuß der Kurmusik, sei er freiwillig oder unfreiwillig, kostet 2 Mk. die Person. Unter der Leitung eines Stettiner Direktors läßt die etwa 25 Mann zählende Kapelle 2 bis 3 Mal im Tag ihre Weisen ertönen. Das Repertoir schien mir nicht sehr klassisch zu sein und litt nicht an allzu großer Abwechslung. Je nun, für das Geld kann man kein Concert-Orchester verlangen, und der Zweck, die Kurgäste zu unterhalten, wurde auch so erfüllt.

Heut ist Dienstag, da wird von 3–5 Uhr auf der Brücke concertiert; da müssen wir hinaus und uns die Sache mal ansehen. Gestern prallten die Wogen an den Schutzpfeilern mit Macht ab, warfen aber einen ganzen Sprühregen auf mutige Spaziergänger. Heut ist's windstill und schön warm, also günstig zu dem Unternehmen. Die Kaiser Wilhelm Brücke wurde vor circa 9 Jahren erbaut und ist die längste Brücke, die ins Meer hinaus führt. Sie ermöglicht die Anfahrt und die Landung der großen Schiffe; man kann hier direkt ins Schiff steigen und braucht, was sehr angenehm ist, nicht ausgebootet zu werden. Die Brücke ist 413 m lang und ruht durchweg auf hohen hölzernen Pfählen. In dem Turmgeschmückten Aufbau des ersten Abschnittes befinden sich die feinsten Magazine, wo sehr schöne Sachen zu kaufen sind. In der großen Rotunde ist das große Lager von allerlei Luxus- und Kunstgegenständen, das unserm lahmen Bekannten, Herrn Töpfer, gehört, den wir jeden Abend bei Salchow vor seinem Glas Pilsner treffen. Etwas weiter entdecken wir eine richtige Appenzellerin mit ihrer Tochter, die hoch entzückt ist, als die langentbehrten Kehllaute der heimatlichen Sprache an ihr Ohr klingen. Sie hält hier seit Erstellung der Brücke ihre Stickereien feil und scheint ganz gute Gechäfte zu machen. Bei jedem ferneren Passieren werden einige Worte mit ihr gewechselt; sie bedauert lebhaft, daß gar keine Schweizer herkommen. Wenn man die gedeckte Verkaufshalle verläßt, gelangt man auf die offene, ganz hölzerne Brücke. Eine Schranke versperrt uns aber das weitere Vordringen, und müssen wir erst 10 Pfennige per Person niederlegen, bevor sich das Tourniquet[34] öffnet. Etwa 300 Meter geht man vorwärts und gelangt dann an's Ende, das sich wieder um das Dreifache verbreitert. Auf mächtigen, hohen Pfeilern ruht dieser Ausbau, welcher die gedeckte Restauration enthält mit breiter Terrasse; auch ein Güterschuppen, ein Pavillon für das Orchester, Unterkunftsräume für den Brückenwart, eine große Baggermaschine und anderes mehr, all das findet Platz hier draußen. Ein großer Wellenbrecher schützt die Brücke vor dem allzustarken Anprall der Wogen.

Steigt man die Treppe hinunter, gelangt man fast auf das Niveau des Wassers, wo die sehr primitive Einsteighalle für die Schiffspassagiere angebracht ist. Das gestrige Sturmwetter hatte jedes Anlegen der Schiffe unmöglich gemacht, und waren die Schiffskurse nicht ausgeführt worden.

Wohl hatten wir bis jetzt in der Ferne gar viele große Schiffe passieren sehen, aber erst heut hatten wir Gelegenheit, einen Dampfer in der Nähe zu beobachten. Da die Saison ihrem Ende entgegengeht und der Fremdenverkehr täglich abnimmt, sind die meisten Kurse ausgefallen, und jeden Tag legt nur noch ein Schiff hier an. Im Juli und August, wo es wimmelt von Reisenden, ist der Schiffsverkehr ein sehr lebhafter und befördert viele Menschen und Güter. Jetzt vermittelt nur noch ein Schiff, die Freya, den Verkehr zwischen Stettin und Rügen; heut fährt sie zu der Insel hinüber, und morgen kehrt sie wieder zurück und so fort. Die Freya scheint aber das Lieblingsschiff aller zu sein, was wohl an dem sympathischen, Vertrauen erweckenden Kapitän liegt.

34 Drehkreuz.

Auf der Brücke in Heringsdorf, Zeichnung von E. Cucuel, um 1900

Nach 3 Uhr sehen wir mit unserem Feldstecher und bald auch mit unbewaffnetem Auge etwas Weißes hinter der Mole von Swinemünde hervorkommen, und das ist sie, die Freya. Bald kommt sie näher, und wir können ihre Form und ihren Bau bald genauer unterscheiden. Sie ist nicht viel größer, namentlich nicht länger, als die großen Salondampfer unserer Schweizerseen, auch lange nicht so elegant und comfortabel eingerichtet wie jene. Da giebts keine reich mit vergoldetem Stuck gezierten Cajüten im üppigen Roccocostyl, wie ich sie jüngst auf dem Starnberger See gesehen hatte. Alles ist hier einfach und solide, das ganze Schiff ist viel fester gebaut, denn es muß ganz andern Stürmen trotzen, als die Dampfer unserer Binnenseen. Die Freya ist ziemlich breit ausgeladen und hat ein Unterdeck und ein Oberdeck. Schon meilenweit erkennt sie bald jeder Kurgast an ihrer Form und namentlich an ihrem kurzen, dicken, weißen Kamin. Was nicht nett ist an ihr, das ist ihre Dampfpfeife, das heißt, sie pfeift ihr Signal nicht, sondern sie bellt, tief und dumpf wie ein Löwe. In schönem Bogen schwenkt sie ein, um die enge Durchfahrt zwischen dem Wellenbrecher und der Brücke richtig zu finden. Alles steht an Bord bereit, und bald ertönen die frohen Klänge der Schiffskapelle. Aus einigen Matrosen hat der Kapitän eine kleine Blechmusik gebildet, die mit ihren heitern Weisen jedes Ein- und Auslaufen des Schiffes begleitet, was einen ganz reizenden Eindruck macht: leichten Herzens vertraut man sich dabei dem trügerischen Element. Die Reisenden von Stettin, die nicht weiter müssen, verlassen das Schiff und machen den Heringsdorfern Platz, die nach Rügen und weiter wollen. Die Güter werden verladen, die Taue gelöst, und vorwärts bewegt sich der Dampfer unter den Klängen der Nationalhymne. Der stramme Kapitän im Militärmantel und weißen Handschuhen steht auf seinem Posten und salutiert beim Abfahren. Fast ohne Bewegung, ruhig und majestätisch fährt die Freya dahin nach Nordosten, eine breite Wegspur auf dem Wasser zurücklassend. Eine halbe Stunde noch kann man den Dampfer verfolgen, dann versinkt er am Horizont, noch das Kamin, jetzt nur noch ein Rauchwölkchen, und er ist verschwunden. Die größern Schiffe, welche von Stettin nach Stockholm, nach Kopenhagen und noch weiter fahren, sehen wir alle am Horizont vorüberfahren. Sie kommen die Mole von Swinemünde hinunter, fahren an der Küste von Wollin entlang und nehmen dort beim Kaffeeberg die Richtung nach Norden. Das ist der größte Vorzug, den die See vor unsern Bergen hat, daß man immer etwas sieht, immer ist die Natur in Bewegung; bald kommt ein Dampfer, bald ein Segler, dann wieder naht die ganze Fischerflotille, oder man sieht eine kleine Nußschale sich abmühen, mit ihren Rudern vorwärtszukommen. Uns vollends warteten noch größere Schauspiele, da sich die diesjährigen Flottenmanöver in der pommerschen Bucht abspielen sollten.

Der Standpunkt auf der langen Brücke ermöglicht allein einen Blick auf die Küste. Von hier aus kann man den langen Küstenstrich mit dem reichbewaldeten Bergrücken trefflich überblicken. Ganz hinten, gegen Osten liegt Swinemünde, dann folgen Ahlbeck, Heringsdorf und Bansin. Den Abschluß nach Westen bildet der schroffe Absturz des Langen Berges und des Streckelberges[35]. Hier hat man namentlich die Aussicht des am waldigen Abhang liegenden Heringsdorf und einen Überblick über das ganze Panorama. Da kann man beobachten, wie die reizenden Villen, die Hôtels und Pensionen recht eigentlich im Walde eingebettet liegen. Namentlich schön hebt sich hier die mit alten Kiefern bewachsene Kuppe des Kulmes ab, besonders beim Sonnenuntergang.

Nachdem die Freya außer Sicht, beginnt das Nachmittagsconcert, und schon stimmen die Musiker ihre Instrumente. Ganz eigentümlich klingen die Weisen über das Wasser. Diese Concerte auf der Brücke sind natürlich nur an ganz schönen, windstillen Tagen ausführbar. Das Badepublikum kommt langsam über die Brücke geschritten, die Herren meist in ihren langen Paletôts[36], die Damen aber in leichtesten Toiletten, ganz Sommermode, nur der Pelz um den Hals erinnert an den Herbst. Alles setzt sich an die kleinen Tische und bestellt seinen Kaffee oder Thee. Dazu werden große Mengen Süßigkeiten vertilgt, die man sich, wie es hier Sitte ist, im nebenanliegenden Confiseriesalon holt. Ein Lieblingsgebäck ist Apfelkuchen mit Schlagsahne, Baisers und noch viel unbekannte Guttaten; probiert habe ich nie welche.

35 Der Streckelberg bei Koserow ist mit 60 m die höchste Erhebung der Insel.

36 Paletot, frz.: Überzieher, Herrenmantel.

Bald wird uns hier draußen zu windig, und wir machen lieber noch einen Spaziergang, und zwar nach Ahlbeck zu. Dieser Badeort hängt ganz eng mit Heringsdorf zusammen; wenn man auf der Strandpromenade hinauswandert, hält man die ganze Strecke zu einem Gemeindewesen gehörend. Nur der schwarzweiße Grenzpfahl belehrt uns, daß hier die Gemeindegrenze durchgeht und daß hier eine andere Obrigkeit befiehlt. Die Villen und Pensionen sind hier draußen ganz ebenso schön, wie bei uns drüben. Auch hier laden vier Badanstalten zum Besuche ein, und ein kleiner Seesteg führt ins Meer hinaus. Nach der Seeseite hat der Ort einen ganz eleganten Anstrich, an Waldpromenaden fehlt es auch hier nicht. Ganz anders sieht der Ort von der Südseite betrachtet aus; das sieht man am besten von der Eisenbahnlinie nach Swinemünde. Die elegante Strandpartie ist nicht sichtbar, wohl aber die vielen ärmlichen Fischerhütten.

Dem Kurgast ist hier fast das gleiche geboten wie in Heringsdorf; nur bezahlt er dafür weniger Kurtaxe; auch die Wohnungspreise stellen sich hier billiger. Ansichtspostkarten kosten hier die Hälfte wie in Heringsdorf. Es ist der Badeort deßwegen stark besucht und hat er erst in den letzten Jahren den großen Aufschwung genommen. Man rechnet, daß jeden Sommer 10–12 000 Gäste mehrere Wochen hier weilen.

Ein leichter Regen, den wir wohl dem Nachlassen des Nordostes verdanken, treibt uns heimwärts. Auch der nächste Tag ist häßlich; es regnet in Strömen und hellt sich erst gegen Abend etwas auf. Schnell wird der günstige Zeitpunkt benützt zum Spazierengehen. Die sandigen Wege sind selbst nach heftigem Regenwetter gleich wieder gangbar. Wir nehmen die Richtung gegen Bansin, und verlockt uns die schöne Beleuchtung, noch weiter zu wandern und zwar durch den wundervollsten Hochwald. Ein schöner Weg führt uns hinauf und hinunter immer weiter; die untergehende Sonne scheint durch die Bäume und lockt uns, die Höhe des Langen Berges vollends zu besteigen. Gerade zur Zeit langen wir nach einem kurzen Steigen oben an, eben als das Tagesgestirn am fernen Horizont verschwand und die Landschaft in ein rotes Licht tauchte. Ein wunderschöner Ausblick lohnt die kleine Mühe; nach der einen Seite sehen wir die waldigen Hügel und die kleinen Seen der Insel, nach der andern das weite

Meer. Die Küste von Wollin und Swinemünde ist verschwunden, und wir haben nur die endlose See vor uns. Circa 70 Meter erhebt sich der Langen Berg über dem Meer steil empor; die Küste ist schroff und hat keine Düne und keinen Strandweg mehr. Es ist aberkein fester Felsen, der dem Berg zur Unterlage dient, und darum rutscht jedes Jahr mehr davon ab und fällt ins Meer hinunter.

Nicht lange können wir schwelgen in dem schönen Anblick dieser Rundsicht, denn leider droht die Dunkelheit mit schnellen Schritten einzubrechen. Auch wir machen nun schnelle Schritte, besonders als es wieder zu regnen beginnt, und gar weit ist der Heimweg noch. Bald erreichen wir den Kulm und treten gleich in der Nähe bei Treptow zum Nachtessen ein.

In der Folge blieb das, wenigstens zum Mittagessen, unser Stammlokal, und gar bald hatten wir sogar unsern Stammtisch. Das Wirtschaftslokal liegt auf der Höhe des Kulmes in einem Garten und ist von der Kulmstraße zu erreichen; eine steile, lange Treppe verbindet es mit dem Strand, wobei man direkt zum Herrenbad gelangt. Eine große Halle, mit Bogenlicht erleuchtet, ist im Secessionsstyl ganz neu errichtet. Riesige Glasfenster, ja eher eine Glaswand läßt den prachtvollen Blick auf das Meer frei. Die Verpflegung ist ausgezeichnet, und ganz unerreicht ist die Qualität der Weine. Der Besitzer dieser Weinstube ist nämlich der renomierteste Weinhändler, der die Kurgäste alle fourniert, welche Wohnungen gemietet und selber die Wirtschaft führen.

Er hat eine Weinkarte von mindestens 150 verschiedenen Weinsorten, und verschiedene Stichproben zeigten, daß alle ausgezeichnet sind. Sie werden hier auch viel billiger verkauft als in jedem Restaurant, fast um die Hälfte, und waren erst noch viel besser. Früher glaubte man, in Norddeutschland keinen guten Rotwein zu bekommen, weil meist weiße Weine getrunken werden. Man wurde aber hier gründlich eines Bessern belehrt, denn alle, hießen sie Bordeaux, Burgunder oder Ungaren, alle waren gleich gut, und bekäme man diese Qualitäten nicht zu dem Preise bei uns.

Flottenmanöver

Schon war Heringsdorf in gelinder Aufregung wegen der bald zu erwartenden Manöver. Allerlei Gerüchte durchschwirrten die Luft, Niemand wußte etwas Sicheres. Mit vollem Triumph brach die Sonne des 7. September durch die Nebelschichten und enthüllte unsern Augen ein seltenes, nie gesehenes Schauspiel. Schon von unserm Balkon aus hatten wir sonderbare gigantische Formen durch den Nebel beobachtet.

Von unserem üblichen Beobachtungsposten, auf der Terrasse des Strandkasino, aus konnten wir durch den Feldstecher bald erkennen, daß das vier Kriegsschiffe sind, die auf der Rhede vor Anker liegen. Immer deutlicher treten ihre riesenhaften Formen aus dem Morgennebel hervor. Wie große zweistöckige Gebäude sehen die Panzerboote aus. Ihre hellgraue, fast weiße Farbe hebt sich kräftig von dem heut tiefblauen Meer ab. Der Morgenduft läßt noch keine Details erkennen, und geisterhaft bleiben die Panzer den ganzen Tag draußen liegen. Wir erfahren, daß es die vier größten Schiffe der deutschen Kriegsflotte, nämlich S.M.S. Wilhelm I., Friedrich III., Württemberg und Sachsen sind. Ihr großer Tiefgang hatte ihnen nicht erlaubt, bis nach Swinemünde zu fahren, wo, wie verlautet, der Hauptteil der Flotte vor Anker liegen solle. In aller Herrgottsfrühe seien die kleineren Schiffe in die Mole hineingefahren. Die Flotte soll an den Herbstübungen des Armeekorps teilnehmen und soll mitspielen auf dem diesjährigen Kriegstheater.

Die Feldübungen spielen sich südlich von Stettin ab, und wird die Flotte das Eindringen eines Feindes auf dem Seeweg markieren.

Da es noch früh ist für hiesige Begriffe, sind erst wenige Frühaufsteher auf dem Lugaus. Es sind meist Eingeborene, Matrosen und Angestellte, welche mit regem Interesse die fremdartigen Gebilde auf der See betrachten, vermittelst alter und neuer Gläser. Nach und nach verbreitet sich die Kunde, und auch Kurgäste erscheinen in mehr oder weniger mangelhaften Morgentoiletten. Nach dem wieder genußreichen Bad entschließen wir uns, in Anbetracht des herrlichen Wetters nach Swinemünde hinein zu fahren, um die seltenen Gäste aus der Nähe zu betrachten.

Herr Salchow kocht uns in Eile ein Paar Eier zu Aufschnitt, und um 12 Uhr sitzen wir in dem Zug nach Swinemünde. Noch ist die Ankunft der Flotte nicht verbreitet genug, um schon viele Menschen anzulocken. An den kommenden Tagen war der Zudrang ein derartiger, daß es fast lebensgefährlich war; Swinemünde war jeweilen schon früh total ausgegessen.

Heut war's noch gnädig, wenigstens im Hinreisen; Abends wars schon lebhafter. Nach kurzer Fahrt durch den Wald erreichen wir die Hafenstadt und zwar am Neben-Bahnhof, ›Swinemünde Bad‹ benamset. Die Stadt wurde durch Friedrich den Großen gegründet, mit sammt den großen Hafenanlagen, welche die Seeschifffahrt durch die Swine leiten und dadurch den Handel von Stettin heben sollten. Er ließ deshalb zwei große, in die See hinausgehende Steindämme erstellen, die heutigen Molen, die in einem Halbkreis die Mündung der Swine, des mittleren Armes der Oder, einfaßt. Mitte dieses Jahrhunderts errichtete man im Westen und Osten der Einfahrt je ein Fort, um den Hafen vor feindlichen Angriffen zu schützen. Der 70 M hohe Leuchtturm am Kopf der Ostmole sendet sein rotes, durch Reflektoren hervorgerufenes Licht 4 Meilen weit in die See hinaus. – Nebst seiner Bedeutung als Hafenstadt will in neuster Zeit die Stadt auch ein großes Seebad werden. Als wir vom Bahnhof auf langer, einsamer Straße zum Strand pilgerten, mußten wir staunen über die Eleganz und Zweckmäßigkeit der vielen Neubauten.

Jedenfalls besitzt Swinemünde einen sehr unternehmenden Stadtrat und eine opferwillige, fortschrittlich gesinnte Bevölkerung. Auf Kosten der Gemeinde wurde letztes Jahr das neue Kurhaus erstellt mit dem großartigen Konvesationshaus, um damit möglichst viele Fremde anzuziehen. Heute war's eine andere Anziehungskraft, welche die vielen Leute auf die Beine brachte. Alles strömte dem Hafen zu, wo reges Leben und Treiben herrschte. Das Vorüberfahren oder Anlegen der zahlreichen ein- und auslaufenden Schiffe gewährt wohl immer eine interessante Abwechslung. Aber heut war es ein seltenes Schauspiel, das die ganze Bevölkerung herauslockte. Der ganze große Hafen war dicht mit fremdartigen Fahrzeugen bedeckt. Es sind dies ganz flache, lange Boote mit wenig Tiefgang, die mit unglaublicher Geschwindigkeit sich vorwärts bewegen. Kohlschwarz sind

»S.M.S. Odin salutirend«

die Schiffe und kohlschwarz die Mannschaft, die eben Feuerungsmaterial faßte. Auf dem niedern, flachen Deck befindet sich die lange, drehbare Kanone mit dem Panzerturm. Es ist ein stetes Kommen und Gehen; ein Boot legt an, ein anderes fährt davon. Es sind dies die Torpedoboote, von denen 24 Stück, das ist eine ganze Division, hier liegen. Große Kohlenschiffe führen den Stoff zur Feuerung herbei. In Körben wird er auf die Torpedos gebracht, dort durch Öffnungen in den unter dem Wasser befindlichen Raum ausgeschüttet. Junge, peinlich exakt adjustierte Seeoffiziere führen die Aufsicht und das Kommando.

Heitere Musikklänge treffen unser Ohr, und bald gelangen wir an verschiedene Vergnügungsdampfer, die sich eben zur Abfahrt bereit machen. In langen Ketten flattern die Wimpel und Fahnen zwischen den Masten, und immer noch strömen die Menschen herbei und drängen sich zur Mitfahrt. Diese Dampfer verfügen sich alle nach Stettin, wo heut Abend der Kaiser eintreffen soll, zu dessen Ehren die Oderufer beleuchtet werden sollen. Großartig muß die Illumination ausgefallen sein, Tausende wohnten dem schönen Schauspiel bei. Es war interessant, den Kurs dieser Schiffe zu verfolgen, als sie endlich abfuhren. Nachdem sie eine Krümmung des Hafens erreicht, entschwinden sie unserem Auge, um später wieder aufzutauchen. Man bekommt unwillkürlich die Idee, sie fahren im Walde, denn mitten durch die Bäume flattern die Wimpel ihrer Masten auf. Sie fahren eben zwischen dem großen Forst der Insel Usedom und dem Misdroyer Forst hindurch die Swine hinauf, um in 3 Stunden Stettin[37] zu erreichen.

Wir dringen immer weiter flußabwärts vor, wo neue Überraschungen unserer warten. Im untersten Teil des Hafens, gegen die Festung zu, liegen circa 14 große Panzerschiffe, mit dicken Tauen am Ufer festgebunden. Ein Koloß liegt hinter dem andern, und in langer Reihe folgen sich Odin, Aegir, Greif, Grille, Siegfried, Hildebrandt, Frithjof, Pelikan, Heimdall und Blitz. Auf allen Schiffen herrscht reges Leben, und überall werden die gründlichsten Reinigungsarbeiten vorgenommen für die morgen stattfindende Inspektion.

Wir haben alle Muße, die Schiffe und ihre Bauart aus nächster Nähe zu studieren. Je nach ihrer Größe haben sie 4–12 drehbare Panzertürme, und drohend schauen die langen Läufe der Geschütze daraus hervor. In der Zahl von 4–8 hängen die Rettungsschiffe längs den Seiten und zwar von der kleinen Jolle bis zur Barkasse. Mit Interesse sehen wir dem Flottmachen eines größeren Rettungsbootes zu; uns scheint es lange zu dauern, bis dasselbe endlich auf dem Wasserspiegel liegt, fertig zur Abfahrt. Es braucht dazu gar viele Manipulationen und viele Hände, die mit angreifen; jetzt wird das Geschäft mit Ruhe besorgt; wie geht es wohl in der Stunde der Gefahr?

Heitere Matrosengesichter sehen zu den kleinen runden Lucken hinaus, die andern sind alle mit Scheuern und Putzen beschäftigt. Die einen fummeln mit wütendem Eifer an allem Messing herum, und davon giebt es an Bord die schwere Menge. Jeder Griff, jedes Geländer, alles glitzert in der Sonne. Andere werfen ganze Kübel Wasser aus und fegen nach Noten alle Böden. In den Masten stehen welche, mit großen Farbtöpfen bewaffnet, und streichen damit die

37 Stettin ist die Hauptstadt Pommerns und um 1900 der wichtigste Hafen der deutschen Ostseeküste.

Kamine etc. an. Darum haben sich auch die Besucher die Kleider so gründlich mit Ölfarbflecken ruiniert. Mit Blitzeseile fahren die kleinen Dampfbarkassen im Hafen herum; sie bringen Offiziere mit Meldungen an Bord und vermitteln den Verkehr der Schiffe unter einander. Die Sonne bescheint dieses Bild heiteren Lebens, froher Arbeit auf kriegerischem Hintergrund. Unsere etwas kurz bemessene Zeit erlaubt uns leider den Besuch eines Schiffes nicht, der eben erst freigegeben wurde. Das Menschengewühl beschränkt sich lediglich auf die Anlagen am Hafen, denn als wir dem Bahnhof zusteuern, wandern wir durch stille, öde Gassen, mit holperigem Pflaster und mit nach Fischtran duftender Luft. In den nächsten Tagen soll das Leben in der Stadt dann großartige Dimensionen angenommen haben, denn von allen Seiten strömte das Volk herzu.

Nach Heringsdorf zurückgekehrt, finden wir die vier großen Panzerboote in unveränderter Stellung noch vor. Die Abendsonne reflektiert blutrot an den Fenstern der Lucken; haarscharf unterscheidet man in der merkwürdig klaren Beleuchtung alle Détails. Seitdem wir nun die andern Schiffe im Hafen gesehen haben, verstehen wir den Bau dieser Kolosse besser. Sie sehen aus wie große dreistöckige Häuser mit riesigen Kaminen. Hübsch sieht es aus, wenn in der Nacht das ganze Schiff elektrisch beleuchtet ist. Die hellen Luckenfenster sehen aus wie hundert Augen, die in die dunkle Nacht hinaus blicken.

Ein wundervoller Sonnenaufgang treibt uns heute früh aus den Federn. Unser Zimmer ist in rotes Licht getaucht, denn wie ein feuriger Ball entsteigt die Sonne dem Meer. Der leichte Nebel, der sonst jeden Morgen die Bucht bedeckt, fehlt heut, und mit wunderbarer Klarheit und Deutlichkeit kann man auf große Entfernung alles erkennen. Von bloßem Auge sieht man die Kirche von Misdroy und unterscheidet die einzelnen Häuser. Der heut wehende Föhn bringt die wunderbarsten Lichteffekte hervor. Das Meer zeigt heut eine prachtvolle, tiefblaue Färbung, wie etwa der Genfersee sie aufweist. Silberhell stechen davon die Wellenschäumchen ab. Jetzt wechselt plötzlich das Bild, und sattgrün erscheinen die Wellen. Man kann sich nie satt sehen und bringt heut den Feldstecher selten vom Auge, denn constant erspäht man etwas Neues, besonders auf den in unveränderter Stellung daußen liegenden Kriegsschiffen.

Am Nachmittag machen wir dem Wald einen langen Besuch, der voll reichen Genusses ist durch seine herrlichen Baumgruppen und die reizenden Ausblicke auf das wundervolle Meer und auf die bewaldeten und bebauten Hügel unserer Insel. Die besuchteren Punkte sind durch Wegweiser bezeichnet und nicht zu verfehlen. Da gehts durch die ›Waldeinsamkeit‹, die ›Neue Welt‹ nach dem Präsidentenberg mit großer Restauration und schöner Aussicht. Auf schön gepflegten Waldwegen, hinauf und hinunter, gelangen wir zum Försterhaus mit dem eingehegten, großen Wildpark. Auf unser Läuten an einer sehr primitiven Glocke erscheint die vielbeschäftigte Frau Försterin, die Portierdienste verrichten und daneben Kaffee kochen und kredenzen muß. Nach Verabfolgung von Eintrittskarten läßt sie uns durch das Gitter ein, und mit suchenden Blicken durchforschen wir die Büsche und Bäume. Bald kommen wir zu einer großen Lichtung, wo uns ein ganzes Rudel Wild entgegenspringt, denn die Tiere wittern unser Brot. Allen voran kommt ein weißer Hirsch mit großem, breitschaufligem Geweih, daß ich mich ordentlich erschreckt hinter meinen Herrn und Gebieter zurückziehe. Ganz ungeberdig führt sich das Tier auf; es stößt mit seinen Schaufeln nach den andern, wenn sie ein Stück Brot erwischen. Etwa 12 Stück Hirsche und Rehe stehen um uns herum und beschnüfeln uns. Weiter hinten äugen ängstlich die kleinen Zicken hervor, sie sind noch nicht so unverschämt wie ihre Alten und getrauen sich nicht heran. Erst als der sehr gesprächige und gemütliche Förster erscheint, der unter dem ungestümen Volke Ruhe schafft, wagen sie sich hervor. Ein Haufe vorgeworfener Mohrrüben und das lockende Rufen des Förster versammelt eine Schaar von 30–40 Stück jeden Alters. Der Förster erzählt uns viel von seinen Lieblingen, die er alle beim Namen ruft, worauf sie ihm die Rüben aus der Hand fressen. Nicht seine Sympathie besitzen zwei kleine Hirsche aus Kammerun, rötlich braun mit schneeweißen Tupfen, die grad so schlechte L... seien wie ihre Landsleute in Afrika. Sich losreißend von dem hübschen Tieridyll, gelangt man auf die Anhöhe mit hölzernem Aussichtsturm, von dem aus man die ganze Insel bis zum Haff überblicken kann.

Nach Sonnenuntergang wirds bitter kalt, so daß der Herr Förster sich schon die alten Hände reibt und einen Frost für die Nacht voraussagt. Vom Strandkasino aus genießen wir nun ein wunderbares Schauspiel. Im Nordosten rötet sich der Horizont; ein heller, schimmernder

Punkt erscheint über dem Wasserspiegel. Er wird breiter und breiter, glänzt wie Silber, und rapid wird die leuchtende Sichel zur vollen Mondscheibe. Hie und da ziehen leichte Wolkenschleier darüber hin und verdecken uns den Planeten, um ihn bald wieder in neuer Pracht erscheinen zu lassen. Wie er höher steigt, zittern die Reflexe des Mondlichts über dem Wasser, das von einem kühlen Ostwind immer mehr in Bewegung kommt. Man kann sich kaum losreißen von dem wechselnden Schauspiel und erliegt dem Vollmondzauber.

Von der Gallerie des Strandkasino aus beobachten wir lange das Naturereigniß, werden später aber abgelenkt durch zahlreich erscheinde Gäste. Der große Concertsaal wird durch die großen Kronleuchter taghell beleuchtet. Die befrackten Musiker kommen mit ihren Instrumenten und setzen sich auf die Theaterbühne, um zum Tanz aufzuspielen. Nach und nach zeigen sich junge Damen in leichten Sommertoiletten, von Müttern nur oder ganzen Elternpaaren begleitet. Die Leute setzen sich an Tische, die den hintern Teil des Saales einnehmen, und lassen sich ein Glas Bier oder eine Tasse Thee servieren. Wir können von unserm Platz aus Alles sehr gut verfolgen, denn die Veranda, auf der wir zu Nacht gespeist, ist durch große Glastüren mit dem Tanzsaal verbunden. Schon ertönen die einladenden Klänge eines Walzers, aber noch wagt sich Niemand auf das schimmernde Parquet. Endlich ein Mutiger! Mit kühner Hand ergreift er eine der sehnsüchtig harrenden jungen Damen und stürzt sich – nicht in die Menge –, sondern was viel schwieriger, in den leeren Tanzraum, von hundert Augen begleitet. Bald gesellen sich noch drei oder vier Paare zu dem ersten und tummeln sich nun auf der spiegelglatten Fläche. Die jungen Dämchen tanzen wahrhaftig in wahren Monstrehüten, die kaum das Gleichgewicht auf dem Kopf behalten. Das Ballleben entwickelt sich nicht recht, nicht einmal als zwei flotte Marineoffiziere auf der Bildfläche erscheinen, und wir können uns beruhigt auf den Heimweg begeben, ohne viel zu verlieren.

Der schönste Sonntagmorgen leuchtet uns beim späten Erwachen entgegen. Die Macht der Gewohnheit ist groß, denn auch hier erwachen wir, wie daheim, in der Woche mit der Sonne, aber am Sonntag schläft man ruhig weiter. Im schönsten Sonntagskleid prangt uns die

Natur entgegen. Die Andächtigen steigen zur Kirche empor, und auch die offenen Hallen füllen sich mit Betern. Feierlich tönen die tiefen Orgelklänge zu uns in den stillen Buchenwald herüber, und bald stimmt die versammelte Gemeinde mit ihrem Gesang ein. Auch uns wird ganz andächtig zu Mut, und wir feiern unter dem rauschenden Dom des Waldes den schönsten Gottesdienst, den es giebt.

Mit Baden, Essen, Spazieren und Ausruhen vergeht der Sonntag. Die auf der See vor Anker liegenden Kriegsschiffe ziehen eine Menge Menschen herbei. Von den Schiffen kommen viele Matrosen ans Land, auch schmucke Offiziere. Sie sehen alle sehr gut aus mit ihrer von der Luft gebräunten Gesichtsfarbe und den hellen Augen, die alle so froh in das Leben blicken. Auf's äußerste exakt sitzt die ganze Kleidung, die Knöpfe blitzen und funkeln in der Sonne; der Hals ist tief entblößt und vom hellblauen Matrosenkragen umgeben. Bei Allen ist die schwarze Schleife am tiefen Halsausschnitt ganz genau gleich geknotet, es giebt nicht die kleinste Abschweifung. Im Gegensatz zu den Mannschaften tragen die Offiziere den Hals in hohe, weiße Stehkragen mit umgelegter Spitze gesteckt. Dazu kommt eine schwarze Cravatte; die weiße Hemdenbrust ist tief sichtbar, denn die Uniform wird tief ausgeschnitten getragen. Sie sieht aus wie ein langer, stark in die Taille geschnittener Gehrock. Der Säbel wird an schwarzem Koppel über dem Rock getragen.

Jeder Matrose trägt auf der flachen Tellermütze, mit zwei nach hinten fliegenden Bändern, in Goldbuchstaben den Namen seines Schiffes. Wo sich die blauen Jungen zeigen, sind sie gleich von Eingebornen umgeben, die voll Andacht den Erzählungen der Weitgereisten folgen.

Sonntag um Mitternacht tritt die Flotte in Kriegszustand; leider waren wir ohne alle Fühlung mit hohen militärischen Kreisen und konnten die Kriegslage ohne die Suppositionen etc. nicht verstehen. Da hatten wir's vor einigen Jahren besser, als unser lieber Schwager Feldherr war und uns jeden Morgen früh die Tagesbefehle übersandte. Unsere schweizerischen Manöver sind auch leichter zu verstehen, als diese vielfach zusammengesetzten Übungen. Hier spielt nicht nur eine Armee mit, sondern die Flotte, die Festung, die Landarmee, alles greift in einander.

In aller Morgenfrühe fassen wir die Swinemünder Mole ins Auge und sehen nun ein Schiff ums andere daraus hervortreten, erst die Panzerschiffe, dann die Kanonenboote und die vielen Torpedos. Nur undeutlich sind sie noch durch den Nebel zu erkennen. Auch unsere vier Freunde, ›Kaiser Wilhelm I‹, ›Friedrich III‹, ›Sachsen‹ und ›Württemberg‹, die nun drei Tage bewegungslos vor uns gelegen, sind unter Dampf und mischen sich bald in die Evolutionen der andern Schiffe. In alle möglichen Stellungen und Combinationen fährt die Flotte auf; einmal stehen die kleinen Torpedoboote vor den großen Schlachtschiffen, dann wieder in langer Reihe dahinter. Wir bewundern immer wieder die fabelhafte Geschwindigkeit dieser kleinen Fahrzeuge. Von weitem bemerkt man sie kaum, denn ihre flache Form und die schwarze Farbe bieten dem Auge wenig Angriffspunkte. Zuerst wird man auf sie aufmerksam durch den weißen Gischt, den sie aufwerfen, wenn sie mit ihrem tiefgehenden Schnabel die Wellen durchschneiden. Erst nach und nach kommt das kurze, rote Kamin in Sicht, und man erkennt das ganze Fahrzeug. Fast drei Stunden verfolgen wir mit lebhaftem Interesse die Bewegungen der Flotte, und ist es gut, daß sie gegen 11 Uhr sich immer weiter entfernt, um endlich ganz in westlicher Richtung gegen die Greifswalder Oie zu verschwinden, denn sonst hätte man nicht einmal Zeit zu dem geliebten, täglich in neuen Tönen gerühmten Bad.

Nach dem Essen machen wir nochmals der Stadt Swinemünde einen Besuch, um sie auch in Friedenszeiten kennen zu lernen. Heut merkt man nichts von dem regen militärischen Verkehr, und alles scheint ausgestorben zu sein. Wir wollen heut namentlich den Strand besichtigen, weil wir das letzte Mal die ganze Zeit dem Hafen und dem dortigen Treiben gewidmet hatten.

Aber auch hier ist alles still und einsam, die Badegäste scheinen alle abgereist zu sein, oder sie schlafen. Verödet ist dic breite Düne, leer sind alle Strandkörbe, und nur einige Kinder und viele Hunde tummeln sich im Sande. Sonderbarerweise wirft hier das Wasser haufenweise kleine Muscheln, von den winzigsten Proportionen, aus, was in Heringsdorf nicht der Fall ist. Hier besteht eigentlich die Düne nur aus zertretenen Müschelchen und wenig Sand. Auffallend ist hier der unangenehme Geruch des Meeres, noch schlimmer als in Ahlbeck, es ›mööselet‹ (›ääselet‹) ganz furchtbar.

Die Badeinrichtungen sind sehr schön; ein großes, neues Herrenbad und ein solches für Damen laden zum Baden ein. Eine neuerstellte Seebrücke hat auch an ihrem äußern Ende eine hübsche Restauration. Das Konversationshaus weist riesige Räume auf, alle mit höchstem Comfort, im feinsten Geschmack ausgestattet. Von den lauschigen Erkern hat man herrliche Aussicht aufs Meer hinaus. Das daneben liegende Kurhaus enthält eine Unmenge von Logierräumen, dahinter ist das Badehaus für warme Wannenbäder und meistens Soolbäder. Auch ein Sanatorium fehlt nicht, das nach allen neusten Erfindungen eingerichtet ist; kohlensaure und elektrische Bäder werden hier verabreicht. Alles ist außerordentlich zweckmäßig und im höchsten Grade großartig, aber allüberall gähnt uns trostlose Leere entgegen. Die Leute hoffen fest auf baldiges Aufblühen ihres Badeortes und auf ein riesenhaftes Anwachsen der Fremdenzahl; wenn sie nur richtig gerechnet haben!

Durch die Plantage brauchen wir vom Strande nach der Stadt gut 15 Minuten. Es ist dies ein wunderhübsches Wäldchen, von breiten Zukunftsstraßen durchschnitten. Die Königs-Allee durchschneidet die große Promenade und führt direkt nach der Stadt. Der eigentliche Wald liegt aber hier viel weiter entfernt als in Heringsdorf, und auch sonst giebts hier vielerlei Nachteile. Sollten wir nochmals so glücklich sein, bis an die Ostsee zu gelangen, würden wir kaum Swinemünde zum bleibenden Aufenthalt wählen.

Graue Wetterwolken ziehen im Westen auf und vereiteln unsern Plan, zu Fuß auf der Düne nach Haus zu wandern. Der Weg muß wunderschön sein, immer hart am Wasser entlang; aber bei drohendem Regen ist er doch zu langgestreckt. Mit der Bahn gelangen wir trocken nach Haus, aber in der Nacht bricht ein gewaltiger Regen los. Am Morgen ist's aber wieder wunderschön, und zu unserer großen Freude ist die Flotte wieder in Sicht. Am äußersten Horizont entdecken ganz scharfe Augen leichte Rauchwölckchen, die immer stärker werden und sich auf der ganzen Linie vermehren. Bald erscheinen die Kamine, dann wird die ganze Menge der Schiffe sichtbar und fährt in imposanter, langer Linie vor Heringsdorf auf. Ganz wunderschön ist das Schauspiel vom hochgelegenen Kulm aus, den wir die nächsten Tage kaum mehr verlassen, weil gar so viel Aufregendes auf dem Meer passiert.

Von der Brücke aus werden Extrafahrten ausgeführt zur Besichtigung der Flotte. Der ›Sequens‹, ein langer, schmaler Dampfer, der sehr leicht schauckelt, vermittelt diese Besuche draußen. Täglich werden seine Telegramme am schwarzen Brett der Brücke angeschlagen, worauf er für jeden Tag den Besuch des Kaisers auf der Flotte avisiert. Jeden Tag gehen die Leute auf den Leim, immer erhöht er den Preis für die Fahrt, aber nimmer wird der Kaiser erblickt. Der Kapitän des ›Sequens‹, der all das inszenierte, hat uns von Anfang an keinen guten Eindruck gemacht. Er kam mit seinem reichbeflaggten Schiff von Stettin herunter und fuhr damit frech zwischen der ganzen Flotte hindurch, sogar bei den späteren Gefechten war er immer zu vorderst und mitten im Pulverrauch.

Auf der Brücke ist heut Concert, das trotz des starken Windes stark besucht ist. Die See ist belebt von vielen Segelbooten, die vom Sturm hin, und hergeschauckelt werden. Auch die zwei Motorboote ›Adler‹ und ›Seemöve‹ fahren jede Stunde, total mit Passagieren besetzt, auf die See hinaus, schwenken in großem Bogen um die ganze vor Ankerliegende Flotte herum.

Für den 12. September ist der Kaiser bestimmt angesagt und wird in Swinemünde, von Stettin kommend, erwartet. Die Neugierigen haben sich schon früh der Führung des allwissenden Kapitäns des ›Sequens‹ anvertraut und sind hinausgefahren zum Empfang. Trotzdem sie heut für das Extra-Schauspiel 5 M. anstatt nur 3 M. bezahlen, sehen sie den Kaiser doch nicht und kommen enttäuscht, tüchtig geschüttelt und halb seekrank, nach Haus. Das Interesse der gesammten Bevölkerung wird von der Flotte in Anspruch genommen. Der Feldstecher kommt den ganzen Tag nicht vom Auge, und kaum kann man sich von den verschiedenen Beobachtungsposten losreißen, um schnell zum Essen oder zum Baden zu gehen. Das Wetter begünstigt die Flottenmanöver sehr; jede Nacht fällt der Regen in beträchtlichen Mengen, und jeden Morgen strahlt uns der schönste Himmel wolkenlos entgegen. In der Frühe fährt die Flotte jeweilen gegen Norden aus und kehrt Abends wieder in ihre hiesige Stellung zurück. Am Abend des 13. Sept. fahren die 24 Torpedoboote nach Swinemünde hinein, die übrigen 16 Kriegsschiffe bleiben hier draußen unter Dampf.

Nach 9 Uhr steigen farbige Leuchtkugeln von dem Admiralsschiff auf und geben damit die Signale; bald sind's weiße, bald rote oder grüne Leuchtkörper, die mit Fallschirmen versehen lange in der Luft schweben. Die Festung in Swinemünde antwortet mit den gleichen Zeichen. Vom Leuchtturm aus spielt während der ganzen Nacht der elektrische Scheinwerfer. Der lange Strahlenschweif bewegt sich langsam und erhellt abwechslungsweise die dunkle Nacht. Bald beleuchtet das riesige Lichtbündel die Küste, dann wieder die Wasserfläche, und die ganze Nacht hindurch wird mit Unterbrechung von 1–2 Minuten die ganze Gegend von der wachsamen Besatzung mit dem Scheinwerfer abgesucht.

Gar oft erwachen wir, wenn unser Zimmer plötzlich taghell beleuchtet wird; der Strahlenschweif zieht langsam vorüber, und tiefes Dunkel herrscht wieder. Ab und zu werden wir auch von Kanonenschüssen aufgeweckt, die dumpf von der Festung heraustönen; der Schall rollt majestätisch über die Bucht. Über dem in Dunkel gehüllten kriegerischen Treiben geht langsam der Mond auf und wirft ab und zu Streiflichter hernieder, wenn er die fliegenden Wolken siegreich durchbricht.

Um 6 Uhr früh beginnt das Gefecht, und dumpf hallen die Kanonenschüsse von den Schiffen. Die Festung antwortet in regelmäßigen Pausen. Von früh an sind wir natürlich auf unserem Observationsposten, denn der Höhepunkt der Situation ist erreicht. Ein ziemlich dichter Nebel verbirgt uns hie und da den klaren Blick auf die Mole und die zu beiden Seiten derselben liegenden Befestigungen. Da – ein Blitz – und bald darauf das dumpfgrollende Donnern des Geschützes. Bald deckt der Pulverrauch alle Einzelheiten, bis eine frische Brise die Rauchwolken wieder zerstreut. In höchster Spannung verfolgen wir das Gefecht, oft kommen die kleinern Kanonenboote bis in die nächste Nähe des Landes und fahren dicht unter dem Kulm vorbei. Im Laufe des Nachmittags wird das Feuer eingestellt, und friedlich liegen die Panzer wieder draußen ruhig in See. Eine wundervolle Mondnacht schließt den ereignissvollen Tag; nicht trennen kann man sich von dem herrlichen Bild. In tiefstem Frieden liegt die Natur, und wir unterliegen dem Vollmondzauber.

Für den 15. September früh ist die Ankunft des kaiserlichen Kriegsherrn nun bestimmt angesagt. Schon in der Frühe haben wir den Kulm besetzt und verfolgen jedes Schiff mit unserm Feldstecher. In Heringsdorf schläft die große Welt noch, und nur wir, mit einigen alten Seeleuten, sehen das Torpedoboot ›Sleipner‹ die Mole herunterkommen und in rasender Schnelligkeit die offene See gewinnen. Die kleine rote Kaiserstandarte flattert am Bord und verrät uns die Anwesenheit des Längsterwarteten. In aller Stille hat sich die Flotte bereit gemacht und fährt unter Volldampf davon. Nur der Panzer Friedrich III. bleibt vor Anker draußen liegen. Kein Mensch weiß, ob die Manöverdivision wieder kehren wird oder nicht, mannigfache Vermutungen und Behauptungen werden laut; jeder glaubt, das Richtige zu wissen. Um 12 Uhr große Aufregung, denn in der Richtung nach Swinemünde erscheint ein sonderbares Geschwader. Alles stürzt auf die Brücke, denn sicher wird es dort anlegen. Abermalige Enttäuschung! Inzwischen kommen die sonderbaren Fahrzeuge näher und beschreiben einen großen Bogen um die Brücke. Voraus fährt ein großes wundervolles Segelboot, dessen sieben Segel sich blähen in der frischen Brise. Wie ein riesiger Schwan, mit ausgebreiteten weißen Flügeln, zieht sie heran, majestätisch, ohne die leiseste Seitenbewegung, die berühmte Yacht des Kaisers, die ›Iduna‹ Ihr folgen in einem angemessenen Abstand ein Torpedoboot, ein kleineres Motorboot und die ›Alexandra‹, ein kleiner Salondampfer zum persönlichen Gebrauche Seiner Majestät.

Man erfährt, daß der Kaiser heut früh in Swinemünde angekommen und daß er sicher auf der Segel-Yacht sich befinde. Die Leute weichen nicht mehr vom Strand und vergessen Alles, Essen und Schlafen, um ihren Kaiser sehen zu können. Die kleine kaiserliche Flotille kreuzt stundenlang auf der Höhe von Heringsdorf, kommt bald ganz nah ans Land, daß man leicht jede Bewegung auf den Schiffen beobachten kann, schwenkt wieder ab und fährt hin und her. Alles ist fest überzeugt, daß S. Majestät an Bord ist, und koste es, was es wolle, sehen will man sie. Der reine Corso wird alsbald eröffnet, und alle Boote werden in Bewegung gesetzt. Von der kleinsten Nußschale an bis zum großen Segelboot ist alles mit Menschen überladen unterwegs zu der Flottille. Die beiden Benzinmotoren fahren jede Stunde vollgepfropft von der Brücke weg; die See geht ziemlich hoch und wirft oft die Gesellschaft unsanft durch einander. Alles fährt an die kaiserlichen Boote heran und drum herum, alle Augen spähen nach dem geliebten Herrscher, Rosen werden geworfen, alles ist voll Begeisterung. Die Zurückkommenden erzählen wunderbare Geschichten, alle haben natürlich den Kaiser deutlich gesehen, er hat ihnen sogar mit der Hand zugewinkt. Eine junge Dame ist ehrlich genug zu gestehen, sie habe die Züge des Monarchen nicht deutlich erblickt, nur seine Figu-a! Wir sind auf der Brücke und sehen, heimlich lachend, dem fieberhaften Treiben zu, das uns höchlich belustigt. Wir wissen ja, daß der Kaiser weit weg von hier bei der Flotte ist, und daß er unmöglich da drausen auf seiner Segel-Yacht sein kann. Ein 5 Stunden langes Warten sähe der rastlosen Art desselben gar nicht gleich. Um 5 Uhr naht das reizende Dampfboot ›Schneewittchen‹ und legt an der Brücke an. Ein Mann wird ausgesetzt, der Depeschen abholen muß, die den Befehl bringen sollen, ob die Schiffe noch länger auf den Kaiser warten sollen. Alles wird sehr geheimnißvoll betrieben; während der Wartezeit bewundert man den zierlichen Bau des ›Schneewittchen‹ auch seine schweißgebadeten Heizer, die hie und da den Kopf zur Maschinenlucke herausstrecken und aus dem Süßwasserfäßchen einen Becher Kühlung herausholen. Der ausgesandte Bote kehrt zurück, wird an Bord genommen; man zieht die Taue ein, und fort gehts gegen Swinemünde zu, ›Iduna‹, ›Alexandra‹, und wie sie alle heißen, folgen und verschwinden bald wie ein Traum hinter der Mole. Am andern Tag können wir in den Blättern lesen, daß S. Majestät in der gestrigen Morgenfrühe zu der Manöverflotte gestoßen sei; er ist mit ihr nordostwärts gefahren und ist Abends glücklich in seiner neuen Besitzung Cadinen in der Danziger Bucht angekommen. Trotz dem klaren Beweis ließen sich die Wenigsten den Glauben nehmen, sie haben den Kaiser doch gesehen. Mit demselben ist auch die Flotte auf Nimmerwiedersehen verschwunden, nachdem sie uns manche Stunde angenehm verkürzt hat.

Auch unsere Stunde hat leider geschlagen, und müssen wir heute schon ans Packen denken. Mit schwerem Herzen werden wir uns von dem herrlichen Ort losreißen und immer voll Sehnsucht daran zurückdenken. Da wir die letzten Tage fast ausschließlich am Strand und auf unserem Ausguck, dem Kulm, verbracht haben, machen wir heut dem schönen Wald einen Besuch und durchkreuzen ihn auf allen Wegen. So gelangen wir auch zu den Spielplätzen, wo allem möglichen Sport gehuldigt wird. Acht große Tenniesplätze, sehr schön unterhalten, liegen unter den alten Buchen auf dem Plateau in der Höhe. Einen schöneren Platz für dieses Spiel kann man sich auf der Welt nicht denken. Auch verschiedene Plätze für Crocket, für Crikett und für Boccia sind vorhanden und laden alle zum Spielen ein. Langeweile wird man in Heringsdorf nie erleben, denn überall, am Strande wie im Walde, im Kasino im Tanzsaal und den Leseräumen, in den Billardsäälen des Kurhauses, überall ist für Unterhaltung gesorgt. Wir haben die Hochsaison nicht mitgemacht, denn schon bei unserer Ankunft war kein großer Nachschub von Fremden mehr, nur sehr zahlreiche Abreisen. Ganze zweispännige Wagen voll Gepäck beladen konnten wir täglich zum Bahnhof fahren sehen; und mit was waren sie vollgepfropft? mit Kisten und Koffern, mit Betten und Kissen, mit Sitzbadkasten und Papageikäfigen und last not least mit 3–4 Stück Dienerschaft. Viele Herrschaften haben die Reitpferde und die Equipagen mit hergebracht. Die meisten Privat-Wohnungen stehen schon leer; die Restaurants lassen sich an allem Möglichen auskommen, bald fehlt der Wein, bald der Fisch, dann wieder geht das elektrische Licht aus, kurz alles mahnt daran, daß die Saison zu Ende sei.

Voll Wehmut begiebt man sich heut ins letzte Bad und kann sich kaum losreißen von den Erfrischung und Stärkung bringenden Wellen. Auch heut ist die See bewegt, strahlt aber im tiefsten Blau, und die warme Septembersonne wärmt die Glieder. Ich erlebe am letzten Tag noch eine aufregende Szene, die mich den ganzen Tag über verfolgt. Ein Herr ist fast ertrunken, weil er vom Krampf erfaßt wurde. Die Mitbadenden können ihm nicht helfen, und als die Matrosen mit dem Schiffchen ankommen, ziehen sie ihn total steif aus dem Wasser. Ich wartete am Strand in der nächsten Nähe und sah die Rettung mit an.

Ein neues Schauspiel wartet am letzten Tag noch auf uns: ein Ostsee-Nebel. Nach dem Essen, als die ganze Bucht noch in strahlenden Sonnenschein getaucht ist, wälzen sich plötzlich von Westen her graue Nebelwolken heran. Rapid kommen sie auf dem Wasser näher, und bald ist Alles undurchdringlich davon eingehüllt. Wir kennen in unserer Heimat den Nebel leider nur zu gut, denn fast die Hälfte des Jahres wehrt er den Sonnenstrahlen, uns zu erwärmen und zu erheitern. Aber das hier ist ganz was anderes. Mich mahnte es an die Märchen, durch das Plötzliche seines Erscheinens. Keine 5 Schritte sieht man vor sich; wie dichter Rauch streicht der Nebel durch die Bäume und tropft wie Regen davon hernieder. Vom Meer her tönt dumpfer Kanonendonner, der dies Mal nicht von der Flotte herrührt, sondern von den Alarmkanonen. In bestimmten Zwischenräumen stehen die Gechütze an den Ufern und lösen ihre Schüsse zur Warnung der passierenden Schiffe. Kein Leuchtturm kann auch mit dem stärksten Bogenlicht die grauen Massen durchdringen, und so ist der Steuermann nur auf sein Ohr angewiesen, wenn er sein Fahrzeug sicher in den Hafen bringen will. Den ganzen Tag und die ganze Nacht wird weiter geschossen, bis am nächsten Morgen die liebe Sonne erscheint, und vor ihrem bestrickenden Lächeln weichen die Nebelmassen zurück und sind so rasch verschwunden, wie sie gestern angerückt sind. So können wir zum Abschied noch einmal das herrliche Gesammtbild in seiner ganzen Klarheit in uns aufnehmen, um es nie mehr zu vergessen. Schweren Herzens und doch voll Dankbarkeit für herrliche Tage und für die gute Wirkung an der Gesundheit verlassen wir den uns so lieben Strand.

Im Hôtel wird uns das Scheiden leicht gemacht; schon gestern hat man uns die Teppiche aus den Zimmern entfernt. Seit Tagen wird geklopft, gebürstet, Silber geputzt, Alles Geschirr in ein Zimmer zusammengestellt, kurz es ist ein ungemütlicher Zustand. Da noch 12 Gäste und 30 Personen Dienerschaft vorhanden sind, wird heut das Etablissement geschlossen. Gut daß unsere Zeit ohnehin abgelaufen ist, sonst hätten wir noch ein anderes Quartier suchen müssen.
Um 12 Uhr haben wir Heringsdorf verlassen bei eigentlich tropischer Hitze und sind um 4 Uhr in Berlin am Stettiner Bahnhof angekommen. Anna ist zum Empfang bereit in Gesellschaft eines Herren, den wir aus der Entfernung für Schwager Ernst ansehen. Beim Näherkommen klärt sich der Irrtum auf, denn es ist sein Bruder Franz, der ihm sehr ähnlich sieht. Seine Schwester Lina wird mit dem Nachtzug heut Abend erwartet, und beide wollen an Ernst's Confirmation teilnehmen. Wir haben mit ihnen und unsern lieben Verwandten eine Reihe von schönen Tagen in der Reichshauptstadt verlebt.

Berliner Tage

Unsere Zimmer bei Fräulein Mahnke sind wieder zu unserm Empfang auf's Schönste bereit. Nach dem Thee bei Anna machen wir mit Onkel Franz einen schönen Spaziergang durch den Tiergarten, der an dem herrlichen Herbstabend sehr belebt ist. Namentlich auf den Spielplätzen der Kinder herrscht reges Leben; die Kleinen haben dort ganze Höhlen und unterirdische Gänge aus dem Berliner Sandboden herausgewühlt und freuen sich ihrer Arbeit und ihrer Werke.

Herrlich geht sich's unter den schönen Bäumen, und bald erreichen wir die Denkmäler von Friedrich Wilhelm III. und seiner Gemahlin Luise. Beide stehen inmitten hübscher Blumen- und Bosquetgruppen[38] auf stillen, lauschigen Plätzen. Besonders schön ist die Marmorstatue der Königin Luise von Enke[39] dargestellt. In erhabener Ruhe, das hehre Antlitz voll Milde und Güte steht sie auf dem hohen Reliefsockel. Auf belebten Wegen gelangen wir in die breite Sieges-Allee, am östlichsten Teil des Tiergartens. Auf Veranlassung Kaiser Wilhelms II. wird dieselbe mit 32 Marmorstandbildern geschmückt, und schon sind deren etwa 22 aufgestellt. Verschiedene warten in weiße Tücher gehüllt der Enthüllung durch S. Majestät. Die Statuen stellen die verschiedenen Herrscher von Brandenburg dar, und gar mancher unbedeutende Fürst wird damit aus der Vergessenheit hervorgezogen. Hinter jedem steht eine halbrunde Marmorbank, über der sich die Hermenbüsten zweier Zeitgenossen erheben. Fast alle Bildhauer Berlins haben sich an dem großen Werke mit Erfolg beteiligt, und beständig sind ihre Kunstwerke von einer bewundernden Menge umstanden. Die Berliner haben hier die beste Gelegenheit, die Lücken in ihrer Kenntniß der vaterländischen Geschichte auszufüllen; viele lernen sie vielleicht überhaupt erst hier kennen. Mit vielem Interesse betrachten auch wir die so verewigten Fürsten, die sieben Jahrhunderten angehören und die in ihrer Kleidung und ihren Waffen, sowie in ihrer Haltung den

38 Frz. bosquet, auch Boskett, beschnittene Büsche und Bäume, besonders in Renaissance- und Barockgärten.

39 Erdmann Encke, 1843–1896, deutscher Bildhauer.

Charakter ihrer Zeit deutlich ausprägen. Der Mantel des Gelehrten wechselt mit dem Schuppenhemd des trotzigen Kriegers und dem Prunkgewand des Fürsten des 17. und 18. Jahrhunderts.

Die Sieges-Allee führt direkt nach dem Königsplatz, aus dessen schönen Gartenanlagen sich das über 60 M hohe Siegesdenkmal erhebt. Der riesige Bau soll die siegreichen Taten der Deutschen in den sechziger und siebziger Jahren verewigen. Die eigentliche Säule wird aus drei Reihen vergoldeter dänischer, österreichischer und französischer Gechützrohre gebildet, und darauf steht eine riesenhafte vergoldete Borussia[40], in der Rechten den Lorbeer hochhaltend. Über den Kempnerplatz und die Tiergartenstraße kehren wir nach Haus zurück, wo wir auch unsern eingetroffenen Schwager begrüßen können. Unter lebhaftem gegenseitigem Erzählen vergeht die Zeit rasch. Alle freuen sich Deines guten Aussehens, und ich bin dankbar für die Veränderung, die die Ruhe in Heringsdorf hervorgebracht hat. Allen Ermüdungen der Großstadt stehst Du gewappnet gegenüber, und mit frischem Unternehmungsgeist bist Du widerstandsfähig geworden.

Da die Gäste aus dem Schwabenland für den kommenden Tag mit Einkaufen beschäftigt sein werden, beschließen wir, gleich das schöne Wetter zu einem Auflug nach Potsdam zu benutzen. Derselbe darf wegen seiner landschaftlichen Schönheiten und seiner geschichtlichen Erinnerungen nicht unterlassen werden und hat uns hoch befriedigt. Potsdam gewährt uns das Gesamtbild einer fürstlichen Residenz des XVIII. Jahrhunderts, und seine wasser-reichen Parkanlagen erfreuen unser Auge. Vom Potsdamer Bahnhof aus fahren wir mit

40 Der Bau der insgesamt über 60 Meter hohen, nach Entwürfen Heinrich Stracks ausgeführten Siegessäule wird von den drei dicht aufeinanderfolgenden Kriegen von 1864, 1866 und 1870 bestimmt. Die aus drei Trommeln bestehende Säule ist mit vergoldeten Kanonenrohren aus den Einigungskriegen in den Kanneluren geschmückt. Die rund 9 Meter hohe Viktoria von Viktor Drake hält einen Lorbeerkranz und das preussische Feldzeichen in den Händen. Ein auf Preussen verweisendes Zitat ist der adlerbekrönte Helm der Viktoria, die dadurch einer lokalen Borussia-Darstellung gleichzusetzen ist. Die rund 30 m hohe und begehbare Säule steht auf einem Granitsockel, an dessen Seiten vier Bronzereliefs die Taten der Einigungskriege schildern. Die Säulenbasis wird von einem Mosaik, das besonders den Krieg 1870/71 und die Ausrufung des Kaiserreichs schildert, eingenommen. Den Berlinern gefielen die Proportionen nicht, sie sprachen von der »Siegesspargel« und witzelten: »Der Sieges-Engel ist das einzige weibliche Wesen in Berlin, das kein rechtes Verhältnis hat.« Ermann, 318.

einem Vorortszug in die alte Residenz Friedrich des Großen. Jede halbe Stunde hat man Fahrgelegenheit nach Potsdam, und ist der Verkehr mit den an der Linie liegenden Vororten ein sehr großer. Vor 30 Jahren noch bestand der Ort Schöneberg aus einem Dutzend Bauernhöfen. Die Bauern sind durch den Verkauf ihrer Liegenschaften Millionäre geworden und Schöneberg eine Stadt, die nach der jüngsten Volkszählung 96 000 Einwohner hat. Auch Wilmersdorf, Friedenau, Steglitz sind alle Städte geworden mit Gymnasien, mit neuen Kirchen und großen Verwaltungsgebäuden.

Die Bahn führt meist durch den Grunewald, an seinen reizenden Seen entlang. Ganze Villenkolonien sind da entstanden, sowie große Gartenetablissemente. Wannsee und Schlachtensee bilden die Lieblingsaufenthalte der Berliner, und gar mancher ruht nicht, bis er in der schönen Natur ein anmuthiges Landhaus, sei es auch noch klein, sein Eigen nennt.

Die alte Residenzstadt Potsdam dagegen hat sich nicht verändert und nicht vergrößert. Ein Gesetz verbietet jedes Ansiedeln irgend einer Industrie, denn keine Fabrikschlöte dürfen das Landschaftsbild stören und die Luft mit ihrem Rauch verderben. Somit ist jede Vergrößerung, jedes Aufblühen verunmöglicht, und in monotoner Ruhe liegen die Straßen da. Dagegen sind die Soldaten der hier in Garnison liegenden Regimenter charakteristisch für das Stadtbild. Potsdam ist auch das Dorado für verabschiedete Generäle und höhere Militärs, die hier in Ruhe billig von ihrer Pension leben können.

Postdam ist sehr weitläufig, und so benutzen wir lieber den Pferdetram, der uns mitten durch die Stadt führt. Aussen an dem Brandenburgertor, auf dem Luisenplatz, steigen wir aus und folgen der Allee rechts, die uns in wenigen Minuten zu der Friedenskirche führt. Sie ist im Style der altchristlichen Basiliken aufgeführt und liegt mit ihrem von Säulenhallen umgebenen Kreuzgang im Wasser, mit Blick auf den schönen Park, was den Eindruck von tiefem Frieden des Gotteshauses erhöht. In der Säulenhalle des kleinen Atriums steht die von Rauch modellierte Gruppe des Segen erflehenden Moses und im Hof desselben die Nachbildung von Thorwaldsens Christus.[41] Wir wenden der Kirche weiter

41 Bertel (Alberto) Thorwaldsen, 1770–1844, dänischer Bildhauer.

keine Aufmerksamkeit zu, sondern streben dem Mausoleum zu, das die sterblichen Überreste weiland Kaiser Friedrichs III[42] und seiner Kinder enthält. Die Kapelle wurde anno 1890 nach seinem Tode aufgeführt und macht in ihrem Innern einen ernsten, harmonischen Eindruck. Durch sehr schöne Bronzetüren gelangt man in den auf Säulen aus Labrador-Syenit ruhenden, kuppelgeschmückten Rundbau mit Apsis. Auf dem schönen Marmorsarkophag ruht die Figur des kaiserlichen Dulders, dessen Regierung nur hundert Tage währte. Die Marmorgestalt ist von Prof. Begas nach einer Totenmaske gearbeitet worden und zeigt deutlich die Spuren, welche Schmerzen und Leiden darin zurückgelassen haben. Man wird von Wehmut ergriffen, angesichts dieser reckenhaften, ritterlichen Gestalt, die allen Gefahren seiner siegreichen Kriegszüge getrotzt hat, aber einer heimtückischen Krankheit zum Opfer fallen mußte, bevor sie ihr Tagwerk vollbracht. Immer wieder betrachtet man die edlen Züge und liest darin wie in einem offenen Buche. Neben dem Sarkophage ist die Gruft für die Kaiserin Friedrich, der Steindeckel trägt schon ihren Namen, das Datum ihrer Geburt, nur für den Todestag ist Platz frei gelassen.[43] In der Apsis ruhen die zwei in früher Jugend verstorbenen Söhne des kaiserlichen Paares, die Prinzen Waldemar und Sigismund. Zwischen den Säulen hängen und liegen eine Menge von Kränzen, aus Lorbeer, auch aus Silber gearbeitet; es sind dies die Spenden der Kriegervereine, der Regimenter, deren Inhaber der Kaiser gewesen, und werden an jedem Todestag erneuert. In ernster Stimmung verlassen wir den stillen Ort und wandern nach dem Park von Sanssouci, wozu wir nur um die Ecke biegen. Der großartige, nach Muster von Versailles angelegte Park ist in tadelloser Ordnung gehalten. Schöne Blumen und Teppichgruppen schücken die Rasenflächen, und schöne, alte Bäume bilden lange schattige Alleen. Leider springen heute die Wasser nicht und müssen wir uns vor der großen Fontäne die Wasserkünste denken. Langsam ersteigen wir die hohe breite Treppe, die zum Schloß Sanssouci hinaufführt. Auf den sechs großen Terrassen bewundern wir den vom Kaiser cultivierten pracht-

42 Friedrich III., 1831–1888, war bereits schwer krank, als er 1888 seinem Vater Wilhelm I. als König von Preussen und Deutscher Kaiser nachfolgte. Starb nach nur 99 Tagen an der Macht. Vater von Wilhelm II.

43 Die englische Prinzessin Victoria, die Gattin von Kaiser Friedrich III.

vollen Obstbau. In zierlichen Kübeln stehen die hübschen Zwergobstbäume, vollbehangen mit Früchten edelster Art. In kleineren Gruppen stehen ganze Sortimente Birnbäume beisammen. Jede Frucht ist mit einem Faden aufgebunden, und sehen diese Bäumchen alle mit den rotbackigen Äpfeln und Birnen sehr verlockend aus. In den verglasten Terrassenwänden reifen aber die schönsten Trauben und Feigen und Pfirsiche mit roten Backen.

Die schmucke, oben an der Treppe patrouillierende Schildwache läßt uns passieren, das heißt, sie nimmt keine weitere Notiz von uns. Den Seitenflügel umgehend, gelangen wir an die nach Norden liegende Kasse und werden beim Eingang vom Kastellan in Empfang genommen. Es ist wahrhaft derselbe, mit derselben lächelnden Miene, der mich vor 2 Jahren auch herumgeführt hat. Er macht auch noch ganz dieselben Witze wie damals, mit den gleichen Worten und der gleichen Betonung. Im Voltaire-Zimmer erzählt er von dem spottsüchtigen Dichter, dem sein Gastgeber hier in Form von Vögeln alle Untugenden verewigen ließ. Im nächsten Raum wird mit cynischem Lächeln das Bild von Voltaires Köchin gezeigt und dasjenige jener Berlinerdame, die im Morgencostüme zu einem Fenster hinausguckte, als der alte Fritz vorbeifuhr. Er ließ sie dann in jener pikanten Position von seinem Hofmaler Pesne malen.[44] Den schönen Mittelbau kennen wir aus Menzel's berühmtem Bild ›des Königs Tafelrunde‹. Im Sterbezimmer des alten, geistreichen Königs ist kürzlich eine wunderschöne Marmorgruppe aufgestellt worden. Sie zeigt in vollkommener Ausführung die Figur des sterbenden Königs. – Ein wahres Schatzkästchen ist das Bibliothekzimmer, eine der schönsten Schöpfungen des Rokokostyles. In der langen Galerie, wo die müden Pagen auf den durch die grausame Bosheit ihres Herrn aufgestellten schmalen Bänken nicht schlafen konnten, fehlen viele Bilder an den Wänden und zwar solche von Watteau und Lancret. Sie sind mit verschiedenen Möbeln vom Kaiser an die Pariser Weltausstellung geschickt worden und schmücken dort die historischen Räume des Deutschen Hauses. Wir sind am Anfang unseres Rundganges angekommen und werden von dem Diener mit tiefer Reverenz entlassen.

44 Antoine Pesne, 1683–1757, französische Maler, ab 1711 preussischer Hofmaler und später Direktor der Akademie.

Wenn einer sich dabei leicht räuspert, nimmt er gern ein Trinkgeld, trotz überall angeschlagenem Verbot; das habe ich auf unseren Gängen oft beobachtet.

Dumpf und kühl war's in den königlichen Räumen, und gern treten wir wieder in die warme Sonne hinaus. Nach Norden schließt ein schöner Säulengang im Halbrund die Terrasse des Schloßes von der Landschaft ab und umfaßt zugleich das reizende Bild, einen sanft abfallenden Rasenhang, einen Teich und dahinter die bewaldete Anhöhe des Ruinenberges, dessen künstliche Ruinen das große Wasserreservoir bergen, das die Fontänen des ganzen Parkes speisen muß.

Wir wandern an der historischen Windmühle vorbei nach der Orangerie, der Schöpfung Friedrich Wilhelms IV., dessen Marmorstatue vor der langen, imposanten Façade aufgestellt ist. Auf höheren Befehl des Herrn Dieners besteigen wir zuerst den Turm des Schlosses, von wo wir eine schöne Rundsicht haben auf den endlosen Park mit den Schlössern Sanssouci und Friedrichskron und die Stadt Potsdam, die so hübsch zwischen den vielen Armen der Havel liegt. Weiter hinten grüßt Schloß Babelsberg herüber, und unser Blick schweift noch weiter bis zum Jungfern- und Heiligen See und den Anhöhen dahinter.

Nachdem wir uns gehörig umgesehen, werden wir in das Innere des im florentinischen Styl erbauten Schloßes geführt. Nur flüchtig betrachten wir die Kopien nach Raffael im Mittelbau und ließen uns sanft auf Riesen Filzpantoffeln durch die Reihe der Zimmer gleiten, die meist zur Aufnahme von hohen Gästen dienen. Schön sind darin die zahlreichen Geschenke der russischen Herrscherfamilie, jene Schalen und Vasen aus edlem Gestein wie Malachit, Porphyr, Bernstein. Zur Windmühle zurückgekehrt, können wir den liebenswürdigen Einladungen der dort stationierenden Droschkenkutscher nicht widerstehen und setzen uns gern in ein solches Vehikel. Der gesprächige Rosselenker, dessen Redegewandtheit sich bis Abends unter dem Eindruck verschiedener Schnäpse verdoppelte, gab uns interessante Erläuterungen; er zeigte uns die verschiedenen Kasernen, die Wohnung des Kommandierenden, auch die des berühmten Operateurs, Prof. Bergmann. Jetzt merken wir, wie lang der Weg zu Fuß und teilweise per Tram bis hinüber nach Glienike gewesen wäre.

Von der Brücke aus bewundern wir die schöne Aussicht und ziehen uns dann müde und ausgehungert in das schattige Gartenetablissement Ferow zurück. Im Freien, unter lichten Bäumen wird uns ein ausgezeichnetes Menü serviert, einmal billiger, als wirs von Heringsdorf gewohnt sind. Es schmeckt uns ausgezeichnet, aber leider auch den Wespen, die in Schaaren die verschiedenen Compotes[45], die so beliebten deutschen Fleischbeilagen, umschwärmen. Die Schießbude in der Ecke des Gartens lockt uns nicht; fast alle Gäste versuchen zwar ihre Kunst, und lebhaft knatterts herüber.

In fröhlicher Stimmung lassen wir uns nach Babelsberg hinaufführen und kommen am neuen Palais des Prinzen Friedrich Leopold vorüber. Unser Kutscher weiß uns wahre Schauermären von demselben zu erzählen, namentlich von seiner Schneidigkeit und Rohheit, welche vor zwei Jahren seine Frau ins Wasser getrieben haben sollen. Als wir freilich vor dem Eingangstor vorbeikamen, wo ein gallonierter Diener stand, verändert er den Ton und erklärt uns mit erhöhter Simme, das sei das Besitztum S. k. Hoheit, Prinz Friedrich Leopold, dem er vorher weniger schmeichelhafte Benennungen hatte zu teil werden lassen.

Wir fahren vor dem schönen gothischen Gittertor von Babelsberg vor und wandern langsam durch den schönen, sich um den ganzen Hügel hinziehenden Park. Alte Männlein und Weiblein sind mit Säubern der Wege, mit Gießen der Rasenflächen beschäftigt; der Portier und der Kastellan sind alles noch alte Diener des seligen Kaisers und pflegen mit Pietät seine Lieblingsbesitzung. Hier verlebte der greise Herrscher am liebsten seine Zeit und lag dem Waidwerk ob, was man an den vielen von ihm errungenen Jagdtrophäen sieht. Schon als Prinz von Preußen hat er meist mit seiner Familie den Sommer hier zugebracht, als seine einzige Tochter Luise, die jetzige Großherzogin von Baden, noch ledig im Hause war. Ihre Mädchenzimmer sind von rührender Einfachheit, ebenso diejenigen Räume, welche man der späteren Kaiserin Friedrich einrichtete, als sie als Braut zu Besuch war.

Von allen Schlössern, die wir besucht, hat mir Babelsberg den

45 compote, frz., Kompott, eingemachte und gekochte, aber nicht pürierte Früchte als Zukost zu Braten oder Mehlspeisen.

größten Eindruck gemacht und zwar durch die vornehme Einfachheit und Bescheidenheit und durch seine prachtvolle Lage. Der reiche englisch-gothische Styl, in dem das Schloß erbaut ist, bringt viele Erckertürme mit sich, und von diesen Erckerfenstern hat man jeweilen wunderhübsche Ausblicke nach Potsdam, Sanssouci, Pfingstberg, Glienicke. Am schönsten ist der Blick auf die saftiggrüne Wiese vor dem Schloß, die sanft zur Havel hinabfällt und den riesigen, einzigen Baum darauf.

Gezeigt werden die Gesellschaftsräume, von denen namentlich der streng gothisch ausgeführte Speisesaal mit den Spitzbogen, ferner das Arbeitszimmer, wo alles noch herumliegen soll, ›wie es hochselige kaiserliche Hoheit, Wilhelm der Große hinterlassen hat‹. Eine ganze Unmenge von Sachen stehen und liegen herum, meist kleine Geschenke seiner Kinder und Großkinder, unter Anderm auf einem einzigen Sopha mindestens sechs bis acht gestickte Kissen. Um so einfacher und kahler siehts dafür in dem Schlafzimmer des alten Kaisers aus; eine einfache eiserne Bettstelle mit einem schottischen Plaid darüber und ein tannener Stuhl, den Kaiser Friedrich in seiner Jugend gezimmert, sind fast das einzige Mobiliar darin. Die Halle und das Treppenhaus sind wieder überfüllt mit Geschenken aus aller Herren Länder, sodaß kein freies Plätzchen übrig bleibt. Im Ganzen zeigt sich aber überall der einfache schlichte Sinn des alten Herrn und seiner Gemahlin, der wohltuend absticht gegen die protzige Einrichtung gar manches modernen Emporkömmlings.

In rascher Fahrt gehts den Berg hinunter, an Glienike vorbei, über die dortige Brücke und dann dem Jungfern-See entlang zur sog. Matrosen-Station. Hier liegen die Schiffe des Kaisers und seiner Söhne vor Anker. Von seinen nordischen Reisen hat der erstere die norwegischen niedrigen Holzhäuschen mitgebracht, in denen die Matrosen und ihr Kapitän Wohnung haben; es sind meistens Norweger. Auch ein etwas maroder Seeadler auf seiner Stange erzählt von den Ausflügen des hohen Herrn nach dem hohen Norden, von wo er ihn mitgebracht hat.

Weiter kommen wir durch die russische Kolonie mit ihren in hübschen Gärten liegenden russischen Wohnhäusern, die König Friedrich Wilhelm III. für die russischen Sänger herstellen ließ. Da das Neue

Palais, wo die kaiserliche Familie residiert, nicht besichtigt werden kann, machen wir dem Marmorpalais einen Besuch. Man muß den ganzen sog. Neuen-Garten durchschreiten, um zum Schloß zu gelangen. Wir können nicht genug bewundern, mit welcher Sorgfalt diese k.k. Gärten alle gepflegt werden. Reizende lange Blumenrabatten begrenzen die Wege, und zierliche Guirlanden von Schlingpflanzen ziehen sich von einem Rosenbäumchen zum andern. Der Hof hinter dem Palais ist ein riesiges Teppichmuster in Blumen ausgeführt. Das Schloß selbst ist nur einstöckig und auch einfach eingerichtet. Ein kleiner Japanese mit klug hinter einer Brille hervorblinzelnden Augen schleift mit uns in großen Filzschuhen elegant durch die Räume, welche der jetzige Kaiser als junger Prinz und Ehemann bis zu seinem Regierungsantritt bewohnt hat. Hier sind alle fünf ersten Prinzen zur Welt gekommen, und kann man ihre Schlaf- und Spielzimmer sehen. Auch das Appartement der Kaiserin ist einfach, dafür ist aber der Blick auf die Havelseen bis zur Pfaueninsel entzückend.

Es ist Zeit, daß unsere Rundfahrt bald beendet ist, denn unser Wagenlenker droht auf dem Bock einzuschlafen. Er nickt bald auf die eine, bald auf die andere Seite, und wissen glücklicherweise die Pferde ihren Weg allein zu finden. Das Klappern auf dem holprigen Pflaster Potsdams weckt ihn auf, und er macht neuerdings die Honneurs seiner Vaterstadt. So zeigt er uns unter anderm die Wohnung des jungen Kronprinzen, der dato hier in Garnison liegt. In der Nähe des Bahnhofes verabschieden wir unsern Führer und restaurieren uns bei der langen Brücke auf einer hübschen Terrasse an der Havel.

Mit einem der vielen Züge kehren wir, hochbefriedigt von unserem heutigen Tag, nach Berlin zurück und treffen auch die uns noch fremde Tante Lina bei Seegers zum Nachtessen. Wir erfahren hier, daß die Confirmation, welche morgen hätte stattfinden sollen, von Ernst nicht mitgemacht werden kann. So wird beschlossen, den kommenden Tag der Besichtigung des schwägerlichen Geschäftes zu widmen.

Das Tuskulum des Herrn Kommerzienrats

Um 9 Uhr früh wird das Seeger'sche Geschwisterpaar abgeholt, und zusammen machen wir uns auf den Weg in die Stadt. Auf dem Lützow-Platz warten wir auf den richtigen Tram, denn wir sind genau instruiert worden, ob wir die rot-weiße, weiß-grüne, blau-weiße oder rote Linie nehmen müssen. Wenn man sich nur für einige Tage in einer fremden Stadt aufhält, hat das Trambeförderungsmittel nicht viel Wert, denn bis man die Linien kennt, muß man wegreisen. Da haben wir uns lieber den Taxametern anvertraut. Sie haben für den Fremden vor den gewöhnlichen Droschken einen großen Vorteil. Wir schüchternen Schweizer zum Beispiel kennen den Tarif nicht; der Kutscher verlangt mehr, als ihm gehört, und wir zahlens ihm lieber, als daß wir Spektakel machen. Der Kutscher des Taxameters kann uns nicht überfordern, denn seine Uhr markiert genau unsere Schuld und kann von uns abgelesen werden. Der Taxameter befindet sich neben dem Kutscherbock, und der Zeiger springt nach je 400 m um 10 Pf. weiter. Für kurze Strecken sind diese Droschken auch billiger als die gewöhnlichen.
Dies Mal haben wir nun den Tram genommen und endlich den richtigen gefunden. Er fährt uns durch die lange Lützowstraße hinunter, über die Potsdamerbrücke auf den gleichnamigen Platz. Auf diesem Platz herrscht ein reges Leben und ist derselbe besonders durch den kolossal entwickelten Verkehr nach dem Westen belastet. Wohl dem, der ihn nicht zu Fuß überqueren muß, denn oft kann man lange warten, bis man zwischen den endlosen Reihen von elektrischen- und Pferdebahnen hindurch schlüpfen kann. Ich habe mich in Berlin oft gefragt, wie ältere oder gebrechliche Personen solche Durchpäße gewinnen. Man sieht oft Schutzleute, welche in aufmerksamster Weise behülflich sind, besonders unter den Linden, Ecke Friedrichstraße, wo ein Schutzmann zu Pferd von Zeit zu Zeit den Wagenverkehr unterbrechen muß, um die lang wartenden Fußgänger durchzulassen.

Wir fahren bis zur Französischen Straße, wo wir in ein paar Schritten die Friedrichsstraße gewinnen und auch die No. 77 glücklich finden. Im Geschäftshaus Carl Müller & Cie. hat es seit meinem letzten

Hiersein nach jeder Richtung Veränderungen gegeben. Das Geschäft ist in andere Hände übergegangen, und die Räume sind vielfach umgeändert worden. Der Empfangssaal ist nun im englischen Styl aufgeführt; die Einrichtung ist noch nicht vollendet. Unter der freundlichen Leitung des Schwagers durchgehen wir die vielen im modernen Styl ausgestatteten Räume. Die Möbel sind alle dem neuen Geschmack angepaßt und sind sehr fein ausgeführt. Sie füllen die Räume von zwei Stockwerken an, und in bunter Abwechslung gelangen wir von einem reizenden heitern Entrée in ein ernst gehaltenes Eßzimmer oder in einen lauschigen Schlafraum. Herr Franz Seeger besorgt bei dem Gang die Beleuchtung, denn wie wir eintreten, erstrahlt jeweilen der Raum im Glanz der elektrischen Glühlampen, die an sehr modernen und originellen Leuchtern angebracht sind. Die neue Geschmacksrichtung schafft teils ganz moderne Formen; sie entlehnt aber auch vielfach bei der früheren Zeit, denn oft begegnen wir Möbeln aus Großvaters Zeiten, die wieder zu Ehren kommen, so die hohen Stühle mit hoher Rücklehne und Ohrklappen, oder sogar Strohstühle nach altem Muster. Der Gang durch die verschiedenen Ausstellungsräume ist beendet, und mit geheimnißvoller Miene öffnet uns der Schwager die Tür zur obersten Etage. Schon das Treppenhaus hat einen ganz andern Charakter als bei den untern Stockwerken. Die Wände sind mit Gobelins bespannt, die Treppe ist grün gebeizt und glänzend lakiert und mit weichen Teppichen belegt. Eine Tür mit Füllungen aus Kathedralglas in moderner Farbe und Zeichnung führt uns in das Tuskulum[46] des Herrn Kommerzienrats. Verwundert stehen wir in einem großen, hellen Raum; in matt grün ist der Teppich und die Bespannung der Wände gehalten. Ein hohes, breites Doppelfenster wirft reiches Licht auf einen großen Schreibtisch mit feinster Garnitur, der auf einem hohen Tritt steht. In der Fensternische hängen die Photographien, welche Szenen aus der Sommerfrische in Aibling darstellen. Hier steht Freund Leibl in der Tracht der Tyroler Landbewohner unter einem blühenden Baum; dort sitzt die ganze Gesellschaft im Gartenhaus etc.

An den Wänden und auf Staffeleien sind die zahlreichen Bilder aus Künstlerhand angebracht. Da lächelt hold aus goldenem Barokrahmen das Gesicht von Frau Freund, alias Mrs. Codman, von Böck-

46 Nach der altröm. Stadt Tusculum: ruhiger, behaglicher Landsitz, Lieblingsaufenthalt.

lins Meisterhand gemalt.[47] Daneben hängen Bilder von Liebermann, von Klinger[48] und vielen andern. Auf der Staffelei steht eines der Portraits unseres Schwagers von Leibl. Hier hat er das Problem zu lösen gesucht, das Portrait in Überlebensgröße zu malen. In Bücherregalen und in unzähligen Schubladen sind eine Menge von Kunstschätzen aufgestapelt. Hier liegen alle illustrierten Kunstblätter aller Länder auf, englische, deutsche und französische. Hier sind die wertvollen Kupferplatten aufbewahrt, mit denen die Reproductionen der Radierungen von Schennis[49] und Richard Müller[50] hergestellt wurden. Viele davon sind versilbert und zeigen so ganz scharf die Zeichnung des Originales. Wir bewundern besonders die feinen Tierzeichnungen des Dresdner Künstlers Müller, ein Schützling unseres Schwagers.

In einem kleineren Seitenraum ist die Japan-Sammlung aufgestellt; die großen Glasschränke enthalten reiche Schätze japanischer Kunst; kunstreiche Elfenbeinschnitzereien, alte Bronzen und originelle Porzellanfiguren und Vasen zeugen von dem Fleiß des Inselvolkes. In einem kleinen lauschigen Raum, der mit den raffiniertesten Bequemlichkeiten ausgestattet ist, pflegt der Herr Kommerzienrat der Ruhe. In diesem heimlichen Plätzchen hat er die Bilder der Künstler, mit denen er befreundet ist, aufgehängt; neben Böcklin, Uhde[51], Liebermann finden auch die Reminiscenzen an die italienische Kunstreise und die Aufnahme bei Hof ihren Platz. Die Bilder des italienischen, kunstsinnigen Königspaares nehmen den Ehrenplatz ein; auf der Rückseite sind die Einladungen zum Empfang und zum Hofball angebracht.

Ein schmaler, mit Blechdach geschützter Gang führt uns über die Dächer ins Hinterhaus, wo die allergeheimsten Kunstschätze in tiefster Verborgenheit in einer Dachkammer aufbewahrt sind. In dem winkligen, rotbespannten Raum hängen hier eine Reihe Reproduktionen be-

---

47 Bildnis Mary Elizabeth Amory Codman, gemalt 1889, Andree, 484.

48 Max Klinger, 1857–1920, Maler, Radierer, Bildhauer, beeinflusst von Arnold Böcklin, lebte in Leipzig.

49 Friedrich von Schennis, 1852–1918, Landschaftsmaler und Radierer.

50 Richard Müller, 1874–1930, Maler und Graphiker in Dresden.

51 Zu Böcklin und Liebermann vgl. das Nachwort. Fritz von Uhde, 1848–1911, deutscher Maler des Impressionismus.

rühmter Meister. Die bedeutendsten Bilder von Tizian, Rembrandt, Raphael, Rubens etc. sind von einem Wiener Professor in der ursprünglichen Größe gezeichnet und zwar wunderbar schön. Die besten Jahre seines Lebens hat der Mann zu diesem Werk gebraucht.

Nun wartet unser die schönste Überraschung, denn die alte Eisenkammer soll die von ihr neidisch verborgenen Schätze vor uns enthüllen. Auf vielen Regalen ruht hier das ganze Lebenswerk Michettis[52] vor unsern Augen. Voll Bewunderung sehen wir uns die Menge von Studien und Skizzen an, die die verblüffende Kunst des berühmten italienischen Meisters beweisen. In seinem großen Atelier, das er in der Einsamkeit eines alten Klosters am Meer aufgeschlagen hat, malt er Alles, und zwar Alles, mit gleicher Naturtreue, Menschen, Tiere, Blumen, Landschaften. Hier liegen auch die endlosen Skizzen zu seinen großen Bildern, die alle mit kühnen Strichen ganz sorgfältig ausgeführt sind. Drei und noch mehr Male zeichnet und malt der Künstler ein Paar Hände, oder die verkürzten Beine eines Beters; dann wieder ein Stück eines Sammtwamses oder die Beinkleider eines der Burschen, welche ›der Tochter des Jorio‹ verächtlich nachblicken. Mit unermüdlicher Geduld reicht Ernst ein Bild nach dem andern von den hohen Gestellen hinunter. Die Schweißtropfen perlen ihm auf der Stirn und tropfen sogar von den wohlgepflegten Haaren hinunter. Unsere Vorstellungen nützen nichts; immer wieder müssen wir etwas Neues von Micchetti bewundern. Jetzt ist's der Kopf einer schönen, dunkeläugigen Italienerin dann eine versammelte Puterfamilie, dann ein Schaf oder eine Ziege, alles mit gleich verblüffender Naturwahrheit gemalt und zwar in Öl, Pastell oder Aquarell. Unsere knurrenden Magen übertönen zuletzt die freudige Erregung beim Anblick der reichen Kunstschätze, und in Eile helfen wir Alle die Unmenge Bilder wieder einzuräumen. Ein Blick auf die Uhr zeigt, daß wir die Zeit zum zweiten Frühstück gänzlich verpaßt haben und daß die Mittagszeit ganz nahgerückt ist. Nach 1 1/2 Uhr verlassen wir das Geschäft, reich befriedigt von dem vielen Schönen, das wir gesehen haben. Wir beneiden unsern Schwager fast um das Glück, hier in

52 Francesco Paolo Michetti, geb. 1851, Maler, Radierer und Bildhauer, lebte jahrelang als Einsiedler in Francavilla al Mare, ab 1901 Direktor der Akademie in Neapel. 1899 Ausstellung in Berlin. Viele Bilder zeigen das Leben der Abruzzenbewohner.

Ruhe die Früchte seiner Arbeit genießen zu können. Hier verlebt er in Gesellschaft seiner lieben Bilder viele Stunden des Tages, ordnet seine Sammlungen und studiert in seiner reichen Bibliothek, die nur die Malerei und ihre Geschichte behandelt.

Mit einem wahren Bärenhunger kehren wir in die Wohnung zurück und bekommen eine schwesterliche Schelte, weil wir das ›Znüni‹ vergessen haben. Wir lassen uns das Essen herrlich schmecken und stärken uns bei ausgezeichnetem Wein und heitern Reden zu neuen Taten. Vorerst pflegt aber männiglich ein Stündchen der Ruhe; in jedem Zimmer ruht Einer, nur wir lesen im Esszimmer die Zeitungen. Nach und nach erscheinen die Schläfer wieder durch verschiedene Türen mit unschuldigen Mienen, geschlafen will natürlich niemand haben.

Unter Ernst's Führung betrachten wir uns nun genauer die Kunstschätze, die er in der Wohnung aufgestapelt hat; er giebt die nötigen Erklärungen dazu und lenkt unsere Blicke und unsern Sinn auf die verschiedenen Feinheiten der Ausführung und auf verschiedene andere Sachen. Täglich haben wir uns bei den Mahlzeiten an der die Hauptwand des Eßzimmers einnehmenden ›Meeresfamilie‹ von Böcklin erfreut.[53] Es ist das ein wunderbares Bild, das man nie genug betrachten kann. In dem herrlich gemalten Wasser lagert zwischen den Steinen die Mutter mit ihren Kindern, die voll Lust dem Vater entgegenjauchzen, der eben von der Jagd zurückkehrt und einen großen Seehund als Beute mitbringt. Das Bild hängt im vollen Licht und zieht immer wieder unsere entzückten Blicke auf sich. Mehr im Dunkel ist das große Portrait des Schwagers untergebracht, von Leibl vor ein Paar Jahren gemalt. Es ist ein großes Kniebild, vortrefflich gemalt nach Art der alten Niederländer; uns gefällt wohl die Ausführung, weniger aber der desperate Ausdruck. Alle übrigen in dem großen Zimmer hängenden Bilder sind von Leibl's Meisterhand gemalt und sind die größte und wertvollste Sammlung des lang verkannten großen Künstlers.

Da finden wir die Alte mit der Kaffeemühle, die dem alten Jäger zuhört, der bei ihr sitzt, mit dem Gewehr in der Hand. Daneben sind die schönen Bilder, welche die Resi und die Waben in minutiösester

53 Gemeint ist die »Meeresidylle« von 1887, vgl. Andree, 476.

Weise darstellen. Ein anderes Bild zeigt nur das Mieder des Mädchens von dem großen Kirchenbild und ein zweites die das Gewehr haltenden Hände des Jägers; sogar diese Studien sind bis in jede Einzelheit mit peinlichster Genauigkeit durchgeführt. Im früheren Leibl-Zimmer sind die letzten Schöpfungen des Meisters angebracht, das hübsche junge Mädchen mit dem blonden Kraushaar und mehrere der bekannten Bilder, die in Leibl's Küche den Franzl und die Resi in ihren häuslichen Beschäftigungen zeigen. Überall finden wir die schlichteste, anspruchsloseste Wiedergabe der Natur, die des eigenartigen Künstlers höchstes Ziel war. Sein am 4. Dezember 1900 erfolgter Hinschied hat die Kunst um einen ihrer größten Maler ärmer gemacht. Abseits von dem Getriebe der Welt, oft im Widerspruch gegen die ästhetischen Überzeugungen seiner Zeitgenossen, ist er immer unbeirrt seine Wege gegangen, wahr und gewissenhaft in jeder Äußerung und nichts anderes erstrebend als die höchste Lebenswahrheit in der Komposition.

Auch als Mensch muß Leibl eine wahre Perle, allerdings in rauher Schale gewesen sein, unerbittlich streng gegen sich selbst und ein treuer Freund, und wird sein Tod in Ernst's Leben eine große Lücke machen.

In den verschiedenen Räumen zerstreut sind viele Bilder Michettis, die mein ganzes Entzücken sind, besonders die Porträts seiner Frau und seiner Schwiegereltern und sein Selbstporträt. Leider konnten wir das berühmte Bild, die Tochter des Jorio, nicht sehen, denn es fehlt an Platz, um die riesige Leinwand aufzustellen, ist sie doch 5 Meter lang und circa 3 m hoch und liegt gerollt im Keller des Geschäftshauses an der Friedrichstraße, bis sich eine Gemäldegallerie ihrer erbarmt, um das Bild als höchsten Schmuck ihrer Sammlung auszustellen. Wir sehen nur die erste Studie dazu, die aber nicht so ausgeführt worden ist, der Entwurf gefällt mir noch besser als das Bild. Wunderschön sind auch die beiden Landschaften, ›der Olivenhain‹ und ›das Ährenfeld‹ mit alten Oliven.

Wie Leibl hat sich auch Michetti total von der Welt losgesagt, denn er lebt als ein seltenes Beispiel von Weltfremdheit als Einsiedler in Francavilla, dessen herrliche Natur ihm überreichen Stoff zu seinen Bildern giebt. Er gehört zum Geschlecht der Ursprünglichen und Gewaltigen, und wie Leibl lebt er mit der Menge stets in Zwietracht und verachtet das Leben und Treiben der Masse. Er hat sich mit seiner Hingebung mit der Naturseele verschmolzen, und weiß die Natur mit glühender Poesie zu umgeben. Durch beständiges Arbeiten ist seine Hand zum gefügigen Werkzeug geworden und fähig gemacht, jedes technische Hinderniß spielend zu überwinden. Er arbeitet aber nicht so langsam und bedächtig wie Leibl, der jahrelang an einem Bild malen konnte, bis es ihn befriedigte. Michettis Auge hat in dem steten intimen Verkehr mit der Natur die Fähigkeit erworben, alle Linien und Farbentöne, alle Erscheinungen der Natur zu erfassen, und seine Hand ist so flink und frei, alles klar festzuhalten.

Im Salon hängen Bilder alter Meister, wie Diepolo, Rubens, Ostade und Hobbema[54]. Man kann sich manchen Gang in die Museen ersparen, wenn man sich mit Muße an all den Meisterwerken des Schwager satt sehen darf.

Für den heutigen Abend wird ein Besuch im Cirkus Busch in Aussicht genommen, wir aber wollen vorher noch eine oder zwei Stunden arbeiten, d. h. in unserm Fall Berlin gründlich studieren Unter der schwägerlichen Leitung giebt's eine längere Wagenfahrt, die Linden lang, zum königlichen Schloß, wo wir das National-Denkmal eingehend besichtigen wollen. Es liegt an der Westseite des Schloßes, und mußte der Raum für die großartige Anlage durch Niederreißen der sogenannten Schloßfreiheit und durch Einengung der Spree auf sehr kostspielige Art gewonnen werden. Der Raum ist aber auch so für die Größe des Denkmals zu beschränkt, und findet man nirgends einen Punkt, von dem aus man das Ganze überblicken kann. Es ist nach einem Entwurf von Professor R. Begas ausgeführt worden und zeigt wundervolle Einzelheiten. Die Dimensionen des Erzbildwerkes sind ganz gewaltige und sind Roß und Reiter von riesenhafter Größe. Ein anmutiger, weiblicher Friedensgenius führt das energisch ausschreitende Roß am Zügel, auf dem der alte Kaiser Wilhelm im Feldmantel sitzt, die Rechte auf den Kommandostab gestützt. An dem mit Reliefs geschmückten Sockel halten an den Ecken gewaltige, verschieden charakterisierte Löwen auf Trophäen Wache. Eine erhöhte, reich ausgestattete Plattform

54 Giovanni Batista Tiepolo, 1696–1770, Peter Paul Rubens, 1577–1640, Adriaen van Ostade, getauft 1610, gestorben 1685, Meindert Hobbema, 1638–1709.

Berlin: Neptunbrunnen auf dem Schlossplatz von Reinhold Begas

trägt auf drei Seiten eine von jonischen Säulen gebildete Sandsteinhalle; ihre beiden Eckpavillons tragen bronzene Viergespanne, die Borussia und die Bavaria.[55]

Nicht nur in Aarau giebt es aufgebrochene Straßen, das kommt auch ab und zu in der deutschen Reichshauptstadt vor. Der ganze Schloßplatz wird aufgewühlt und neu asphaltiert. Durch Schubkarren, Sandfuhrwerke, Krahnen und Asphaltöfen winden wir uns durch bis zum großen Brunnen, den die Berliner das ›Forkenbecken‹ nennen,

55 Das Nationaldenkmal für Kaiser Wilhelm I. entstand unter Mitwirkung verschiedener Bildhauer 1892–1897. Der Kaiser ließ den Wettbewerb des Deutschen Reichstags wiederholen, da der erste Preis sein Missfallen erregt hatte, und lud Begas ein, am zweiten Wettbewerb teilzunehmen. Aufgrund der guten Beziehungen von Begas zum Kaiser stand damit der Sieger bereits vor dem Wettbewerb fest. Der Reichstag konnte seinen Unmut nur durch Kürzungen des Budgets von acht auf vier Millionen Reichsmark dokumentieren. Die Berliner nannten das Denkmal von Begas, das den Kaiser zu Pferd, von einer Siegesgöttin geführt, zeigt, »Wilhelms II. Zoo«, weil es eine ganze Reihe von Tierdarstellungen enthielt. Andere nannten es »Wilhelm in der Löwengrube«, weil unter den Tieren auch Löwen waren. Das Denkmal wurde nach dem Zweiten Weltkrieg abgerissen.

weil er vom Berliner Magistrat unter Bürgermeister Forkenbeck dem alten Kaiser geschenkt wurde. Die monumentale Fontäne, von Begas entworfen, zeigt Neptun auf hohem Felsen tronend, unterhalb von Putten und Tritonen umgeben. Auf dem Rand des Beckens sitzen 4 sehr große Frauengestalten, die vier großen, deutschen Flüsse versinnbildlichend. Leider ist der Brunnen in Folge der baulichen Veränderungen ohne Wasser, und vergeblich reißen die vier kolossalen Wassertiere ihre Mäuler auf, es giebt keinen Tropfen des köstlichen Nasses.

Am südlichen Ende des Schloßplatzes erhebt sich der neuerbaute königliche Marstall, ein sehr schöner Bau mit hyppotischen Emblemen[56] verziert. Die Equipagen sind im dritten Stock untergebracht und werden auf breiter Rampe hinaufgefahren.

Trotz neuer Barrikaden schlängeln wir uns durch bis zum Reiterbild des Großen Kurfürsten von Schlüter am Anfang des 18. Jahrhunderts geschaffen.[57] Es ist dies wohl die bedeutendste Schöpfung der Spätrenaissance und wirkt durch die erhabene Einfachheit in der vollendeten künstlerischen Durchführung.

Unsere beiden Taxameter haben beim National-Denkmal auf uns gewartet und bringen uns in rascher Fahrt nach dem Aquarium, im westlichen Teil der Linden, in der Nähe des Pariserplatzes. Eben ist die Sonne purpurrot untergegangen, und so herrscht ein etwas mystisches Dunkel in den Hallen und Gängen der hübschen Anlage, die mit künstlerisch stylisierten Naturgebilden, wie Tropfsteinen etc. hübsche Grotten bilden. Nach und nach wird beleuchtet, und mit weniger Grauen als in der Dämmerung sieht man sich die unheimlichen Reptilien an. Zu ganzen Knäueln vereinigt, liegen die eckeln Schlangen regungslos in ihren heißen Glasbehältern. Von den kleinen Nattern gehts weiter bis zu großen Riesen-Giftschlangen und Rieseneidechsen. Grell tönt das Geschrei der Kakadu herüber vom Vogelhause, das in mehreren Behältern Vögel aller Länder beherbergt; am interessantesten sind die Webervögel, die ein sehr kunstreiches Nest herzustellen verstehen. Die Beleuchtung ist in dieser Abtei-

56 Hippotisch, von hippo-, das Pferd betreffend.

57 Bronzenes Reiterstandbild von Andreas Schlüter 1696–1703.

lung sehr mangelhaft und läßt die lebhaft zwitschernden, fröhlich herumfliegenden Insassen nicht mehr deutlich erkennen. Auch den Affen können wir aus demselben Grunde nicht die ihnen gebührende Aufmerksamkeit schenken, und so gelangen wir an verschiedenen Käfigen mit Salamandern aller Sorten und Größen, sowie Krokodilen und Schildkröten vorbei in das eigentliche Aquarium. Auf beiden Seiten des höhlenförmigen Ganges sind hell erleuchtete Behälter angebracht für Süßwaser- und Meerfische. Stete Wassererneuerung hält die Becken schön klar; hübsche Wasserpflanzen schmücken die hübschen Behausungen der mannigfaltigen Amphibien. Interessant sind für uns die fremdartigen Bewohner des Meeres, die Rochen, die Flundern, die Aale und die gefleckten Muränen mit den breiten Köpfen, die sich am liebsten in ihre Tonröhren verkriechen.

Reizend sind die Behälter mit den am Boden des Meeresgrundes festgewachsenen Seerosen, Seenelken und Sternen, sowie Korallen. Voll Freude beobachten wir die graziösen Bewegungen der glockenförmigen Medusen. Unwillkürlich machen sie mir den Eindruck von kopflosen Balleteusen, die ihre anmutigen Pirouetten und Entrechats[58] machen. Weniger leicht und zierlich bewegen sich die großen Meerspinnen. Auf ihren langen, dünnen Beinen schleppen sie sich mühsam vorwärts; der großartige Apparat zur Weiterbewegung steht in keinem Verhältniß zum Erfolg.

Sehr lehrreich ist die Besichtigung der Haifischeier, die an langen, bohrerartig gedrehten Fäden hängen. Ganz deutlich sieht man in der Flüssigkeit des länglichen Sackes die Bewegungen des kleinen Fischchens. – Inmitten dieser interessanten Naturwunder ist es spät geworden, und da man in Berlin immer gehörig mit den großen Distanzen rechnen muß, ist es Zeit, sich davon zu machen. Mit eiligen Schritten geht's die Linden hinunter, wo alle Magazine glänzend erleuchtet sind. Der Menschenverkehr ist jetzt auch lebhafter als bei Tage, und wir kommen langsamer vorwärts, als wir wünschten. Ohne uns vor den verlockenden Auslagen aufzuhalten, streben wir der Friedrichsstraße zu, wo wir uns etwas erfrischen wollen. An Gelegenheiten hierzu fehlt es in dieser Gegend nicht, und ein

58 Entrechat: Kreuzsprung, bei dem man die Füsse sehr schnell über- und aneinanderschlägt.

Bierpalast liegt neben dem andern. Die berühmten Münchner Brauereien haben in dem letzten Jahrzehnt Prachtbauten in künstlerisch monumentaler Ausführung errichten lassen, wo die Bierquellen von früh bis spät in der Nacht fließen. Wir finden hier Tschorr, Spaten, Nürnberger, dann Tatzenhofer, das angenehme Erinnerungen aus der Studienzeit wachruft, und wahrhaftig auch das Tucher-Bräu fehlt nicht, mit seinen Reminiscenzen an die jüngste Vergangenheit. Alle diese Bierlokale sind mit flotten Malereien ausgeschmückt und meist im altdeutschen Styl gehalten. Für die wartenden Anstrengungen im Cirkus stärken wir uns heut im Spatenbräu, und erlaben sich die Herren an dem guten Bier, während ich mein Pfifflein Rotwein bekomme.

Ein Fiaker bringt uns über den Opernplatz nach dem Zirkus Busch, der hinter der Börse im eigenen großen Haus seine Arena aufgeschlagen hat. Im Foyer geht es schon lebhaft zu; alles ist noch von der gestrigen Eröffnungsvorstellung her mit grünen Kränzen dekoriert. In einer der erhöhten Logen tronen schon Frau Kommerzienrat, Fräulein Seeger und Kurt, die direkt von Zuhaus sich hierher verfügt haben.

Schon ertönen vom hohen Musikpodium herab die hübschen Weisen des Orchesters, deren rythmische Klänge die Pferde anfeuern sollen. Nur langsam füllt sich der riesige Raum, der mehrere Tausend Zuschauer zu fassen vermag. Leider weist das heutige Programm noch keine der großen Pantomimen mit Wasserkünsten auf, durch deren Arrangement Busch berühmt wurde. Zuerst erscheint die obligate, kurz bekleidete Dame, die auf dem Glättebrett, auf Pferderücken, ihre graziösen Sprünge und Pas macht, wie das bei allen Kunstreitern immer das Gleiche ist.

Ganz anders als in früheren Zeiten treten die modernen Clowns auf; anstatt der üblichen Tricots mit Silber und Goldverzierungen ist die heutige Tenue für Akrobaten und andere Turnkünstler – das schwarze Saloncostume der modernen Gigerl[59]. In schwarzen Beinkleidern mit Lackschuhen, dem Frack und dem gestreiften Hemd mit übermäßig hohem Halskragen, oft noch mit dem Cylinder auf

59 Modegeck.

dem Kopf, werden heut die tollsten Sprünge und die schwierigsten Kraftübungen ausgeführt. Für unsere Begriffe hemmt dieses Costume jede freie Bewegung, und es erscheint uns die Beweglichkeit dieser Künstler doppelt wunderbar; hübsch sieht die Sache aber nicht aus. Die Witze der Clowns sind nicht neu und auch nicht originell; von dem berühmten Berliner Witz merkt man nicht viel, und scheint derselbe ausschließlich ein Monopol der Schusterjungen zu sein; leider sahen wir nie ein Exemplar dieser bekannten Spezies und konnten uns in Folge dessen auch nicht überzeugen, ob das Scherzwort noch von ihr gepachtet sei.

Sehr Schönes wird in Pferdedressur hier geleistet, und ist es bewundrungswürdig zu sehen, mit welcher Ruhe und Geduld Herr Direktor Busch seine in Freiheit dressierten Hengste vorführte. Der kleinste Wink wird von den klugen Tieren verstanden und sie tanzen ihre Quadrille so sicher allein, wie wenn sie von einem Reiter gelenkt würden. Die einzige größere Programmnummer bildet eine complizierte Quadrille, geritten von 16 Herren und Damen in den Uniformen sämtlicher europäischen Cavallerien. Mit großem Interesse sucht man die verschiedenen Uniformen zu erkennen; in bunter Eintracht werden die Evolutionen ausgeführt von deutschen Gardekürassieren, von türkischen, spanischen, französischen, russischen, italienischen und österreichischen Dragonern, von jeder Art je ein Paar. Es wurde diese Nummer jedenfalls geschaffen im Hinblick auf das große Völker Concert im Osten Asiens, wo alle europäischen Mächte auf dem chinesischen Kriegsschauplatz in seltener Einigkeit (?) versammelt sind.[60]

Nach drei Stunden ist auch die letzte Programmnummer abgespielt worden, und alles drängt zum Ausgang, um noch einen Wagen zur Heimfahrt zu erobern.

60 Die europäischen Kolonialmächte bemühten sich um eine wirtschaftliche und politische Öffnung des geschwächten chinesischen Reiches. Dieses verpachtete gewisse Gebiete an Großbritannien, Frankreich, Russland und das Deutsche Reich. 1900 brach ein Aufstand gegen die Fremden aus, ausgelöst vom Geheimbund der Boxer und unterstützt vom chinesischen Hof. Dies führte im Sommer 1900 zum gemeinsamen bewaffneten Eingreifen der europäischen Mächte und zur Besetzung Pekings.

Eine kalte Mondscheinnacht empfängt uns vor der Arena, und instinktiv greift jeder zu seinem Mantel; aber wehe! der Deinige fehlt. Trotz Deiner Abwehr ist bei unserm Weggehen zu Haus verfügt worden, Dein Überzieher müsse von Kurt und Anna im Wagen mitgenommen weren, damit Du ihn nicht ein Paar Stunden überall mitzuschleppen habest. Nun ist der von ihm schon 3 Stunden lang gefürchtete Moment gekommen, wo der arme Kurt beichten muß, daß der Mantel mit seinem eigenen in der Droschke auf der Herfahrt liegen gelassen worden sei. Die Nummer des benutzten Vehikels kennt man nicht; ebenso wenig weiß der Rosselenker die Wohnung der Vergeßlichen, da er erst unterwegs gemietet worden ist. Raisonnieren nützt jetzt nichts mehr und man macht gute Miene zum bösen Spiel. Leider hat die arme Schwester am nächsten Morgen eine arge Schererei und Lauferei gehabt. Erst ist sie auf's Fundbureau, wo man nichts von den zwei Verlorenen wußte. Durch Zufall ist sie dann wieder in den Besitz dieser notwendigen Körperhüllen gekommen, und war männiglich froh darüber.

Die nächtliche Heimfahrt geht aber heut nicht bis in die Friedrich Wilhelmstraße, sondern nur in die Potsdamer, wo wir in der Frederich'schen Weinstube uns einen tüchtigen Imbis zu Gemüt führen. Dem armen Kurt, der im Zirkus sich vor Lachen fast ausgeschüttet hat, fallen hier fast die müden Augen zu, und so wird er sorglich von Tante und Mutter nach Haus geleitet. Etwas später begeben auch wir uns auf den Heimweg, und muß sich der im Orientieren etwas ängstliche Herr Seeger uns wohl oder übel anvertrauen, denn er hat keine Ahnung von der Richtung unseres Domiziles. Beim schönsten Mondschein wandern wir durch die stillen Straßen. Das Nachtleben der Großstadt spielt sich fast ausschließlich in der Friedrichsstraße ab; hier am Kaiserin Augustaufer ist kein Mensch mehr auf der Straße, und leise hört man den Kanal gurgeln. Da begegnet uns eine Truppe Straßenkehrer, alle, mit geschulterten Besen, gehen im Tempo wie die Soldaten marschierend an ihre nächtliche Arbeit. Wenn die Straßen menschenleer sind und jeder Verkehr ruht, geht das Leben für sie an. Voraus fahren große Sprengwagen und überfluten die Straßen mit Wasser, die Kehrer fegen sie sauber, und so ist uns ad oculus[61] die peinliche Reinlichkeit der Reichshauptstadt vordemonstriert worden. Auf dem kürzesten Wege finden wir unsere

Berlin: Die Leipziger Strasse in Herbststimmung um die Jahrhundertwende

Wohnung, und atmet Onkel Franz erleichtert auf, als er vor der Mahnkeschen Haustür steht. Er zieht mit Aplomb[62] seinen Hausschlüssel aus der Tasche und bemerkt im Corridor mit Befriedigung, daß die versprochene Lampe auf seiner Treppe heut nicht von der

61 durch den Augenschein.

62 mit Nachdruck.

›Baronin‹ gekapert worden ist. Mit dem Versprechen, sich morgen früh zu treffen, geht jedes still zur Ruhe.

Ein trüber Herbstmorgen bricht an, sachte fällt ein feiner, aber ausgiebiger Regen. Es ist noch fast dunkel, als wir uns auf den Weg machen, das Reichstagsgebäude zu besuchen. Alles Pfeiffen vor Seegers Haus nützt nichts, sie sehen und hören nichts, und so muß man wohl oder übel die Treppen hinauf, um Fräulein Seeger mit ihrem Bruder abzuholen, denn die wollen gern profitieren und mit uns Manches sehen, was sie allein nicht könnten. Wir treffen alle beim Frühstück, und es heißt nun sich beeilen, denn die Besichtigung des Gebäudes ist nur von 8–9 Uhr gestattet. In der frühen Morgenstunde ist es noch still auf den Straßen, melancholisch tropft der Regen von den Bäumen des Tiergartens. Die vielen Statuen der Siegesallee sind noch nicht von Neugierigen umlagert, und trüb und grau hängt der Himmel voll schwerer Wolken. Die Droschke setzt uns am vorgeschriebenen Seitenportal ab, und wir treten in das Reichstagsgebäude ein. In der Wartehalle herrscht ein mystisches Halbdunkel, einige Lampen brennen und beleuchten die Figuren von einem Dutzend Frühaufsteher, die, wie wir, das Innere des Gebäudes besichtigen wollen. Nach einiger Zeit erscheint ein jovialer, selbstbewußter Diener, um uns überall herum zu führen. Ab und zu unterbricht er seine trockenen Erklärungen mit einem leichten Witzchen, an dem er selbst die größte Freude hat.

Eine Treppe hinauf und wir gelangen in die schöne Wandelhalle, die durch zwei Geschosse reicht und wundervolle Marmorböden hat. Den Mittelraum bildet eine achteckige Kuppel, mit schönen Marmorgruppen geschmückt. In der Mitte, auf dem Boden, ist der von Kaiser Wilhelm II. gelegte Schlußstein des Hauses, an der Stelle, wo sich später das Denkmal für Kaiser Wilhelm I. erheben soll. Eine riesige bronzene Ringkrone, mit Türmen, Statuen und Reichsinsignien geschmückt, versorgt die schöne Halle mit elektrischem Bogen- und Glühlicht. Die Leuchter sind im ganzen Hause von Riedinger in Augsburg hergestellt und sind ebenso originell als geschmackvoll.

Jetzt gelangen wir in den schönen Lesesaal mit den reichgetäfelten Wänden; die Füllungen zeigen deutsche Landschaftsbilder, darunter eines von unserer lieben Ostsee. Auch der anstoßende Schreibsaal ist ganz in Holzarchitektur ausgeführt und mit schön in Holz geschnitzten Statuen verziert. Einen großen Eindruck macht der schöne Restaurations- und Erfrischungsraum, mit einem kunstvoll geschnitzten Buffet und einem geschmackvollen Kamin. Hier halten sich jedenfalls die Reichstagsmitglieder lieber auf als im Sitzungssaal. Bei wichtigen Abstimmungen werden sie durch elektrische Glocken zu ihrer Pflicht gerufen. Jede Fraktion hat ihren eigenen Tisch, daß sogar in den Erholungsstunden die Partei unter sich ist. In dem Erfrischungszimmer sollten die Gemälde von Stuck[63] angebracht werden; sie sind auch probeweise in die Holzrahmen gesetzt worden, mußten aber wieder entfernt werden, trotzdem die neuen Artikel der Lex Heintze damals noch nicht geboren waren.

In der Mitte des Gebäudes, unter der großen Glaskuppel, liegt der Sitzungssaal mit seinen riesigen Dimensionen. Die Wände, in hellgetönter Eichenholztäfelung, zeigen Ornamente, Wappen und Figuren, teilweise bemalt oder vergoldet. In der Mitte der Ostwand steht der reichverzierte Präsidentensitz und daneben die Plätze für die Schriftführer. Die schweren Lehnsessel laufen in Messingschienen, so daß sich die Inhaber derselben ohne Geräusch erheben können. Circa zwei Tritte tiefer ist das Rednerpult und daneben links und rechts auf der Estrade die Sitze für die Minister und den Bundesrat. Unmittelbar vor dem Rednerpult ist der sog. Tisch des Hauses, auf dem die Motionen niedergelegt werden, und daneben sind die Stenographenplätze. Die Schnellschreiber werden regelmäßig nach kurzer Zeit abgelöst und, damit dieses Kommen und Gehen nicht störend wirkt, befindet sich unmittelbar neben diesen Plätzen eine kleine Wendeltreppe, die direkt in das Stenographenbureau führt, wo die Stenogramme sofort ausgearbeitet werden.

Der Präsident überblickt von seinem Ehrenplatz aus die 397 Sitze der Abgeordneten, die konzentrisch angeordnet sind und von radialen, sanftansteigenden Gängen durchzogen werden. Die Sitzgelegenheiten für die Reichstagmitglieder sind sehr einfach, sodaß Du schon

---

63 Franz von Stuck, 1863–1928, Maler, Illustrator und Bronzeplastiker, Mitbegründer der Sezession und Akademieprofessor in München, malte, ausgehend von Arnold Böcklin, Bilder meist allegorischer Art mit Aktdarstellungen und Fabelwesen.

desshalb keine Lust verspürtest, einen solchen Platz einzunehmen. Es sind mit hellem Leder bezogene Stühle, mit Sitz zum Aufklappen, an ziemlich schmalen Bänken. Jede Rücklehne trägt den Namen ihres Besitzers, und haben wir bald denjenigen Eugen Richters[64] herausgefunden und uns in denjenigen Bebels[65] gesetzt. Die mit uns anwesenden Herren und Damen waren alle Deutsche, aus der Provinz oder den anstoßenden Nachbarstaaten, und sie alle suchten mit Eifer die Namen ihrer Vertreter. An der Süd- und Nordwand des Saales sind die sog. Hammelssprungtüren angebracht, und ist links die Jatüre und rechts die Neintüre. Vor einer Abstimmung müssen alle Mitglieder den Saal verlassen, die Glocke des Präsidenten ruft auch die herbei, welche sich im Restaurations-, Lese- oder Schreibsaal aufhalten. Die annehmenden Mitglieder haben nun den Sitzungssaal durch die Ja-türe zu betreten, während die Verwerfenden durch die Neintüre kommen. Auf diese Weise können die Stimmen leicht und sicher gezählt werden.

Drei Wände öffnen sich oben zwischen schön geschnitzten Säulen nach den Tribünen; die Sitze für das Publikum sind nummeriert; daneben ist die Diplomatenloge und gegenüber ist die Presse placiert. An der Nordwand ist die Hofloge, die reich dekoriert ist mit Stuckmarmor und Bronze. Ein Vorzimmer enthält das Toilettezimmer, und daneben ist ein Empfangsraum für den Kaiser, zu dem wir auf schöner Treppe gelangen.

---

64 Eugen Richter, 1838–1906, Regierungsassessor, Journalist, führendes Mitglied der deutschen Fortschrittspartei, Mitbegründer und Vorsitzender der Deutschen Freisinnigen Partei, Mitglied des Reichstages seit 1871.

65 August Bebel, 1840–1913, sozialdemokratischer Politiker, gründete 1869 mit Wilhelm Liebknecht die sozialdemokratische Arbeiterpartei, deren Führer er bald wurde. Seit 1867 Mitglied des norddeutschen, seit 1871 des deutschen Reichstages. 1872 wurde er zusammen mit Liebknecht wegen Vorbereitung des Hochverrats und Majestätsbeleidigung, 1886 wegen Geheimbündelei verurteilt. Im Richtungskampf innerhalb der Sozialdemokratie setzte er sich für die Gedanken des Klassenkampfes und der internationalen Solidarität des Proletariats und gegen den Revisionismus ein. Lebte nach 1890 in Berlin. Viel gelesen wurde sein Buch »Die Frau und der Sozialismus« (1883, erschien 1910 in 50. Auflage).

In den untern Vorhallen fallen uns besonders die schönen Portale auf, mit prächtiger Arbeit in Sandstein ausgeführt; als Bekrönung ist über einem derselben das Wappen Preußens, über dem andern das Bayerns. Die Plätze vor den Säulen stehen leer, denn die paar Statuen, welche die Kaiser des alten Reiches darstellen, sind nach Paris an die Ausstellung geschickt worden.

Das Hauptgeschoß enthält die Räume für die Regierung und den Bundesrat, und wir durchwandern alle Bureaux der Minister, ihre Privatzimmer, auch dasjenige des Reichskanzlers. Der Vorsaal des Bundesrates ist einer der schönsten Räume des Hauses; besonders schön ist das Wandgestühl mit trefflicher Schnitzerei und geschnittener Lederarbeit.

Sehr geschmackvoll ist der grüne Sitzungssaal, den die Firma Carl Müller & Cie. geliefert hat. Besonders beachtenswert ist die schöne, geschnitzte Decke, und ein wahres Kunstwerk sind die hochgesteckten schweren Vorhänge. In diesem Raum ist auch der schönste Teppich von ungeheurem Gewicht.

Die Führung endet in der stattlichen, von Kreuzgewölben überdeckten Ost-Vorhalle, und durch das Ostportal verlassen wir das Haus. Da der Regen aufgehört hat und es mittlerweile heller geworden ist, können wir nun mit mehr Muße das Äußere des Gebäudes betrachten. Es hat der Bau seiner Zeit viel zu Reden gegeben, und sogar der Kaiser hat ihn getadelt, als er von Italien zurückkehrte, wo er so viel schönere Bauten gesehen habe. Der Erbauer Wallot[66] aus Dresden erntete mit seiner Schöpfung nicht viel Dank. Uns scheint das Reichstaggebäude der vornehmste Monumentalbau der deutschen Kaiserstadt zu sein, nur steckt er zu sehr im Boden drin. Er ist in italienischer Renaissance ausgeführt und zeichnet sich aus durch klare und gewaltige Architektur. Das Haus hat über 22 Millionen Mark gekostet und ist in schlesischem Sandstein ausgeführt und hat eine riesige Ausdehnung. In schönen Umrißlinien bauen sich die vier Ecktürme auf; dazwischen, in der Mitte des Gebäudes, steigt die Glaskuppel auf, die mit reichvergoldeten Kupfergürtungen versehen ist. Sie wird von einer Säulengetragenen Laterne überragt, deren Dach in eine Kaiserkrone ausläuft. Mit der Höhe von 75 m ist somit

66 Paul Wallot, 1841–1912, Architekt. Der Reichstag wurde 1884–1894 erbaut.

das Reichstagsgebäude der höchste Bau Berlins, was man namentlich vom Kreuzberg aus gut beobachtet. Vor der Hauptfaçade ist man gegenwärtig mit den Fundamentierungsarbeiten zum Bismarkdenkmal beschäftigt und soll also der eiserne Kanzler seinen Ehrenplatz hier erhalten.[67]

67 Das Bismarckdenkmal von Reinhold Begas wurde 1897–1901 errichtet.

Nationalgalerie

Da wir nach 10 Uhr ein Zusammentreffen mit unserem Schwager verabredet haben, eilen wir die Linden hinunter, wobei Herr Franz Seeger nicht begreifen kann, warum die schönen Auslagen nicht verlockendere Wirkung auf mich ausüben. Er als alter Junggeselle glaubt eben die Mähr von dem schwachen, tausend unnötige Wünsche hegenden Weibe und ist ganz verwundert, daß der gefahrvolle Weg ohne die geringste Brandschatzung an Deinem Geldbeutel ausfällt. Glücklicherweise hege ich nie unsinnige Wünsche, und die hier ausgestellten Sachen locken mich schon deshalb nicht, weil sie über unsere Verhältnisse gehen. Ganz unangefochten gelangen die Herren mit uns zur Friedrichstraße, wo dem Tschorrbräu ein kurzer Besuch abgestattet wird. In aller Eintracht vertilge ich mit Herrn Franz eines der berühmten Berliner Eisbeine mit Sauerkraut, was ausgezeichnet schmeckt. Wir müssen etwas neue Kräfte sammeln, denn schon holt uns der Schwager zum Besuch der National-Gallerie[68], die zu Deiner Zeit noch nicht existierte. Friedrich Wilhelm IV.[69] hat die Skizze zu dem edeln Bau entworfen und wurde derselbe von Strack ausgeführt. Auf der mächtigen, vor der Hauptfaçade angeordneten Freitreppe steht das Reiterbild des kunstsinnnigen Fürsten.

Die Nationalgallerie[70] sieht einem korinthischen Tempel gleich und erhebt sich in der Mitte eines, von dorischen Säulenhallen umgebenen Gartenplatzes. Im Westen stößt sie an das Neue Museum, im Osten an die Spree, die hier von der neuen Friedrich Brücke überwölbt wird.

Die Sammlung enthält nur Werke des XIX Jahrhunderts, vornehmlich deutscher Meister. Sie steht unter der Direktion eines Schweizers, des Herrn von Tschudy[71], der sie einer völligen Neuaufstellung unter-

68 1866–1876 wurde die vom Schinkel-Schüler F. A. Stüler entworfene und von Strack ausgeführte Nationalgalerie gebaut.

69 König Friedrich Wilhelm IV., 1795–1861.

70 1876 nach elfjähriger Bauzeit eingeweiht, wird aber bald heftig kritisiert: »Für die Werke der Künstler hat man nur Stuck oder höchstens Sandstein gehabt, während für die Steinmetzen Marmor in Hülle und Fülle vorhanden war.« Der Kunstkritiker Adolf Rosenberg, zit. nach Glatzer, Berlin wird Kaiserstadt, 188f.

71 Hugo von Tschudi, 1851–1911, 1896–1908 Direktor der Nationalgalerie. Der An-

zogen hat. Eine Menge älterer Bilder wurden ausgesondert und den Museen der Provinz überlassen; dadurch konnten die Modernen eine weitgehende Berücksichtigung finden. Ganz ohne Conflikte und Anfeindungen ist das wohl kaum für den guten Mann abgelaufen.

Beim Durchwandern der Gemäldesammlungen kann man recht gut beobachten, wie nicht nur die Bestrebungen der Kunst andere geworden sind, sondern wie auch unsere Geschmacksrichtung sich verändert hat. Was man früher für ganz verrücktes Zeug hielt, erscheint uns heut ganz natürlich, und wir erklären die älteren Werke schon gern als ›altes Zeug‹. Der vielverlachte Böcklin ist nun ganz nach unserem Geschmack, und wir wundern uns nicht mehr über die Extravaganzen der Sezessionisten. Schon im zweiten Saal treffen wir die Werke unseres berühmten Landsmanns Böcklin, die in stattlicher Zahl vorhanden sind. Es sind dieß: 1. Die Pietà, 2. Frühlingstag, 3. Meeresbrandung, 4. Der Einsiedler und 5. Die Gefilde der Seligen. Sie sind alle sehr schön, aber die ›Meeresfamilie‹ im Seegerschen Eßzimmer ist mir doch am liebsten. Überhaupt bekommt man erst hier den richtigen Maßstab für diese wunderschöne Privatsammlung und kann man nicht genug den feinen Geschmack und den richtigen Spürsinn unseres Schwagers bewundern. Von Leibl besitzt die National Gallerie die berühmten ›Dachauerinnen‹, die wir in schöner Reproduktion besitzen. In jüngster Zeit hat sie von meinem Schwager die ›beiden Wildschützen‹ angekauft, ein Bild, das nur durch Zufall der Vernichtung entgangen ist. Bei einem früheren Besuch in Aibling[72] entdeckte Ernst auf dem Boden des Leibl'schen Bauernhauses eine Mappe mit Skizzen und Entwürfen, meist aus der früheren Zeit, alle von Leibl's Hand. Seine Freude über den Fund wurde aber vom Meister nicht geteilt, stumm nahm er hohe Angebote von Seiten meines Schwagers entgegen, nur als sie 100 000 erreichten, rief er aus: ›Gar nix will ich dafür‹! Bedächtig ergriff er ein Blatt ums andere und ließ es in den Ofen wandern; er beobachtete ruhig den Verbrennungsprozeß und sagte dann brummend: ›So, jetzt kann keiner sagen, das hätte der Leibl gemalt‹. Die

kauf von Werken moderner französischer Meister führte dazu, daß von Tschudi seinen Dienst als Direktor quittieren mußte.

72 Bad Aibling, Stadt und Moorheilbad (seit 1845) im Kreis Rosenheim, Oberbayern.

beiden Wildschützen blieben erhalten; sie waren aus einem großen Bild herausgeschnitten worden. Wenn man hört, für welche Summe die Gallerie dieses kleine Bild erstanden hat, bekommt man einen Begriff vom Wert der vielen Bilder aus Leibl's letzter Zeit, die alle im Besitz unseres Schwagers sind. Wunderschön ist seine ›Pariserin‹ mit den gichtischen Händen und die ›Pariserin‹ (Cocotte) mit dem Hut und dem Tabakpfeifchen.

In der gleichen Abteilung der Gallerie wie die Leibl sind einige sehr hübsche Bilder von Liebermann und das große Uhde'sche Gemälde, ›Komm, Herr Jesu, sei unser Gast!‹ Eingehend betrachtet haben wir das berühmte ›Eisenwalzwerk‹ von Menzel, das mit fabelhafter Genauigkeit bis in alle Détails ausgeführt ist.[73]

In der Apsis steht auf niedrem Postament der ›Siegesbote von Marathon‹ in Bronze ausgeführt von Max Kruse[74]. Es ist dieser Bildhauer ein alter Bekannter von uns; er hat zu unserer Zeit die Aargauische Kantonsschule besucht und hat oft mit uns getanzt. Er hatte damals schon eine große Liebe für Emma Feer, und ihr früher Tod hat ihn sehr unglücklich gemacht. Letztes Jahr war er längere Zeit in Aarau bei Freund Oehler auf Besuch. Sein Siegesboote hat ihm seiner Zeit die goldene Medaille eingetragen und kürzlich ist er vom Kaiser zu einem engeren Wettbewerb aufgefordert worden. In einer früheren Ausstellung habe ich seine Büste von Nietzsche bewundert und noch viele seiner Arbeiten. Ein glücklicher, zufriedener Mensch ist er aber keinesfalls; bis jetzt blieb ihm auch die Anerkennung der Menge versagt.

Im oberen Geschoß befinden sich die großen Schlachtenbilder von Hünten[75], Gentz[76], Werner[77], Adam[78] u. a., die aber heutzutage mehr

73 Adolph von Menzel, 1815–1905, Maler und Graphiker, vgl. auch Nachwort.

74 Max Kruse, 1854–1942, Bildhauer, schuf Einzelfiguren und Porträts. Für die Bühne erfand er den Rundhorizont.

75 Emil Hünten, 1827–1902, Professor, Mitglied der Berliner Akademie, Bilder zur vaterländischen Geschichte, Schlachten- und Paradebilder.

76 Wilhelm Gentz, 1822–1890, Historien- und Genremaler, u. a. viele Bilder aus dem Orient. 1890 umfassende Gedächtnisausstellung in der Nationalgalerie.

77 Anton von Werner, 1843–1915, Maler, Professor, in Berlin.

78 Franz Adam, 1815–1886, sein Bruder Eugen Adam, 1817–1880, und ihr Vater Albrecht Adam, 1786–1862, sind Schlachten- und Genremaler.

historischen, als künstlerischen Wert haben. Der Kuppelsaal enthält die großen Porträts des alten Kaisers und seiner Gemahlin, und daneben sind die Cornelius-Sääle, welche alle Cartons des alten Meisters enthalten. Der Kontrast zwischen diesen Entwürfen und der modernen Malerei ist so groß, daß die rasche Aufeinanderfolge der Betrachtung den Genuß und das Verständniß hemmt. Man sollte den genialen Zeichnungen einen besonderen Besuch weihen, was leider unsere Zeit nicht erlaubt. Wir kommen so schon zu langsam vorwärts, findet mein Schwager, und er meint, man sollte überhaupt nur dem wahrhaft Bedeutenden Beachtung schenken. Das ist aber schwierig, wenn man zum ersten Mal eine Sammlung besucht, und die bedächtigen Herren entzogen sich des öftern der allzuraschen Führung.

Ganz kurz machen wir den Olympischen und den pergamenischen Ausgrabungen einen Besuch; diese interessanten Überreste der hohen griechischen Kunst sollten mit aller Muße betrachtet werden können. Leider können wir alle Museen nur oberflächlich betrachten, denn ein eingehendes Studium braucht mehr Zeit, als uns leider zur Verfügung steht. Gar zu viel unserer kostbaren Zeit wollen wir auch der Kunst nicht opfern, um uns allzusehr zu ermüden, was in den Museen gar zu leicht geschieht, wir sind auf einer Erholungsreise und nicht auf einer Studienreise. Unsere Freunde aus dem Schwabenland sind jeweilen froh, wenn wieder etwas absolviert ist, und heut sind alle weidlich müde. Die Füße tragen uns kaum durch den Lustgarten, und hungrig und matt lassen wir uns durch Taxameter nach dem Kaiserhof führen, wo wir mit Anna zusammentreffen sollen.

Damit wir auch das Leben eines feinen Berliner-Restaurants kennen lernen, hat uns der Schwager zu einem feinen Lunch eingeladen. Der schöne Kaiserhof liegt an dem mit Blumenbeeten bedeckten Wilhelmplatz, den sechs Standbilder der Helden der schlesischen Kriege schmücken. Am leichtesten zu erkennen sind die berühmten Feldherren des alten Fritz, Lieten, Seidlitz und der ›Alte Dessauer‹.[79] Der Kaiserhof ist ein riesiges Gebäude, das auf allen Seiten freisteht und dadurch mehrere Zugänge von den verschiedenen Straßen hat. Der

79 Der alte Fritz: Friedrich II., der Große, 1712–1786; Friedrich Wilhelm von Seydlitz, 1721–1773; Fürst Leopold I. von Anhalt-Dessau, 1676–1747.

Restaurationsraum befindet sich in dem überdachten Hof und ist äußerst behaglich und fein eingerichtet. Dichte, rote Teppiche bedecken den Boden und dämpfen jedes Geräusch. Bis das Essen bereit ist, lassen wir uns die übrigen Räume zeigen, so den großen glänzenden Festsaal, wo der Kaiser oft Gäste bewirtet. In einem kleineren Salon treffen wir das ganz große Ölbild, das unser liebes Heringsdorf darstellt und zwar speziell unser Kurhaus, das bekanntlich dem Kaiserhof in Berlin gehört und von ihm verwaltet wird. Bei dem Rundgang treffen wir auch unseren dortigen Zimmerkellner, der uns ganz verwundert anblickt. Derselbe hatte seiner Zeit bei dem großen Diner in Stettin, das der Kaiser seinen Manövergästen gegeben, mitserviert, denn es war vom Kurhaus Heringsdorf geliefert worden. Damals hat er uns interessante Détails über die Gewohnheiten und das Gebahren des hohen Herrn bei Tisch erzählt. Der Kaiser weiß sich trotz seines teilweise gelähmten Armes sehr gut allein zu helfen und ißt mit seinen zwei langen goldenen Gabeln sehr rasch.

Sehr luxuriös sind auch Lese- und Schreibsaal eingerichtet, sowie die Toiletten, wo immer eine Haarkünstlerin bereit steht, allfällig in Unordnung geratene Coiffuren wieder zu korrigieren. Bald sitzen wir auf der Estrade des Restaurationssaales behaglich an einem schön gedeckten Tisch, sogar Blumen fehlen nicht, und lassen uns ein feines Menu trefflich schmecken. Natürlich fehlt der Eiskühler mit Champagner nicht, und die ganze Gesellschaft ist vergnügt. In guter Erinnerung sind mir die wunderbaren Pfirsiche geblieben, von denen wir uns 2 Schalen voll zu Gemüte führten. Während dem wir den Tafelfreuden oblagen, hat sich der Himmel ganz aufgeheitert und strahlt im schönsten Blau hernieder, uns mächtig ins Freie lockend. Es wird daher in Eile ein Plan für den Nachmittag beraten, und bald sitzen wir in zwei Droschken, um nach dem Grunewald zu fahren. In scharfem Trabe gehts hinaus nach dem Westen, immer dem Kurfürstendamm nach, wo alljährlich ganze Reihen neuer Häuser entstehen. Bei Halensee erreicht man den Grunewald, den königlichen Nadelholz-Forst, mit dem gleichnamigen Jagdschloß, wo jeweilen kaiserliche Jagden abgehalten werden. Gar herrlich ist es für den Fremden, der sich an Museen und Schlössern müde geschaut hat, hier draußen, fern vom Geräusch der großen Stadt, Zuflucht zu suchen und sich in der stillen Natur auszuruhen. Aber auch die ansäßigen Berliner machen sich das lebhaft zu nutze; ganze Familien ziehen hinaus, lagern sich im Walde oder in einer der vielen Wirtschaften und lassen sich's wohl gehen. Man kann den Grunewald sehr leicht erreichen mit der Stadtbahn und den Vorortzügen und mit der Ringbahn; auch die Straßenbahn fährt in den Grunewald, und kann man damit bis Hundekehle gelangen.

Wer ein paar Jahre nicht mehr in Berlin war, kann sich hier draußen unmöglich mehr auskennen. Das frühere Waldesdunkel ist gelichtet und wird von breiten Chausseen durchzogen, und hier ist die Villenkolonie Grunewald emporgeblüht. Anmutige und behagliche Villen von jeder Größe und jedem Styl lassen im Besucher den Wunsch aufkommen, in einem solchen reizenden Besitztum zu wohnen.

Einen ganz eigenartigen Reiz verleiht der Landschaft die innige Durchdringung vonWald und Wasser. Die hübschen kleinen Seen beleben das Landschaftsbild ungemein und erfreuen das Auge des Besuchers auf's Angenehmste. Zu Fuß gehen wir einigen schönen Landsitzen nach, und da steht in erster Linie das prachtvolle Landhaus der Familie Mendelsohn[80]. In breiten Terrassen steigen die schön gepflegten Gartenanlagen vom See auf und bedecken einen großen Landkomplex. Die äußerst genußreiche Spazierfahrt dehnte sich recht in die Länge, und unermüdlich rückt der Zeiger des Taxameters weiter und weiter und markiert mit unheimlicher Genauigkeit jeden zurückgelegten Meter. Durch die schöne Bismarkallee kehren wir um, besichtigen auf dem Hauptplatz in Halensee das Erzstandbild des großen Kanzlers, der hier in seinem großen Schlapphut mit dem Hund Tyras verewigt ist. Die Straßen sind heut hier draußen wenig belebt, aber an Sonntagen herrscht ein unheimliches Wagengedränge, und zu Hunderten stehen dann die Droschken vor den Waldwirtschaften, wo Tausende sich an Kaffee und süßem Gebäck erlaben.

Vergnügt langen wir zu Hause an, wo uns aber keine lange Ruhezeit vergönnt ist. Wir lesen schnell die heimatlichen Zeitungen; die kleinlichen Zänkereien und politischen Streitigkeiten haben aber für uns be-

---

80 Mendelssohn, Bankhaus, 1795 begründet von Moses M. Später kam sein Bruder Abraham dazu, der Vater des Musikers Felix Mendelssohn-Bartholdy und dessen Schwester Fanny. Wichtige wirtschaftliche und kulturelle Rolle der Familie in Berlin.

deutend an Wert verloren und regen uns nicht allzusehr auf. Bald heißts Toilette machen, denn die Reihe hoher Genüsse, die der heutige ereignissvolle Tag bringt, ist noch nicht zu Ende. Noch wartet unser der Besuch des Schauspielhauses, denn Schwester und Schwager sind nie müde, uns Schönes zu bieten, und die Billete sind jeweilen in aller Stille besorgt worden und werden uns Abends ausgehändigt.

Wir finden uns bei Anna zum Thee ein und essen ein großes Loch in den herrlichen Brodschinken. Zu neuen Taten gestärkt, gehts durch den lauen Herbstabend wieder per Droschke nach der Stadt, dies Mal nach dem Gendarmenmarkt. Für mich gewährt dieser Platz das schönste Architekturbild Berlins, und zwar durch die Gruppierung der drei mittleren Gebäude, die von großartiger Wirkung ist. Das Schauspielhaus und die links und rechts davon liegenden beiden Kirchen sind in griechischer Architekturform aufgeführt.

Die Hauptfassade mit der von sechs jonischen Säulen getragenen Vorhalle und der weit vorspringenden Freitreppe ist sehr wirksam. Das Giebelfeld der Vorhalle zeigt die Niobidengruppe in Sandstein, und hoch oben, auf dem First des Hauptgebäudes, steht je eine Bronzegruppe, und zwar östlich Apollo mit einem Greifen-Zweigespann und westlich ein Pegasus. Vor der Freitreppe des Schauspielhauses steht das von Begas in Marmor ausgeführte Schiller-Denkmal.

Das Innere des Hauses ist wohl durchgreifend restauriert worden, ist aber gleichwohl nicht so glänzend, wie viele kleinere Theater. Das Foyer ist in edler Architektur durchgebildet und reich durch Malerei und Plastik geschmückt. Hier regalieren sich in den Pausen die Zuschauer des ersten Ranges und des Parkets an allen möglichen Getränken und Sandwichs; die obern Ränge dürfen von den Gallerien aus zusehen.

Es werden heut zwei Lustspiele aufgeführt, und zwar I. Der Widerspenstigen Zähmung von W. Shakespeare und II. Der eingebildete Kranke von Molière. Es wurde sehr gut gespielt in beiden Stücken, und waren die Szenerien im ersten sehr hübsch. Als bissige, wilde Katze Katharina konnten wir die berühmte Poppe[81] bewundern, die

81 Rosa Poppe, 1867 in Budapest geboren, ab 1888 am Berliner Hoftheater. »Heroine im Schauspielhausstil« (Berlin und die Berliner, 137).

schlug, kratzte und biß, bis sie in Petruchio ihren Meister fand. Matkowsky[82] gab den veronesischen Edelmann sehr lebhaft und drastisch. Er erschien zur Hochzeit in total zerfetzten Kleidern und spielte sich als richtiger Wütherich auf. Seine sehr handgreifliche Erziehungsmethode mit Hungerkur war sehr wirksam und von bestem Erfolg gekrönt.

Weniger hitzig gieng's in dem berühmten Molière'schen Lustspiel zu, aber man amüsierte sich kostbar dabei. Der eingebildete Kranke mit seinen Dutzenden von Leiden und hunderten von Arzneimitteln wirkte sehr erheiternd, und wir konnten nach Herzenslust lachen. Ausgezeichnet spielte die Toinette, von Frau Conrad aus Wien dargestellt, welche ein alter Liebling der Berliner ist. Hochbefriedigt verlassen wir den Musentempel und erfrischen uns noch bei Tschorr in der Friedrichsstraße. Auch die Heimfahrt durch den stillen Tiergarten verfehlt nie ihren Reiz und läßt die etwas erregten Nerven angenehm zur Ruhe kommen. Es fährt sich so herrlich auf dem glatten Asphaltpflaster; man hört kein Rädergeräusch, nur das Aufschlagen der Pferdehufe.

82 Adalbert Matkowsky, 1857–1909, Schauspieler, seit 1889 am Königlichen Schauspielhaus in Berlin, war jahrzehntelang eine beherrschende Gestalt des Berliner Theaterlebens. »Der Gott des Schauspielhauses« (Berlin und die Berliner, 136).

Markthallen und Museen

Um ein Stück Berliner Volksleben kennen zu lernen, haben wir die Tagwache für heut (21. Sept.) ziemlich früh festgesetzt, denn wir wollen in die großen Markthallen pilgern. Das Seeger'sche Geschwisterpaar ist gern mit von der Partie; unsere Berliner haben aber von dieser Lebensmittelbörse noch nichts gesehen. Wir finden bald am Lützowplatz eine elektrische Straßenbahn, die uns zum Alexanderplatz führen wird. Auf der Fahrt, die mehr als dreiviertel Stunden dauert, durchqueren wir fast die ganze Stadt, vom äußern Westen bis in den Osten. Bis zum Schloßplatz ist uns die Gegend bekannt, und wir gelangen über die Kurfürstenbrücke, am Rathaus vorbei, in die für den kolossalen Verkehr viel zu enge Königsstraße, welche die Altstadt quer durchschneidet. Hier im Osten hat die Industrie ihren Sitz, und wir finden hier ganze Reihen bekannter Engros-Häuser, namentlich in der Baumwollenbranche. Das Hauptquartier der Confectionshäuser liegt in der Wallstraße. Am östlichen Ende der langen Königsstraße befindet sich der Bahnhof Alexanderplatz, eine der Hauptstationen der Stadtbahn. Ganz in der Nähe finden wir bald die Central-Markthalle[83], wo hauptsächlich der Engros-Verkehr gemacht wird. Wenn man einen Gang durch diesen riesigen Raum macht, bekommt man einen Begriff von dem Consum einer Großstadt. Diese von uns besuchte Halle ist die größte Berlins und liegt sehr günstig für den Engros-Verkehr, weil die Schienenstränge nach allen Richtungen gehen. In der Nacht treffen die Züge mit den Lebensmitteln von überall her ein, die Güterwagen werden entladen, und die Waaren werden mittelst Fahrstühlen in den Verkaufsraum gebracht. Wir sind schon etwas spät, um die Engros Verkäufe zu beobachten, denn die Händler der andern Verkaufshallen verproviantieren sich hier in aller Frühe. Wir können aber, auf hohen, ›gagligen‹[84] Bänken stehend, einigen Auktionen beiwohnen. Ein Oh-

83 Zentralmarkthalle am Alexanderplatz seit 1886, zum Teil luxuriös ausgestattet. Bis 1898 entstanden weitere 15 Markthallen; die Wochenmärkte auf den großen Stadtplätzen wurden geschlossen.

84 wackligen.

renbetäubender Lärm herrscht in dem Raum, wo eine Menge Menschen um die Waage herumstehen. Aus riesigen Bottichen werden große Mengen lebender Fische in die Waage geschüttet. Dieselbe besteht aus einem immensen eisernen Sieb von über 1 Cubik-Meter Inhalt. Bis alles bereit ist, füllt das Wasser das große Gefäß; zum Feststellen des Gewichtes wird das Wasser schnell entleert, die Fische zappeln und springen in die Höh und werden dann rasch in kleinere Gefäße ausgeleert und von Knechten, die ganz in undurchdringliche, Taucherähnliche Kleider gehüllt sind, weggetragen, denn das ein paar Sekunden dauernde wütende Geschrei hat den Verkauf des Fischpostens perfekt gemacht. Alles geht in Fieberhafter Weise vor sich, und wir verstehen fast kein Wort, nur hie und da eine Zahl. Nachdem die Fische verhandelt sind, kommen Rebhühner an die Reihe, und zwar werden sie dutzend- und hundertweise gesteigert. Die Preise sind enorm billige im Vergleich zu denjenigen der schönen Comestibles Geschäfte des Westens. Auf die Rebhühner folgen Gänse, die, an langen Stecken aufgehängt, von Knechten auf den Schultern getragen, den Kauflustigen vorgeführt werden. Auch hier werden nur große Posten versteigert, und halb taub von dem Lärm begeben wir uns in die große Halle mit 3 Stockwerken, die dem Détail Verkauf dient.

In der Auktionshalle waren meist nur Männer zugegen, hier aber haben die Weiber das Wort, und sie sollen nicht allzu höflich mit ihren Kunden umgehen. Ein großer Menschenstrom drängt sich durch die engen Gänge zwischen den einzelnen Ständen durch. Zu vorderst ist der Fischmarkt; in großen Steintrögen tummeln sich die verschiedensten Süßwasserfische, vom kleinen Weißfisch bis zum großen Hecht. Auf den Tischen liegen dann die Produkte der Nord-See, Krebse von allen Größen, von den kleinen Crevettes bis zum Hummer, und Fische von abenteuerlichster Gestalt, wie wir sie weder je gesehen noch gegessen haben. Zu hohen Bergen aufgeschichtet, liegen hier die Turbots, die Zander, Soles und unsere alten Bekannten, die Flundern der Ostsee. Sogar mehr als meterlange Fische mit sonderbaren Mäulern und langen Bärten; ich erkundige mich nach ihrem Namen, bin aber nicht im Stand, den fremdartig klingenden Namen zu verstehen. Auch hier wird lebhaft gehandelt, geschrieen, gemarktet, abgewogen und bezahlt. Sehr verlockend sieht das zartrosige Fleisch der großen Nordsalme aus, die zerschnitten verkauft werden.

Berlin: Zentralmarkthalle am Alexanderplatz

Auf unserer Wanderung gelangen wir weiter zu den Wildprettständen, wo die Hasen und Rehe dutzendweise herumliegen. Am nettesten sehen die Verkaufsstellen für Gänse aus. In langen Reihen hängen die hübschen weißen Tiere an den Wänden, viele Tausend sind vorhanden, und das Pfund gilt ca. 40 Pfennig. Bei einzelnen Ständen sind Aufschriften mit hebräischen Zeichen angebracht, was heißen soll, die hier ausgehängten Gänse seien koscher geschächtet, was für strenggläubige Juden sehr wichtig ist.

Nun kommen wir zu den Gemüseständen, wo in riesigen Quantitäten die manigfachen Gartenerzeugnisse aufgeschichtet liegen. Auf der rings um die Halle laufenden Gallerie ist der Blumenmarkt, wo wir zwei Damen vom galanten Onkel Franz mit schönen Veilchensträußen beschenkt werden. Von hier oben hat man einen hübschen Überblick über das rege Treiben im untern Raum, was sehr kurzweilig ist. Doch die Zeit eilt mit Riesenschritten vorwärts, und wir haben heut noch so vielerlei vor.

Um 10 Uhr wollten wir beim Zeughaus sein, es wird aber natürlich trotz der raschen Beförderung per Tram viel später, bis wir endlich Unter den Linden eintreffen. Neben der Universität, also inmitten der Millionenstadt, hat sich das schattenreiche, mit starken Bäumen bestandene Kastanien-Wäldchen erhalten. im Sommer suchen hier die zahlreichen Kindermädchen mit ihren Schützlingen Erholung, vielleicht mit der Nebenabsicht, mit den hübschen und schmucken Grenadieren der Neuen Wache zu kokettieren. Hier finden auch die militärischen Schaustellungen statt, die allmittäglich einen großen Zuschauerkreis um sich versammeln. Um 11 Uhr treten Soldaten von allen Waffengattungen hier zur Parole zusammen, ein lebensfrohes, farbenprächtiges Bild. Des Mittags um 1 Uhr folgt sodann der Aufmarsch der Wache, Ablösung derselben und Parademusik. Im Kastanienwäldchen sind die drei Geschütze aufgestellt, die anno 1870 vor Paris erbeutet wurden, u. a. die St. Valérie vom Mont Valérien. Der gigantische Bau, der sich an das Wäldchen anschließt, ist das Berliner Zeughaus, welches eine Sammlung der historischen Erinnerungen und Kriegstrophäen aus der Geschichte der Hohenzollern und dem Werdegang des preußischen Staates beherbergt. Diese Sammlung ist von hohem kulturhistorischen Wert und verdient, genau und eingehend besichtigt zu werden.

Das Zeughaus[85] ist eine der bedeutendsten Monumentalbauten aus der ältern Zeit und bildet ein riesiges Quadrat, das einen mit Glas überdeckten großen Hof umschließt. Das Zeughaus ist die Ruhmeshalle für die Großtaten der brandenburgisch-preußischen Armee, und in dem großen Hof spielen sich mannigfache militärische Schaustellungen ab. Hier findet u. a. die Vereidigung der Truppen statt; hier hält der Kaiser des öftern Reden an die Fahnenkompagnien etc. Das Erdgeschoß birgt eine reiche Sammlung von Geschützen aller Länder, welche die gesamte Entwicklung des Artilleriewesens seit dem 14. Jahrhundert darstellt; ferner eine Anzahl von Festungsmodellen und plastische Darstellungen bedeutender Schlachten. Im Obergeschoß finden wir eine riesige Waffensammlung, sowie eine Menge Rüstungen von hohem historischem Wert. In langen schmalen

85 Barockbau, Grundsteinlegung 1695, fast 35jährige Bauzeit. 1848 von der Bevölkerung gestürmt, nach 1871 wurde es zur Ruhmeshalle der preussisch-deutschen Armee.

Schränken sind die verschiedenen Uniformstücke der Armee aus den Freiheitskriegen aufgehängt, ebenso die militärische Ausrüstung der preußischen Herrscher, ihre Orden etc. In der Herrscherhalle stehen die Bronzestatuen der preußischen Herrscher seit dem großen Kurfürsten, und in dem durch Oberlicht erleuchteten Kuppelraum befinden sich historische Darstellungen. Links und rechts davon ist die Feldherrenhalle mit den Kolossalbüsten preußischer Heerführer. An den Wandflächen sind große Schlachtenbilder von verschiedenen bekannten Künstlern angebracht, die die großen Episoden des 7 jährigen Krieges und der preußischen Erhebung am Anfang des letzten Jahrhunderts verherrlichen.

Nach beendigtem Rundgang wollen wir uns heute noch der friedlichen Kunst zuwenden und wandern über die Schloßbrücke und den Lustgarten nach den Museen. Das Alte Museum[86] ist ein langgestreckter, in griechischen Formen gehaltener Bau. Auf der großen Freitreppe sind die zwei prachtvollen Bronzegruppen, der Löwentöter von Wolff[87] und die Amazone von Kiß[88]. Durch die mächtige Bronzetür gelangen wir in die Rotunde, in welcher die berühmten Gobelins aufgehängt sind. Hier sind auch die Hauptgruppen des großen Frieses vom Zeustempel zu Pergamon aufgestellt, dessen Kolossalfiguren mächtig wirken.

An die Rotunde schließt sich der Heroensaal, der Pergamenische Saal und der griechische Saal mit ihrem wunderschönen Skulpturen. Sehr umfangreich ist die Sammlung der Bildwerke der christlichen Epoche bis zum Ende des 18. Jahrhunderts.

Das obere Stockwerk des Alten Museums enthält in einer langen Reihe von Säälen über 1000 außerordentlich wertvolle alte Gemälde von allen bekannten Künstlern der verschiedenen Zeiten und Schulen. Namentlich hervorragend ist die Fülle ausgezeichneter Werke der altitalienischen und altniederländischen Schulen des XV. Jahrhunderts. Der Aufstellung der Gemälde liegt die historische Anordnung zu Grunde; die Ausstattung der verschiedenen Räume, die gute Beleuch-

86 1825–1830 Bau des von Karl Friedrich Schinkel entworfenen Museums.

87 Albert Wolff, 1814–1892, deutscher Bildhauer.

88 August Kiss, 1802–1865, deutscher Bildhauer.

tung und die geschmackvolle Anordnung der Bilder geben der Galerie einen eigenartigen Reiz. Besonders bewundert haben wir die schönen Werke von Dürer, von Rubens, Rembrandt, van Dyk, sowie die alten Italiener und Niederländer.

Ein geschlossener, mit Skulpturen angefüllter Gang führt vom Alten Museum über die Straße weg nach dem Neuen Museum[89]. Bald sind wir in dem großartig angelegten Treppenhaus, in welchem sich die berühmten Kaulbach'schen Wandgemälde befinden.[90] Man weiß, daß diese Kolossalschöpfungen die Hauptmomente der Geschichte der Menschheit darstellen, vom Falle Babels weg bis zum Zeitalter der Reformation. Früher war man davon mehr entzückt als jetzt, wo sie uns, unter dem Eindruck der modernen Malerei, etwas veraltet und unwahr erscheinen. Im Schnellschritt durcheilen wir die reichhaltige Sammlung der Gipsabgüsse, denn die Müdigkeit macht sich nach und nach bemerkbar, und wir wenden uns noch kurz der wertvollen Sammlung ägyptischer und asiatischer Altertümer zu. Die erstern sind in einem mit Hieroglyphen bedeckten Raum aufgestellt, der einem ägyptischen Tempel nachgebildet ist. Zwei gewaltige Kolosse von Porphyr, sitzende Königsbilder, sind im Hintergrund aufgestellt.

Die Zeit ist bedenklich vorgerückt, und müde und etwas abgespannt verlassen wir die Museen. Onkel Franz und seine Schwester müssen nach Haus eilen, da heute Nachmittag unser Neffe confirmiert wird. Ein längeres Unwohlsein hatte Ernst verhindert, die Feier mit seinen Kameraden mitzumachen, und so wird er heut allein in der Kirche von seinem Pfarrer eingesegnet werden. Da unsere Tage in Berlin ohnehin gezählt sind, hat man uns von der Teilnahme an der Feier dispensiert, während Onkel Franz als Pathe mit seiner Schwester dafür hergereist sind. Wir trennen uns daher im Lustgarten, und wir wandern allein zum Mittagessen, das wir in der Stadt einnehmen wollen. In der Friedrichsstraße tut einem ordentlich die Wahl weh, denn ein Restaurationslokal liegt neben dem andern. Endlich finden wir im Hofe des ›Spatenbräu‹ ein stilles Plätzchen, bestellen ›Menü‹ und lassen uns alles trefflich schmecken.

---

89 1843–1847 Bau des von Friedrich August Stüler projektierten Neuen Museums.

90 Wilhelm von Kaulbach, 1805–1874, deutscher Maler.

Für heut haben wir genug in Sammlungen gesteckt, und wir beschließen, den schönen Nachmittag im Freien zuzubringen. Wir wollen einen Stadtteil besuchen, der bis jetzt nicht an unserm Wege lag, und zwar den südlichen, wo Du als Student gewohnt hast. Ein Taxameter führt uns die endlos lange Friedrichsstraße hinunter nach dem Halleschen Tor und dem Belle-Alliance-Platz mit der Viktoria-Säule[91]. Hier hat sich die Stadt in den letzten 20 Jahren bedeutend verändert; man hat die kleinern Gassen niedergelegt oder durchbrochen und dadurch lange, breitere Straßen geschaffen.

Wir lassen uns bis zum Viktoriapark führen, denn so heißt die herrliche Anlage, die aus der Sand- und Lehmwüste am Abhange des Kreuzberges entstanden ist. Als ich vor 2 Jahren vom Kreuzberg schwärmte, hast Du mich ausgelacht, denn Du wolltest nicht glauben, daß diese früher so öde Gegend so vorteilhaft umgestaltet worden sie. Der Kreuzberg ist nicht vergebens der Stolz des richtigen Berliners, denn er ist ein richtiger Berg, den er sogar in der Schweiz ungern vermißt. Auf breiten, sanft ansteigenden Wegen gelangt man mühelos auf den Gipfel, wo sich das alte Denkmal erhebt, zur Erinnerung an die Befreiungskriege von 1813–1815.[92] Als man seiner Zeit den Kreuzberg umarbeitete, wurde das Monument durch hydraulische Pressen um 10 Meter gehoben und auf einen kolossalen, redoutenartigen Unterbau gestellt und so der Berg künstlich erhöht. Von dem Denkmal aus genießt man einen herrlichen Rundblick über Berlin und die Umgebung. Zu unsern Füßen rauscht der künstlich angelegte Wassersturz in seinem Felsenbett, sich unzählige Male überstürzend. Er ist von Laub- und Nadelbäumen umsäumt und fließt im tiefer gelegenen Teile des Parkes in eine kleine Seenkette. In den hübschen Boskets[93] sitzen die Leute mit ihren Arbeiten und sehen sorglich dem Treiben der Kleinen zu, die sich fröhlich hier tummeln. Am liebsten treiben die natürlich ihr Spiel am Wasser, und die Muthigsten waten auf den großen Steinen durch den Bach, nicht wenig stolz auf diese Heldentat.

---

91 Die von Baurat Cantian entworfene Friedenssäule mit Viktoria wurde am 3. August 1843 eingeweiht.

92 Das Kreuzberg-Denkmal wurde nach einem Entwurf von Schinkel 1819 im Stil der Gotik aus Eisenguss errichtet.

93 Vgl. Anm. S. 113.

Nun lassen wir aber unsere Blicke in die Ferne schweifen, und da liegt die ganze Stadt vor uns mit ihrem Häusergewirr, auf dem sich die schlanken Türme der unzähligen Kirchen abheben. Ein leichter Dunst und Rauch verschleiert uns im Norden den Ausblick, aber dennoch können wir deutlich die breite Kuppel des Reichstagsgebäudes und das Brandenburgertor unterscheiden. Weiter rechts tritt der Dom hervor und der hohe, rote Rathausturm. Hinter uns im Südosten dehnt sich die Hasenheide und das Tempelhoferfeld weit aus.

Nur ungern reißen wir uns von dem interessanten Überblick los, denn immer entdecken wir neue bekannte Bauten und Stadtteile. Langsam schlendern wir den Berg hinunter und betrachten mit Interesse den unten bereitstehenden Wagenpark der Stadtbahn. Mit Interesse studieren wir die Aufschriften der verschiedenen Wagen und entschließen uns rasch zu einer Fahrt in unbekannte Ferne. Wir setzen uns in einen offenen Wagen des elektrischen Trams und verlangen vom Schaffner, soweit zu fahren, als sein Wagen gehe. Der Spaß kostet 25 Pfennig und dauert eine volle Stunde. Behaglich sitzen wir in unserm bequemen Wagen, sehen uns voll Interesse die vielen Straßen und Plätze an, die wir durchfahren und verfolgen den Weg auf der Karte. Zuerst geht es in östlicher Richtung dem Landwehrkanal entlang, dann biegen wir gegen Norden und erreichen die Spree, die wir auf der Jannowitzbrücke überschreiten. Hier sind die Bauten für die Hochbahn schon fast beendet, aber die hohen Eisenträger verunstalten die Straßen sehr, und wird jedenfalls der Reiz dieser Straßen für die Bewohner nicht erhöht werden, wenn mal die Bahn im Betrieb sein wird. Zum zweiten Mal gelangen wir heut auf den Alexanderplatz, unsere Fahrt geht aber nun nicht nach Westen, wie heut früh, sondern nach Norden. Die Straßen werden enger, die Magazine kleiner und die Waaren billiger; an alten, nun verlassenen Friedhöfen geht es vorbei, immer weiter, und mit Mühe verfolgen wir unsern Weg auf der Karte. Beim Vineta-Platz treffen wir wieder ganz neue Häuserviertel und breitere neue Straßen, die hinausführen nach Weißensee, Pankow, Tegel, und wie die Orte alle heißen, die mit Pferdebahn und elektrischem Tram mit der Stadt verbunden sind. Auch hier im Norden finden wir einen großen Park, wo Kinder und Erwachsene sich erholen können, es ist der große Humboldthain; der Osten Berlins hat den Friedrichshain, der Süden den Viktoriapark und der Westen den Tiergarten; so ist für alle Stadtteile gesorgt.

Unsere Fahrt hat ein Ende, denn der Wagen fährt nicht mehr weiter. Wir sind die einzigen Passagiere, die ausgehalten haben, unzählige Male haben die Fahrgäste gewechselt. Wir sind in Gesundbrunnen angelangt, eine Station der Stadtbahn und ein Stadtteil Berlins. Auffallend für uns sind die Unmenge von Vergnügunslokalen und Wirtschaften, die alle, vornehmlich Sonntags, vom Handwerker- und Arbeiterstand besucht werden. Jetzt ist wenig Leben auf den Straßen, auch die großen Biergärten sind leer. Hier wird noch mit Vorliebe die ›kühle Blonde‹ getrunken und ist das Weißbier zu Haus, das zu lächerlich billigem Preise, der jeweilen beim Eingang angeschlagen ist, ausgewirtet wird. Da die Hitze groß ist, macht sich nach der langen Fahrt auch der Durst bei uns bemerkbar, und wir suchen lange ein Plätzchen, wo wir ihn löschen könnten. Es sieht aber alles wenig verlockend aus, und unheimliche Leere gähnt uns überall entgegen. Da ich dem Gerstensaft abgeschworen habe und nirgends Thee erhältlich ist, kaufe ich mir in einer kleinen Bude köstliche Trauben, die den Dienst auch tun. Hier kosten zum Beispiel 2 Kilo Zwetschgen so viel wie im Westen ein Pfund der billigsten. Auch das Tatzenhofer Bier, das Du Dir in einer kleinen Pinte zu Gemüt führst, ist unheimlich billig und doch so gut, wie das zum doppelten Preis in der Friedrichsstraße. Hier draußen lebt sichs jedenfalls billig, und man glaubt, nicht mehr in Berlin zu sein. Die Kinder tummeln sich fröhlich auf der Straße, die Handwerker sitzen vor dem Haus mit der Arbeit, kurz der Ort bietet den Anblick einer kleinen Stadt.

Nun suchen wir uns aber die Fahrgelegenheit, die uns nach dem Westen führen soll. Der darum befragte Schaffner will uns wieder nach dem Alexanderplatz zurückdirigieren, was wir dankend ablehnen. Er kann unser Verlangen, über Moabit zurückzukehren, nicht verstehen, weist uns aber schließlich, freundlich lächelnd, einen Wagen an, der durch den Norden fährt. So geht nun unsere Fahrt weiter in nordwestlicher Richtung über Wedding und Moabit. Wir kommen an großen Hafenplätzen vorbei, wo großer Verkehr mit Gütern, Produkten, Baumaterialien etc. zu beobachten ist. Noch einmal heißts umsteigen, und es kostet lange Zeit, bevor wir unter der Unmasse von passierenden Wagen endlich den richtigen herausgefunden haben, der uns von der Turmstraße, bei den großen Borsig'schen Werken, nach dem Lützow-Platz führen soll. Nach ziemlich langer Fahrt langen wir endlich glücklich bei unserm Hause an, gerade zur rechten Zeit, denn die Sonne ist blutigrot hinter dem Tiergarten verschwunden und die Abendkühle macht sich etwas unangenehm bemerkbar. Unsere große Rundfahrt ist gut vollendet und hat den ganzen Nachmittag ausgefüllt. Für 50 oder 60 Pfennig sind wir ein paar Stunden herumgefahren und haben viel Neues gesehen. Einfacher und rascher hätten wir die Fahrt mit der Ringbahn machen können, die die Stadt an ihrer Peripherie in ca. einer Stunde mit Schnellzugsgeschwindigkeit umfährt. Für uns war aber das andere Beförderungsmittel interessanter, denn wir lernten ein Stück Volksleben kennen und kamen jeweilen durch das Weichbild dieser Vororte.

Ganz befriedigt von dem hübschen Nachmittag machen wir etwas Toilette und verfügen uns dann zu unsern Verwandten, begierig zu hören, wie die feierliche Ceremonie in der Kirche abgelaufen sei. Alle Teilnehmer sind sehr befriedigt, und soll der Herr Pfarrer seine Sache gut gemacht haben. Wie bei uns, scheint mir aber auch in Berlin diese Einsegnung auf die am meisten Beteiligten, nämlich die Confirmanden, wenig Eindruck zu machen; am wichtigsten sind heutzutage die Geschenke, die auch hier in reichem Maße eingetroffen sind. Da Edel noch immer angegriffen ist von seinem Unwohlsein und er nach ärztlichem Befehl Ruhe und Erholung haben muß, wird beschlossen, daß er schleunigst abreise, um auch nebenbei den von Onkel Franz gestifteten prächtigen neuen Handkoffer einzuweihen. Zu unserer großen Freude erhält Ernst die Erlaubniß zu einem Besuch in Aarau, wo ihn die beiden Cousinen herausfüttern sollen bis zu unserer Rückkehr. Er freut sich lebhaft auf die Reise, die übermorgen vor sich gehen soll. Zur Feier des Tages hat meine Schwester ein solennes Abendessen herrichten lassen, und der Schwager läßt zu unsern Ehren die feinsten Marken seines Kellers aufrücken. Alle sind in animierter Stimmung, und hören alle mit Interesse von unserer heutigen Irrfahrt. Natürlich war von unsern l. Verwandten, die seit 14 Jahren in Berlin wohnen, noch Niemand in diesen nördlichen Gegenden. Wir erzählen ihnen von den enorm billigen Preisen der Lebensmittel in Gesundbrunnen, was ihnen ganz neu ist. Zur weitern Belebung des Abends trägt der unermüdliche Phonograph viel bei, der heut seine schönsten Weisen zum besten giebt. In später Stunde gehen wir fröhlich auseinander, um endlich auszuruhen von den vielen Strapazen des Tages.

22. September. Da wir für heut keine großen Besichtigungen mehr vor haben, wird etwas später die Reveille geblasen. Immer noch ist uns das Wetter hold, und die Morgensonne scheint uns schon früh mit strahlender Pracht ins Zimmer. Recht gemütlich ist jeweilen das Frühstück bei Frl. Mahnke, wenn man sich, wie heut, Zeit dazu lassen kann. Dann sitzen wir in unserm freundlichen Salon, wo die sorgsame Wirtin alles hübsch bereit gemacht hat; sogar die neuste Tageszeitung fehlt nicht und wird von uns nach welterschütternden Ereignissen durchsucht.

Wie verabredet, finden wir uns heut bei Anna ein, um mit ihr und dem Seeger'schen Geschwisterpaar einige Einkäufe zu machen. Das nimmt freilich mehr Zeit in Anspruch als bei uns zu Haus, wo Alles hübsch bei einander liegt. Eine halbe Stunde brauchen wir schon mit dem Tram bis zur Leipzigerstraße, wo wir bei Wertheim allerlei zu besorgen haben.

Der Kleinhandel Berlins ist naturgemäß sehr bedeutend, beschränkt sich aber nicht nur auf die Einwohnerschaft der Stadt selbst, sondern vesorgt auch die Provinzen. Er wird ganz besonders in den großen Kaufhäusern bewältigt, deren Berlin eine stattliche Anzahl in luxuriöser Ausstattung aufzuweisen hat. Firmen wie Gerson, Herzog, Jordan haben einen alten soliden Klang, und dazu ist in neuerer Zeit Wertheim gekommen, der im Herbst nun noch von Tietz übertrumpft wurde. Diese Kaufhäuser, mit ihrem Luxus und ihrer großen Ausdehnung, dürfen sich sehr wohl neben denjenigen anderer Metropolen sehen lassen. Ihre Paläste wachsen in Menge und verschwenderischer Pracht aus dem Boden, überall die alten Häuser verdrängend und der Reichshauptstadt ein modernes und vornehmes Gepräge aufdrückend. Leider erdrücken diese Riesenhäuser die kleien soliden Geschäfte mit der Zeit ganz.

Wertheim hat seinen Sitz an der Leipzigerstraße, vis-à-vis vom alten Herrenhaus, das nun niedergerissen ist. Der Bau ist ganz in Eisenkonstruktion ausgeführt und hat vier Stockwerke, die alle mit Waaren angefüllt sind. In ganz neuster Zeit hat Wertheim trotz allgemeinem Gezeter nach der hinten gelegenen Voßstraße durchgebrochen und dort ein neues Haus gebaut. Diese Straße war aber bis anhin ganz ruhig, hatte ein aristokratisches Aussehen und galt als sehr vornehm, was sich nun ändern dürfte. Das vordere Haus besitzt einen großen Lichthof, der umgeben ist von den Galerien mit den verschiedenen Geschäftsrayons. Sehr hübsch ist es, von oben herunter zu sehen auf das Getriebe im Erdgeschoß. Kopf an Kopf wogt unten die Menge, wie an einem Jahrmarkt; alles drängt sich um die Verkaufstische und Kassen. Man kann hier aber auch Alles haben, was man nur zum Leben braucht, Kleidung von Kopf zu Fuß, Haushaltungsgegenstände, reiche Nippsachen, Möbel, Teppiche, Velo, Bücher, Mercerie und Bonneterie, kurz Alles. Gleichwohl nimmt der Einkauf für unsere Begriffe viel Zeit in Anspruch, was namentlich unsere zwei Herren fanden, dem Onkel Franz ward wind und weh. Bald ist das Gewünschte oben, bald unten; wohl vermitteln verschiedene Fahrstühle den Verkehr, aber Zeit brauchts doch, besonders durch das Vielkassensystem. Jedes einzelne gekaufte Stück muß an der betreffenden Kasse registriert, bezahlt und eingepackt werden. Viele Sachen sind wirklich beispiellos billig, besonders Handschuhe, Schleier, Hüte etc. Endlich sind wir fertig und wandern nun langsam durch die Leipzigerstraße nach der Friedrichsstraße, überall mit Muße die schönen Auslagen der Magazine bewundernd. Zuletzt gehts noch zu den Phonographen, die in einem großen Lokal in großer Zahl aufgestellt sind. Je nach Belieben wählt man sich einen Aparat, wirft 10 Pfennig in die Öffnung, bringt die Hörrohre ans Ohr und horcht nun auf die Klänge und Töne. So hören wir unter anderm mit größter Deutlichkeit die bekannte Hunnenrede des Kaisers, die er bei der Einschiffung der Truppen nach China in Kiel gehalten hat. Voll Nachdruck tönt's aus dem Apparat: ›Pardon wird nicht gegeben!‹ und ›Adieu Kameraden! Hurrah, hurrah!‹

Ziemlich pikant sind Couplets[94] über die neue Theorie von Professor Schenk in Wien, die gehörig persifliert wird. Sehr hübsch sind die Stücke, welche die Militärmusiken wiedergeben oder den Wachaufzug, Exerzieren und Kommandieren im Kasernenhof etc.

94 Kleine Lieder mit witzigem, satirischem oder pikantem Inhalt, die häufig auf aktuelle Ereignisse Bezug nehmen.

Um 2 Uhr sind wir alle zum letzten gemeinsamen Mahl bei Seegers versammelt, denn die beiden Ernst sollen heut Abend verreisen. Der Vater wird seinen Sohn bis Frankfurt begleiten, von wo derselbe allein in die Schweiz weiter fahren soll. Da wir in zwei Tagen uns auch zur Abreise rüsten werden, müssen wir heut schon von unserm freundlichen Gastgeber Abschied nehmen. Er hat wirklich in der Zeit unseres Besuches alles getan, um uns den Aufenthalt in Berlin zu einem angenehmen und unvergeßlichen zu machen und ist dabei von seiner Frau in hohem Maße unterstützt worden.

Nach der Siesta müssen wir nochmals in die Stadt fahren, da wir noch keine ›Kräme‹ für die Münchnerkinder haben. Trotz großer Auswahl ist es oft schwierig, das Richtige zu finden, aber zuletzt ist es doch gelungen, und für jedes ist gesorgt. Eilig machen wir uns auf den Heimweg, um uns noch in Gala zu stürzen, denn um 7 Uhr sind wir zur Oper ›befohlen‹, auf was wir uns gehörig freuen.

Bei Seegers treffen wir die letzten Vorbereitungen für die Reisenden im vollen Gange, sogar der renitente Koffer kann endlich geschlossen werden. Drei Droschken nehmen uns alle auf, davon fährt aber die erste nach dem Potsdamerbahnhof, von wo Vater und Sohn mit dem Nacht-Schnellzug nach Frankfurt abreisen. Ein letztes Lebewohl, und wir schwenken durch's Brandenburgertor ab, ›die Linden lang‹, nach dem Opernhaus. Es ist dies nach außen hin ein veralteter, unschöner und wenig ansehnlicher Bau, der den Vergleich mit den Opernhäusern anderer Städte nicht aushält. Er ist nach griechischem Vorbild aufgeführt, ist aber doch kein griechisches Bauwerk geworden. So altmodisch und überlebt im Äußern, so modern und glänzend im Innern. Die innere Ausstattung, die brillante elektrische Beleuchtung, die Bühnenvorrichtungen und schönen Szenerien werden den höchsten Ansprüchen gerecht.

Das Foyer ist sehr groß und macht einen imposanten Eindruck, wenn in der Pause die geschmückte Damenwelt und die vielen goldgestickten Offiziere sich darin ergehen. Wir haben uns bescheiden an ein Tischchen in der Fensternische mit einigen Erfrischungen zurückgezogen und freuen uns an dem farbenprächtigen Bild.

Die Güte unseres Schwagers hat uns wieder ausgezeichnete Plätze verschafft, und nehmen wir eine schöne Loge im ersten Rang ein, dicht neben der großen Kaiserloge. Das Haus ist gut besetzt, und alles ist in animierter Stimmung. Die ›Lustigen Weiber‹ ist eine der reizendsten, komischen Opern, die uns die deutsche Kunst dieses Jahrhunderts geschenkt hat. Das Textbuch der Nicolai'schen Oper ist sehr dramatisch aufgebaut, die Komik ist derb und handgreiflich, und die Hauptpartien sind sehr dankbar.[95] Die Aufführung nahm einen sehr guten Verlauf, und die hübschen Melodien umschmeicheln noch lange unser Ohr. Voll Stolz sehen und hören wir unsere berühmte Landsmännin als Frau Fluth und bewundern ihr freies, flottes Spiel und den kecken Übermut, der zur wirkungsvollen Darstellung dieser Partie unerläßlich ist. Auch die gesangliche Leistung der Frau Welti-Herzog war eine unübertroffene, und kaum findet man eine so flekkenlose Coloratur und so prickelnde reine Triller wie bei ihr. Wir freuen uns von Herzen über den Erfolg dieser begabten Schweizerin und über die ehrenvolle Stellung, die sie in Berlin einnimmt.[96]

Voll Befriedigung und Entzücken verlassen wir die Oper und wandern nach der belebten Friedrichsstraße, wo wir uns im Nürnbergerhof erfrischen und stärken. Um 12 Uhr langen wir zu Haus an und tun einen ausnahmsweise guten und langen Schlaf, weil morgen Sonntag ist.

Um den Tag frei zu haben, mache ich mich ans Packen, denn leider ist die Abreise endgültig auf Montag früh festgesetzt worden. Mit klugem Bedacht werden die eingekauften Sachen im Koffer untergebracht, und nach reiflichem Überlegen hat endlich jedes Ding den richtigen Platz gefunden, und das Werk ist gelungen. Der schönste Sonntagmorgen leuchtet über Berlin; die Leute kommen erbaut aus den verschiedenen Gotteshäusern und promenieren heut fröhlich in den Straßen. Wir bummeln mit Herrn Franz Seeger nach der Mauerstraße zum Reichspostgebäude, um das darin untergebrachte Post-

95 Carl Otto Ehrenfried Nicolai, 1810–1849, Komponist, Hofkapellmeister in Wien, 1848 Dirigent des Domchors und Kapellmeister der Königlichen Oper in Berlin. Hier vollendete er sein Hauptwerk: »Die lustigen Weiber von Windsor«, Uraufführung 1849.

96 Emilie Welti-Herzog, 1859–1923. Seit 1889 im Verband der Königlichen Oper in Berlin, wo sie an erster Stelle wirkte, namentlich als Mozartsängerin. 1900 Diplom einer königlich preussischen Kammersängerin, 1903–1910 zugleich Gesangslehrerin an der Königlichen Hochschule für Musik in Berlin.

museum zu besichtigen. Das kaiserlich deutsche Reichs-Post-Amt ist das neuste und gewaltigste unter den postalischen Gebäuden der Reichshauptstadt. Es besteht aus zwei Teilen, einem ältern und dem neueren, der in italienischem Renaissance-Styl aus Sandstein in außerordentlich gewaltigen und schönen Formen vor einigen Jahren errichtet wurde. In dem letztern befindet sich das Reichs-Postmuseum, welches einen Überblick über die Entwicklung des gesamten Postwesens von den ältesten Zeiten bis auf die Gegenwart gewährt.

Beim Eintritt werden wir von zwei kleinen Jungen dringend gebeten, sie mit hinein zu nehmen, da ihnen der Eintritt nur in Begleitung Erwachsener gestattet werde. Der eine hat seine in den bescheidensten Anfängen befindliche Briefmarkensammlung unter dem Arm und kommt nun glücklich mit, um seine Schätze drinnen mit der großen, ganz vollzähligen Sammlung der Postwertzeichen aller Länder und Zeiten zu vergleichen. Auch uns interessiert diese Sammlung nicht weniger, was Onkel Franz wieder nicht recht begreift. Ein freundlicher Aufseher macht uns auf die seltensten Stücke aufmerksam, und voll Eifer wenden wir die zahlreichen Drehständer vor und rückwärts und bewundern die schönen Marken und Couverts. Interessant sind die Briefumschläge, welche früher die gesammte Correspondenz der Mannschaft eines in fernen Meeren kreuzenden Schiffes in die Heimat beförderten. So viel Briefe in dem Umschlag enthalten sind, so viel Postmarken werden darauf geklebt, und so treffen wir solche mit 20 und 30 Stück seltener Marken versehene Umschläge. Endlich folgen wir dem ungeduldigen Onkel Franz in den schönen Lichthof mit seinen großen Galerien und dem eleganten Treppenhaus. Als plastischen Schmuck des Hofes finden wir die Büste Wilhelms II. und die Statue des verstorbenen Staatssekretärs von Stephan, des Begründers des Museums. Mehrere Bronzegruppen stellen die verschiedenen Verkehrsformen realistisch dar. In den drei Stockwerken treffen wir u. a. die Gipsmodelle aller größeren deutschen Postgebäude, die Briefkästen, Posthausschilder aller Zeiten. In der geschichtlichen Abteilung finden wir das gesamte Verkehrswesen im Altertum und Mittelalter, sowie das Postwesen des 16. bis 18. Jahrhunderts in Abbildungen, Abgüßen und Modellen verkörpert; da sehen wir römische Meilensteine, germanische Bronzewagen, das Wipkingerschiff, Modelle von Reisewagen, vom Schiff, mit dem Kolumbus seine Entdeckungsreise machte, und viele andere interessante Sachen. Im ersten Stockwerke ist kulturgeschichtlich interessante Abteilung für das Verkehrswesen im Ausland, mit den Modellen von ganzen Eisenbahnzügen mit den neusten internationalen Postwagen, aber auch die Renntier-, Kameel-, Büffel- und Hundepost ist zu sehen. Eine getreue Nachahmung unserer großen Schweizerischen Bergposten mit Coupé und luftigem Bankett, mit fünf Pferden bespannt, fesselt unsern Blick, denn gar bald werden diese Vehikel bei uns verschwinden, verdrängt durch die neuen Bahnen, die überall unser Gebirge durchbrechen sollen.

Für Fachleute von großem Interesse sind die Darstellungen der Telegraphie und Telephonie. Im zweiten Stockwerke kommen wir zu verschiedenen Vorführungen, die uns belehren und ergötzen. In einem Dunkelzimmer finden wir einen Kinematographen[97] mit Soldatenbildern, und daneben werden uns die Untersuchungen mit Röntgenstrahlen demonstriert, wie sie bei den Zollrevisonen vorgenommen werden. Beispielsweise sehen wir in einem gefüllten Cigarrenkistchen ganz deutlich eine geschmuggelte Uhr liegen. Im letzten Saale wird eine Rohrpost erklärt, die Telegraphie ohne Draht, und zum Schluß unterhält uns der große Phonograph mit mehreren Stücken, wovon besonders der Wachaufzug mit Musik gelungen ist.

Diese interessante Besichtigung des Postmuseums hat natürlich mehr Zeit in Anspruch genommen, als wir vorgesehen, und so heißt es jetzt mit möglichster Eile zu unserm Rendez-Vous zu eilen. In Anbetracht des wunderschönen Sonntags hat uns meine Schwester zum Mittagessen in den Zoologischen Garten eingeladen, und schon ist die Stunde des besprochenen Zusammentreffens vorüber.

Glücklicherweise bringt uns die ›Große Berliner‹ in kurzer Zeit hinaus zum Zoologischen Garten, wo die Andern längst hungrig auf uns warten. In der mit Blumen geschmückten langen Galerie ist ein Tisch für uns belegt, und gar bald wird uns das feinste Menü serviert, das wir uns trefflich schmecken lassen. In vergnügter Stimmung werden Karten lanciert an die Lieben zu Haus, an die Reisenden nach Frankfurt, auch nach München. Um 4 Uhr beginnt ein großes ›Monsterkonzert‹;

97 Erster Apparat zur Aufnahme und Wiedergabe von bewegten Bildern.

die Monstruosität besteht darin, daß drei große Regimentskappellen, in den verschiedenen Musikpavillons untergebracht, vier Stunden lang spielen, und zwar so, daß die zweite einsetzt, wenn der letzte Ton der ersten verklungen ist, und so geht das fort bis Abends 8 Uhr, ohne Unterbrechung. Tausende von Menschen sitzen in dem schönen Garten, die großen Restaurationen sind bis auf's letzte Plätzchen angefüllt, und vor den verschiedenen Tierkäfigen drängt sich die Menge. Die Kinder dürfen auf den Elefanten und Kameelen reiten und werden dabei von den sorgsamen Müttern begleitet; jedermann freut sich an den glücklichen kleinen Reitern.

Wir machen bei den schönsten Tieren unsere Abschiedsvisite und machen einen letzten Rundgang in dem wunderschönen Garten. Auf dem Heimweg erblicken wir plötzlich über unsern Köpfen, majestätisch durch die Luft schwebend, den großen Ballon, der um 6 Uhr zu einer langen Dauerfahrt zu wissenschaftlichen Zwecken von Friedenau aufgestiegen ist. Wie eine riesige goldene Kugel fliegt der Ballon von der Abendsonne beleuchtet über die Stadt dahin. Noch sehen wir den Ballast fallen und erkennen noch deutlich die große Gondel mit dem hängenden Schleppseil. Bald ist er in nordöstlicher Richtung verschwunden, und wie wir später erfahren, ist die Reise kürzer ausgefallen als projektiert war, denn nach einigen Stunden schon ist er gegen die Ostsee hin im Wald beim Niedergehen hängen geblieben, weil der Wind eine Fahrt bei Nacht über das Meer nicht ratsam erscheinen ließ.

Den letzten Abend in Berlin wollte man uns eine neue Sehenswürdigkeit vorführen, und wir werden nach dem Wintergarten abgeschickt. Vorher heißt es aber noch Abschied nehmen von der Schwester, die wir in der Frühe nicht mehr sehen werden. Voll Dank für die liebevolle Gastfreundschaft scheiden wir von der Guten, der wir so schöne und herrliche Tage mit verdanken.

In schneller Fahrt erreichen wir das Centralhôtel an der Friedrichstraße-Dorotheestr., wo der Wintergarten untergebracht ist. Feenhaft ist der Eingang beleuchtet, ebenso der riesige Saal, dessen Decke das Firmament darstellen soll, vom tiefdunkeln Himmel blitzen hunderte von Sternen auf den Raum herunter, nur blenden diese von Glühlampen hergestellten Sterne das Auge unangenehm.

Auf der kleinen, drehbaren Bühne wickelt sich ein endloses Programm ab, und es wechseln Akrobaten mit Jongleuren, mit Herkules-Damen oder mit dressierten Hunden und Katzen. Verschiedene Musik-Excentrics treten auf, spanische und französische Chansonetten Sängerinnen, die zu unserer großen Überraschung die Bühne unter Purzelbäumen verließen. Der Höhepunkt des Abends bilden ›Henry de Vry's lebende Riesen-Reliefs und Reproduktionen von Werken berühmter Meister‹, eine wundervolle Leistung, die an unserm Auge die prachtvollsten Marmorgruppen vorbeiziehen ließ. In künstlerisch vollkommener Gruppierung sind die Menschen aufgestellt; ihre weißen Gestalten, von blauem Bogenlicht bestrahlt, machen die Täuschung vollkommen, und wir glauben, richtige Marmorbilder vor uns zu sehen. Es muß schönes Menschenmaterial geben in Berlin, um die Antike so täuschend nachahmen zu können. Im Ganzen sind wir von diesem letzten Abend in Berlin nicht sehr entzückt und bereuen bitter, diese kostbare Zeit nicht der Duse[98] gewidmet zu haben, die als Giaconda auftrat im Lessingtheater. Dazu war die Hitze in dem Wintergarten unerträglich und das Bier oder Wein zum Durstlöschen fast unerschwinglich, wesshalb wir draussen bei der stillen Herkulesbrücke, am Cornelius-Ufer, in den Albrechtshof eintreten, um uns zu erfrischen und die Eindrücke zu verwischen.

Am 24. September ist schon vor 6 Uhr Tagwache, und wie immer sind wir lang vor der Zeit zur Abreise bereit. Frl. Mahnke hat sogar in aller Frühe das Frühstück bereitet und ist selber zum Abschied erschienen, was gewiss für eine Berlinerin eine respektable Leistung ist. Um 7 Uhr fahren wir mit Onkel Franz zum Anhalter-Bahnhof durch die stillen, morgenfrischen Straßen. Der Abschied von Berlin fällt uns nicht leicht, denn wir waren sehr gern hier und *hoffen bald wieder zu kommen.* Am Bahnhof haben wir alle Zeit, uns ein gutes Plätzchen auszusuchen, das wir endlich in einem offenen Rauchwagen finden.

Die Fahrt geht wieder wie bei der Herreise über Juterbock und Wittenberg, zweigt dann aber ab nach Leipzig, und sind wir nun auf

98 Die italienische Schauspielerin Eleonora Duse, 1858–1924, war eine der größten Charakterdarstellerinnen ihrer Zeit.

sächsischer Bahn. Von der Stadt sehen wir nicht viel, da man meist aussen herum fährt, über die weite Ebene, auf der sich die große Völkerschlacht abspielte. Von den vielen Fabrikschloten kann man leicht auf die wichtige Handelsstadt schließen, die sich in den letzten Jahrzehnten riesig vergrössert hat. Auf der ganzen Reise hatten wir Gelegenheit, das Aufblühen der Industrie und den damit verbundenen Wohlstand zu beobachten. Deutschland ist in den letzten zwanzig Jahren an Menschen, Industrie, Handel und Reichtum mächtig gewachsen; der heimatliche Rock ist ihm fast zu eng geworden, sodaß die Deutschen sich in der weiten Welt ausdehnen wollen und deshalb ihre fernen Kolonien gründen.

Durch fruchtbare und gewerbtätige Gegenden kommen wir an Altenburg, Gössnitz, Werdau und Plauen vorüber, wo überall eine Menge von Spinnereien und Webereien zu bemerken sind. Da Onkel Franz uns in Hof verlassen wird, verfügen wir uns in Reichenbach in den Restaurationswagen, wo eine sehr gute Table d'hôte[99] serviert wird. Wir trinken auf ein baldiges frohes Wiedersehen in der Schweiz und sehen ihn ungern in Hof scheiden. Schon vor der Station sind wir auf bayrischen Boden gelangt und wird vom bayrischen Schaffner eine Revision der Fahrkarten vorgenommen. Von 4 Uhr ab wird uns die Fahrt etwas lang, und eine leichte Ermüdung macht sich fühlbar, die aber wieder verschwindet, als Regensburg in Sicht kam. Voll Interesse betrachten wir wieder diese Gegend, die Dir von den bayrischen Manövern her bekannt ist. In der Ferne erkennen wir etwas undeutlich die Umrisse der Wallhalla in der Dämmerung. Zum dritten Mal befahre ich dieses Jahr die Strecke von Weiden bis München, da ich dieselbe Route auf meiner Reise nach Karlsbad benützte. Leider hüllt bald die Dunkelheit die Gegend in ihre undurchdringlichen Schleier, und wir sind froh, als endlich um 8 Uhr die Lichterreihen von München näher kommen.

Von Jungs ist Niemand am Bahnhof, und wird eben die Karte, die ihnen unsere Ankunft melden sollte, des Sonntags wegen liegen geblieben sein und ist wahrscheinlich mit uns gereist. In einigen Schritten haben wir das Hôtel Wolff erreicht, wo wir leider sehr hoch oben

99 Gemeinsame Speisetafel in Hotels.

ein Zimmer erhalten; glücklicherweise besorgt der Lift die Verbindung auf's Bequemste. Ein gutes Nachtessen im gemütlichen Restaurant des Hôtels stärkt uns, und Du schwelgst in dem ausgezeichneten billigen Münchnerbier. Um unsere steifen Glieder etrwas gelenkig zu machen, unternehmen wir einen nächtlichen Spaziergang, bis die obligate Nachtcigarre zu Asche geworden ist. Dann suchen wir unsere hochgelegene Kemenate auf und ruhen uns aus von dem langen Rütteln und Fahren.

Der 25. September ist uner Hochzeitstag, den wir vor 14 Jahren schon einmal in München gefeiert haben. Als kleines Andenken lege ich in aller Frühe die Bernsteinspitze in Deine Hände, die Du Dir in Heringsdorf so heiß gewünscht hast. Fast böse warst Du damals, als ich sie auf der Brücke bei Herrn Toepfer nicht kaufte, denn Du ahntest nicht, daß ich sie im Geheimen längst in der Tasche trug, um Dich an dem schönen Gedenktag damit zu überraschen. Deine rührende Freude beweist mir, daß der Streich gelungen ist, und seither rauchst Du jeden Abend Deine Cigarre daraus und zauberst die Bilder der Ostsee vor Dein geistiges Auge.

Nach dem Frühstück suchen wir den Tram, der uns zu unsern lieben Verwandten führen soll, und treffen dabei meinen Schwager, der in der Frühe unsere Karte erhalten und uns gleich aufgesucht hat. Rührend ist die Freude der lieben Schwester über unsern Besuch. Die ganze Familie ist wohl, die Kinder sind gewachsen, und sogar die Kleinen gehn in die Schule. Da wir uns in München nur zwei Tage aufhalten wollen, haben wir uns vorgenommen, keine Kunstsammlungen zu besuchen und lieber ruhig beisammen zu bleiben. Im Frühjahr hatte ich die diesjährige Ausstellung im Glaspalast und in der Kunstvereinshalle gehörig angesehen und wusste aus Erfahrung, wie müde man von diesem Besuche wird und wie wenig man eigentlich davon trägt.

So unternehmen wir einen Morgenspaziergang trotz der sommerlichen Hitze, der uns vorerst an die von der Isar weggerissene Luitpoldbrücke führt, wo die Fundamentierungsarbeiten nur sehr langsam vorrücken. Das neue National-Museum können wir leider nur von aussen besichtigen, da die Einweihung desselben erst am 1. Oktober, also in fünf Tagen, feierlich vor sich gehen wird. Durch den Hofgarten, der noch im schönsten Blumenschmuck ist, gehen wir zum Vetter Munzinger, dessen neues großartiges Geschäft wir gern ansehen möchten. Leider ist er nicht da, und wir treffen ihn vorn am Détail-Geschäft und verabreden mit ihm eine Zusammenkunft für den Abend. Gar bald sind wir am Platzl, und eh' wirs gedacht im Hofbräuhaus, das Du in seiner neuen Gestalt noch nicht kennst. Da wir die Frühschoppen nicht gewohnt sind, nehmen wir nur pro forma ein Glas Bier vor uns auf eines der Fäßer im sonnigen hellen Hof und betrachten uns das Treiben der Münchner auf dieser klassischen Kneipstelle. Zu unglaublich billigem Preise holen sie sich die schönsten und appetitlichsten Portionen aus der riesigen Küche und begießen sie mit verschiedenen ›Masserln‹.

Nach dem Essen geht's hinaus nach Sendling zum sog. Weinbauer, wo eben der ›Süsse‹ an der Tagesordnung ist. In dem Garten, mit vielen geheimnissvollen, lauschigen Plätzchen, werden wir bald vertrieben durch einen leichten Gewitterregen; das ferne Gebirge schaut geisterhaft beleuchtet herüber, und ein heller Föhnstreifen verspricht nichts Gutes. Der Abend und der nächste Tag vergeht rasch in der Gesellschaft der l. Verwandten; einige Besorgungen und der Besuch des Justizpalastes füllen allein den Morgen aus.

Der letzte Abend findet uns im Löwenbräukeller, wo eine sehr geräuschvolle italienische Blechmusik der gemütlichen Unterhaltung etwas Eintrag tut. Schon wieder heißt es Abschiednehmen, und es fällt uns der Abschied von Consty schwer, die wir gern mit uns in die Ferien genommen hätten, was ihr leider nicht möglich ist.

Mit einem ausgezeichneten neuen Schnellzug verlassen wir etwas vor 8 Uhr die Isarstadt und sind schon um 11 Uhr in Lindau, mit einem einzigen Halt in Kempten, wo wir den Prinzregenten mit Gefolge ankommen sehen, von einer Abordnung in goldstrotzenden Uniformen empfangen. Bei Immenstadt liegt der ganze Kranz der Alpen in herrlicher Klarheit vor uns, und voll Bewunderug durcheilen wir die schöne Gegend, die so sehr an unsere liebe Heimat erinnert. Prachtvoll ist die Fahrt über den Bodensee; die Ufer spiegeln sich im tiefblauen Wasser, lockend grüsst die blendende Schneekoppe des Sentis herüber, die sich majestätisch über den lieblichen Appenzellerbergen erhebt. Nach geschehener Zollrevision sind wir ungestört am Mittagstisch, der auf dem hohen Verdeck gedeckt ist. Die Möven folgen uns von Lindau bis fast hinüber nach Romanshorn, wo unser Schnellzug schon bereitsteht. Durch das mit Früchten überreich gesegnete Thurgau eilen wir nach Winterthur und Zürich; überall stehen ganze Wagenreihen Zwetschgen an den Bahnhöfen, zum Verladen bereit, und noch brechen die Äpfelbäume fast unter der Last ihrer Früchte zusammen.

Um 2 Uhr sind wir schon in Zürich, wo wir im Hôtel Viktoria absteigen; unsere Geduld wird hier auf die Probe gestellt. Den Abend verbringen wir im Concert im Pavillon der Tonhalle.

Den letzten Reisetag wollen wir mit unsern Kindern verleben, und rücken die denn nach 10 Uhr mit Ernst Seeger ein. Ein undurchdringlicher Nebel läßt noch nicht erkennen, ob uns das Wetter bis ans Ende hold sein wird. Es ist kühl und frostig, aber um Mittag durchbricht die Sonne siegreich das Gewölk und giebt den Blick frei auf den lieblichen See und die Berge. Nach einigen Besorgungen geht es per Tram die Rämistraße hinauf zu Hegars, die uns alle zum Essen eingeladen hatten. Wir sind alle vergnügt und erzählen unsere gegenseitigen Erlebnisse.

Gar zu schnell enteilt die Zeit; ein Besuch im Landesmuseum ist nicht mehr möglich, und um 6 Uhr dampfen wir alle vergnügt der Heimat zu, wo wir alles wohl und in Ordnung antreffen.

Die guten Wirkungen unserer schönen Ferienzeit sind auffallend und herzerfreuend. Voll neuer Lust machst Du Dich wieder an die Arbeit und lebst in der Mußezeit den herrlichen Erinnerungen. Voll Dankbarkeit für die genossenen schönen Tage lege ich diese Blätter auf den Weihnachtstisch zu ewigem Angedenken.

Olga

Walter Leimgruber
Baden und Paraden

Aarau: Kleinstadt um 1900

Das Aarau, in dem die Freys wohnen, wird immer wieder als ruhig und »behäbig« beschrieben; es gebe kaum Vergnügungsmöglichkeiten, ein »kühler altbürgerlicher Sinn« beherrsche die Stadt, ist etwa zu lesen.[1]

Obwohl die Stadt 1904 57 Fabrikbetriebe zählt, ist sie dennoch keine Industriestadt wie das benachbarte Baden, das mit der BBC einen Weltkonzern erhält, sondern bleibt stark geprägt von Handwerk und Gewerbe. Mit der Industrialisierung sind zwar auch hier Baumwollwebereien entstanden. Die Textilindustrie erlebt aber in der zweiten Hälfte des 19. Jahrhunderts einen massiven Niedergang. Neben der Weberei AG bleibt nur die 1876 in der Telli gegründete Färberei Adolf Jenny bestehen, deren Erben die Tochter unserer Freys später heiratet.

Nach der Krise der siebziger Jahre entstehen zwar in den neunziger Jahren des letzten Jahrhunderts erneut eine Reihe von kleineren und mittleren Unternehmen und einige neue Fabriken. Aber eine großangelegte Industrieansiedlung erfolgt nicht. Die Arbeiter sind in der Regel ländlich geprägt, sie wohnen meist in den umliegenden kleineren Gemeinden und bewirtschaften noch ein Bauerngütlein. Bürger und Fabrikherren loben die »gesunde Gesinnung« der Aarauer Arbeiterschaft. Während sich in den größeren Städten die Arbeiter zunehmend organisieren und Forderungen stellen, verrichte der »einheimische und bodenverbundene Fabrikler seine Arbeit noch weithin mit der Mentalität des Kleinbauern« und komme »sich daher auch keineswegs als wurzelloser Prolet« vor. Streiks sind in Aarau eine Seltenheit, der erste eigentliche 1.-Mai-Umzug findet 1903 statt. Politisch ist die Freisinnige Partei, gespalten in Liberale und Radikale, bis 1905 Alleinherrscherin in Aarau, ab 1906 sitzen im Gemeinderat auch sozialdemokratisch orientierte Arbeiter.[2]

1900 zählt die Stadt 7824 Einwohner und bietet ein beschauliches

Folgende Doppelseite:
Aarau: Blick von der Pelzgasse in die Metzgergasse, 1901

MÖBEL
DECORATIONS-GESCHÄFT
Velos

Bild. Der Stadtbach fließt noch weitgehend offen und schleppt allerlei Unrat mit, er wird erst in den folgenden Jahren an vielen Orten eingedeckt. 1877 hatte der Stadtrat die Entfernung aller Schweineställe und Misthaufen aus Igelweid und Bahnhofstraße dekretiert und damit heftigen Unwillen bei der betroffenen Bevölkerung hervorgerufen. Auch wenn rasch neue Quartiere entstehen und die Bebauung dichter wird, ist die Landwirtschaft noch stark vertreten und verfügt über beträchtliche Grünflächen.[3]

Auf dem Bahnhofvorplatz pflanzen der Bahnhofsvorstand und sein Buffetwirt Kohl und Rüben an. Die zahlreichen Mängel des Bahnhofs, die primitiven Wartesäle und Aborte führen zu vielen Klagen. Das verdrießt manche, die auf den Fortschritt setzen. Man plant eine adäquate Neugestaltung des Platzes mit Fontäne und modernen Bauten. Auch die Bahnhofstraße mit ihren vielen Löchern wirkt noch längst nicht wie eine moderne Geschäftsstraße. Die beiden imposantesten Gebäude sind die 1854 gegründete Aargauische Bank, der Othmar Frey als Direktor vorsteht, und das unter Stadtammann Schmidlin, Olgas Vater, eingeweihte große Gemeindeschulhaus.

Die moderne Technik hält jedoch auch in Aarau Einzug. 1856 wird Aarau von Olten her an das Eisenbahnnetz angeschlossen und erhält zwei Jahre später auch eine Verbindung mit Zürich. Die Stadt wird aber nicht wie gewünscht Eisenbahnknotenpunkt, diese Funktion fällt an das benachbarte Olten. Schiffahrt und Flößerei werden durch die neuen Transportmöglichkeiten verdrängt.[4]

Gegen die Jahrhundertwende hin nimmt auch der Straßenverkehr zu: ab den neunziger Jahren tauchen Fahrräder mit Luftreifen auf, die sich aber wegen der holprigen, grob bekiesten und staubigen Straßen nur langsam durchsetzen. 1892 haben die Aarauer erstmals die Möglichkeit, eine »Dampfkutsche« mit Benzinmotor zu bestaunen, 1895 rattert das erste »Motorvelo« durch die Stadt. Und am Ostersonntag 1900 fordert der moderne Straßenverkehr hier sein erstes Opfer, eine Dienstmagd aus dem Badischen. Die Aare wird auf der Kettenbrücke überquert, einer Sehenswürdigkeit, die unter dem Gewicht der schwerbeladenen Vier- und Sechsspänner schwankt. Auch Postchaisen überqueren sie, sogar das »Automobil« kann sie benutzen.[5]

Aus den Altstadtdächern ragt das Telephontürmchen hervor. Von dort führen direkte Drahtverbindungen nach Zürich, Basel, Bern, Luzern, Winterthur und Schöftland. Seit kurzem hat man auf der Zentralstation den durchgehenden Nachtbetrieb eingeführt, ein Zeichen, daß Aaraus Bedeutung als kleine Handelsmetropole wächst. Der Turm des neuen Gewerbemuseums, der Dachreiter des neuen Kantonsschulgebäudes und der Hochkamin der modernen Krankenanstalt zeigen, daß Kultur, Bildung und Wissenschaft gefördert werden.

Elektrisches Licht sehen die Aarauer erstmals 1882 am Eidgenössischen Turnfest und am kantonalen Schützenfest. Nach langen Diskussionen beleuchtet 1893 von der Stadt produziertes elektrisches Licht die Tanzfläche des Maienzugs, des wichtigsten Stadtfestes. Weil die erste, bescheidene Elektrizitätserzeugungsanlage bald nicht mehr genügt und es immer wieder zu Reklamationen kommt wegen unregelmäßiger Stromlieferungen, flackernden Lichts und Stromunterbrüchen, wird 1894 an der Aare ein neues Kraftwerk in Betrieb genommen.

Auch die Wasserversorgung muß modernisiert werden. Am 5. September 1900, während die Freys an der Ostsee baden, testet die Feuerwehr die neue Hochdruckanlage, indem sie aus fünf Rohren eine Stunde lang gen Himmel spritzt. Dennoch bleiben die Klagen über die mangelhafte Wasserzufuhr; erst als die Stadt Wasseruhren einführt, werden der enorme Verbrauch von 720 Litern pro Kopf und Tag (Zürich: 180 l) drastisch gesenkt und die Versorgung sichergestellt. Ab 1891 entsteht auch eine Kanalisation, die Abwässer werden unterhalb der Kettenbrücke direkt in die Aare geleitet.[6]

Aarau wirke nur oberflächlich betrachtet wie ein »verschlafenes Seldwyla«, behauptet der Stadtchronist Erismann, das geistige Leben sei um die Jahrhundertwende erstaunlich rege gewesen. Vor allem von den Lehrern und Geistlichen seien Impulse ausgegangen. Belehrende Vorträge unterhalten das noch radio- und kinofreie Aarau, das Vereinswesen blüht.

Ein eigenes Theater besitzt die Stadt nicht, stellt aber den 1883 eröffneten Saalbau Wanderbühnen meist reichsdeutscher oder österreichisch-böhmischer Herkunft zur Verfügung. In der Regel zeigen diese Possen, Rührstücke und mißhandelte Klassiker. Bereits 1889 kommen Ibsens »Gespenster« auf die Bühne, die anderswo für einen Skandal gesorgt haben, hier aber ruhig aufgenommen werden. Die neuen Strömungen in Kunst und Kultur sind zwar auch in Aarau zu spüren, werden aber in der Regel kaum rezipiert, noch immer dominiert das kulturelle Verständnis der Spätromantik.[7]

Wichtigstes Stadtfest ist der Maienzug, ein im Juli abgehaltenes Schul- und Kinderfest. Morgenfeier, Umzug der Schüler und Behörden, Bankett der Ehrengäste und Honoratioren, ein Gefecht der Kadetten gegen »Freischaren« und Tanz sind zumindest für das bürgerliche Aarau ein Muß im jährlichen Festkalender.

Jahrmärkte bieten regelmäßig »Sensationen«, etwa einen toten Wal, der gräßlich stinkt. Einmal im Jahr gastiert eine Menagerie oder gar ein Zirkus in der Stadt. Seiltänzer wie der berühmte Ludwig Knie und seine Knaben lassen die Menge den Atem anhalten, in Wirtshäusern oder im Saalbau können afrikanische Stämme besichtigt werden.

Der 1878 von Edison erfundene Phonograph ist erstmals 1890 in der Brauerei Holzach zu hören, in der sich der »Prestidigitateur« und Illusionist Petrofsky für eine Weile niedergelassen hat. Mit der Zeit weicht der Phonograph dem Grammophon, das keine Walze mehr benötigt, sondern runde, flache Platten, in deren Rillen ganze Musikstücke Platz finden. Noch immer dient aber ein großer Trichter der Verbreitung des Klanges. Das erste Grammophon ist 1899 unweit der Freyschen Wohnung in der Wirtschaft am Graben zu hören und verursacht einen Volksauflauf.

Die erste Vorführung eines Kinematographen 1896 im Hotel Gerber mißlingt teilweise wegen Stromausfällen. In den folgenden Wochen können die »Unterbrochene Jaßpartie«, das »Schwimmbad«, die »Auswandererkneipe« und die »Zarenkrönung in Moskau« aber doch noch gezeigt werden. Kurz darauf erscheint bereits das nächste Kinematographenunternehmen in der Stadt. Wegen des enormen Zulaufs verlegt es seine Vorführungen von der Brauerei Holzach in den größeren Saalbau. Zu sehen sind französisches Militär, spielende Kinder und Tiere, die Verhaftung von Verbrechern und – im Binnenland Schweiz am meisten bestaunt – die Wogen des Weltmeers. An einem Familienabend mit Cäcilienverein und Stadtmusik werden die Filmstreifen zum Gaudi des Publikums auch rückwärts abgespielt. Nach diesem Triumph kommt der Kinematograph immer wieder, gastiert bisweilen auch in Zelten und Buden. Bereits im Herbst 1897 können die Aarauer ihren Maienzug auf Film sehen. In der Regel werden Reportagen und komische Kurzszenen gezeigt, das erste Filmdrama wird 1902 aufgeführt.[8]

»Fieberhafte Lebendigkeit«: Berlin

Anders als Aarau, das die Hauptstadtwürde nach einem kurzen Intermezzo wieder verliert, wird Berlin in den sechziger und siebziger Jahren zuerst Hauptstadt des vergrößerten Preußen, dann Zentrum des Deutschen Reiches und verwandelt sich mit einer Schnelligkeit, für die es in früherer Zeit kein Beispiel gibt. In den siebziger Jahren braust der Fieberwahn der Gründerjahre über die kaiserliche Stadt. Die Wirtschaft nimmt einen nie gesehenen Aufschwung. Eine neue geschichtliche Epoche hat für Deutschland begonnen, und, das ist die allgemeine Empfindung, Berlin ist ihr Träger. Über der Gegenwart liegt Glanz, der Fortschrittsglaube ist ungebrochen; manche meinen, der Lebensstandard erhöhe sich wie von selbst.[9]

Die Stadt entwickelt sich in jenen Jahrzehnten aus provinzieller Enge zu einem Mittelpunkt bürgerlicher Kultur und zu einer glanzvollen Metropole. Berlin wird zur Weltstadt, zum Zentrum der politischen und wirtschaftlichen Macht, der Kultur und der Wissenschaften, zum Ort der künstlerischen und intellektuellen Experimente und des modernen, städtischen Lebensgefühls. Während das Aarau der Epoche als »hastlos« beschrieben wird, ist Berlin geprägt von einer »fieberhaften Lebendigkeit«, einem »fast beispiellosen Tempo«.[10]

1871 leben knapp über 800 000 Einwohner in der Stadt, 1900 sind es beinahe zwei Millionen. Nach dem Krieg von 1870/71 ist Berlin noch eine Stadt ohne Platznot. Zwischen den Häusern und Straßen hat es überall grüne Flächen, sogar lange Strecken unbebauten Landes. Der enorme Zuwandererstrom um 1880 führt zu einer grenzenlosen Bauwut. Die Friedrichstadt, das Herz der Stadt, nimmt den Großteil dieses Stroms auf. Die wohlhabenderen Menschen hingegen streben aus dem geschäftigen Zentrum heraus, das vornehme Villenviertel des Tiergartens entsteht.[11]

Um die Jahrhundertwende setzt eine zweite, noch größere Zuwanderungswelle ein. Wachstum und Bautätigkeit verwirren: »Kamen fremde Gäste aus dem Reich oder von jenseits der Grenzen in das

Berlin: Friedrichstraße mit der Kaiserpassage an der Ecke zur Behrenstraße, um 1900

Berlin von 1900, so wurden sie von dem sich bietenden Anblick der Stadt, den sie sich aus der Vielheit und aus der unendlichen Wirrnis zusammensuchen mußten, natürlich heftig abgestoßen. An allen Ekken und Enden stiegen neue Viertel aus dem Boden, man sah direkt unter den eigenen Augen wachsen, dann mit einem Male aus unerklärlichen Gründen erstarren und gleichgültig werden, damit an irgendeiner anderen Ecke der gleiche Hexen-Sabbath von Neuem losging. Sinn und Plan schienen zu fehlen, fehlten auch in der Tat in den meisten Fällen. … Berlin besteht aus lauter Unfertigkeiten. Ein Ruck vorwärts, erstarren, ein anderer Ruck, der womöglich den vorigen durchkreuzt. Kaum eine Straße ohne etwas Unerwartetes.«[12]

Trotz dieses Wirrwarrs sind einige Elemente der Stadtentwicklung deutlich erkennbar: Die alte Stadt steht nun geschlossen da. Mit der Bildung von Geschäftsvierteln wie dem Banken- oder dem Zeitungsviertel entstehen neue Schwerpunkte. Unter den Linden wird zur führenden Geschäftsstraße mit Banken, Agenturen, Hotels

Berlin: Friedrichstraße, Kaiserpassage, ca. 1910

und Hoflieferanten. Hier wird aber auch flaniert, und die Cafés Bauer und Kranzler gehören zu den wichtigsten Treffpunkten der Stadt.[13]

Die lange Friedrichstraße ist die Hauptstraße des Verkehrs, der Geschäfte und gleichzeitig des Amüsierbetriebes. Um 1880 ist sie das teuerste und begehrteste, aber auch das dichtestbebaute Terrain der Stadt. Die Höfe werden gestaffelt, um möglichst viel Platz zu schaffen. Ballokale, Tanzbars, Weinstuben, Cafés und Kaschemmen reihen sich aneinander, für jeden Geldbeutel und für jeden Geschmack findet sich das Passende. Hier tauchen um 1900 zum ersten Mal die Schilder auf, auf denen die Haftung für die Garderobe abgelehnt und der Gast gebeten wird, selbst auf seine Brieftasche zu achten. Langsam verliert die Friedrichstraße aber ihre Rolle als Hauptverkehrsstraße an die Leipzigerstraße. An deren Plätzen entstehen riesige Kaufpaläste, am Potsdamer Platz Wertheim, am Dönhoffplatz Tietz.

Das bunteste Bild von Berlin bietet um 1900 die Umgebung des Alexanderplatzes. Der verkehrsreichste Bahnhof der Stadt, die Zentralmarkthalle, Speicher, Polizeipräsidium, Hotels, Cafés, Kneipen, in der Nachbarschaft die Königstadt mit ihren Kontoren und Betrieben vereinigen alle Facetten der pulsierenden Großstadt. In der Umgebung des Platzes entstehen neue, bequeme bürgerliche Wohnviertel, aber man findet auch »den Schandfleck Berlins«, das heruntergekommene Scheunenviertel mit düsteren Gassen, Kellerwohnungen, Kaschemmen und berüchtigten Absteigen.[14]

Die Stadt drängt nach Westen, hier liegt die Zukunft, man spricht auch von »Berlin W«. Langsam bekommt der Kurfürstendamm seine Rolle als wichtige Verbindungsstraße. Um 1900 vollzieht sich seine Bebauung mit Riesenschritten, aber noch immer finden sich hier lange, häßliche Bauzähne. Das Tiergartenviertel, der unter dem Kaiser Wilhelm I. entstandene »alte Westen«, ist auch um 1900 noch der vornehmste Stadtteil. Der neue Westen hingegen orientiert sich an den Bedürfnissen eines gehobenen, selbstbewußten Bürgertums. Große Wohnhäuser prägen ihn, nicht freistehende Villen wie im alten Teil. Der Lützowplatz – 1900 noch ein grüner Rasenplatz – wird zur Wasserscheide zwischen dem alten und dem neuen Berlin.[15] An der Friedrich-Wilhelm-Straße, die vom Tiergarten hierherführt, wohnen die Verwandten der Freys, die Seegers. Sie gehören zum gehobenen Bürgertum. Das von den Freys bewunderte Haus zeigt mit »Herrschaftstreppe«, »Dienstentreppe« und Hausmeister die Stellung der Bewohner an. Etwas erstaunlich ist, daß die Seegers trotzdem über kein großes Gästezimmer verfügen und dem Besuch daher Logis in der Nähe zuweisen. Schwager Ernst Seeger ist Geschäftsmann und trägt den Titel eines Kommerzienrates, in erster Linie aber pflegt er seine Kunstsammlung.

Berlin wächst immer mehr mit den umliegenden Orten zusammen. 1861 werden Moabit, Wedding und Gesundbrunnen im Norden und die nördlichen Gebiete Schönebergs und Tempelhofs im Süden der Stadt eingemeindet. Aber auch die selbständig bleibenden Ortschaften werden in die Entwicklung einbezogen. Auf ihren ausgedehnten Besichtigungsfahrten besuchen die Freys Charlottenburg, Potsdam, Wilmersdorf, Friedenau, Steglitz und Babelsberg. Charlottenburg ist nicht nur die elftgrößte Stadt des Deutschen Reiches, sondern auch eine der wohlhabendsten. Dagegen sind Vororte wie Neukölln und Lichtenberg ausgesprochene Arbeiterstädte, während Schöneberg und Wilmersdorf wiederum einen eindeutig bürgerlichen Charakter ausbilden. Schöneberg, das in Berlin aufgeht, wird als Millionärsdorf berühmt, der Schöneberger Millionenbauer zur Figur von Romanen und Lustspielen. Im Grunewald, einem der Lieblingsausflugsziele der Berliner, den auch die Freys besuchen, entsteht eine Kolonie mit prächtigen Villen und schönen Alleen.[16]

Berlins Aufschwung und das rasche Wachstum werden auch im Verkehr sichtbar. Der enorme Betrieb in der Stadt geht auch in der Nacht weiter. Die Freys schlafen schlecht wegen des Lärms der Straße und des Gerassels der Trambahn, sehnen sich nach der »heimatlichen Stille am Graben« in Aarau. Sie staunen über die endlosen Reihen von Pferde- und elektrischen Bahnen. Unterwegs sind sie in der Regel mit Droschken, von denen es in Berlin 1888 rund 5000, 1908 rund 8000 gibt. Die Einheimischen unterscheiden zwischen solchen erster und zweiter »Jüte«. Was für Berliner Begriffe ganz in der Nähe liegt, ist für die Aarauer »ein ziemliches Stück Weg«.

Nur wenige Male benutzen die Freys die Straßenbahn. Seit 1865 in Betrieb, wird die Pferdebahn zwischen 1896 und 1902 durch elektrische Bahnen verdrängt. 1898 verfügt die Berliner Pferdeeisenbahn-AG über etwa 2000 Wagen sowie 7500 Pferde und befördert 250 Millionen Personen. Zusätzlich gibt es Pferdeomnibusse sowie Kremser[17] für den Ausflugsbetrieb.

Bereits 1882 wird die erste Stadtbahnstrecke in Betrieb genommen, 1900 verkehren zum ersten Mal auf dem Kontinent elektrische Oberleitungsbusse, zwei Jahre später werden die ersten Teilstrecken der Hoch- und Untergrundbahn in Betrieb genommen, deren Bau die Freys bei der Jannowitzbrücke beobachten.

Bis 1884 kauft der preußische Staat alle Berliner Eisenbahnen auf, monumentale neue Bahnhöfe nehmen die schnell wachsenden Massen auf. 1871–1877 entsteht die Ringbahn, deren Dampfzüge die einzelnen Fernbahnlinien verbinden. 1892 erhält das erste Automobil die Zulassung, ab 1899 werden im Fuhrbetrieb Motordroschken eingesetzt, 1900 sind es ganze drei »Benzinkutschen«, 1908 immerhin 290 Motorwagen.[18]

»Halb Hofluft – halb Weltstadt«

In Berlin wird ein Hauptwiderspruch des Kaiserreiches besonders deutlich: der Gegensatz zwischen rascher wirtschaftlich-sozialer Entwicklung und ausbleibender politischer Modernisierung.[19] Trotz aller urbanen Modernität bleibt die Stadt von Anspruch und Dekor der Monarchie, des Hofes und des Militärs prägender bestimmt als die großen westeuropäischen Metropolen. Auf den Hof – als Sitz des deutschen Kaisers und preußischen Königs – ist der Blick der Stadt gerichtet. Berlin ist die Bühne für ein pracht- und wirkungsvolles Ineinander von imperialer Selbstbestätigung, aristokratischer Traditionspflege und der Demonstration nationalen Ehrgeizes. Der seit 1888 regierende Kaiser Wilhelm II. legt großen Wert auf Repräsentation und Pomp. Daher wird das Erscheinungsbild der Stadt wesentlich von Paraden, Manövern und höfischem Zeremoniell bestimmt – nicht nur im Zentrum der Stadt, zwischen Stadtschloß und Brandenburger Tor, sondern auch an den Randbezirken mit ihren Kasernen und Exerzierplätzen bis hin zum Tempelhofer Feld und zur Jungfernheide. Man spricht von der »Metropole in Gardeuniform« und unterstreicht damit, daß das gesellschaftliche Leben in Berlin wie in keiner anderen europäischen Hauptstadt vom Geist des Militärs durchtränkt ist.[20]

»Berlin jewesen – Kaiser jesehn!« wird zum geflügelten Wort. Man muß den Kaiser gesehen haben, wenn man in der Stadt ist. Hält dieser sich in Berlin auf, passiert er die Linden mindestens einmal täglich zu Wagen oder zu Pferd, und meist zu fester Stunde. Die Damen bleiben stehen, die Herren vergleichen ihre Taschenuhren mit Berlins Normaluhr am Akademiegebäude. Auf einmal kommt Bewegung in die Massen. Man tritt vor bis hart an die Fahrstraße, Kinder werden in die Höhe gehoben, Taschentücher lockern sich, und dann schwillt wie eine heranrollende Woge der Ruf: »Der Kaiser! Hoch! Hurra!«[21] Bücher über Sitte und Anstand und Reiseführer erklären, wie man sich zu verhalten hat: »Man grüßt Seine Majestät auf der Straße durch Frontmachen; die Herren in Zivil lüften den Hut, die Damen machen tiefe Verbeugung, die Kinder knixen.«[22] Bisweilen enden diese Ausfahrten damit, daß die Lindenpassanten entblößten Hauptes eine Strophe des »Heil Dir im Siegerkranz« singen.[23]

Kaiser Wilhelm II. mit Familie

Die regelmäßig feststehenden Besuche von Wilhelm in Berlin sind vor allem die Frühjahrsparade und die Herbstparade auf dem Tempelhofer Feld. Die letztere wird auch von den Freys bewundert. »Regelmäßig nach der Parade sieht man Se. Majestät, zur Mittagsstunde oder kurz vorher, den Weg vom Tempelhofer Feld zum Schloß, die Belle-Alliancestraße, Friedrichstraße und die östliche Hälfte Unter den Linden, zu Pferde an der Spitze der Fahnenkompagnie zurücklegen. Der Kaiser erwidert mit einem leichten Schwenken das Marschallstabs die Grüße der zu Tausenden auf den Bürgersteigen und an den Fenstern versammelten Menge.«[24] Am Abend folgen jeweils Galavorstellungen im Opernhaus.

Wie bestimmend der Einfluß des Hofes ist, zeigt das Beispiel der Straße Unter den Linden, Hauptstraße und zugleich Straße der Hohenzollern. »Halb Hofluft – halb Weltstadt«, so bezeichnen Berliner die Straße um die Jahrhundertwende. Die beiden rund sieben Meter breiten Reitwege, die vor allem vom Kaiser benutzt werden, dürfen trotz des rasch wachsenden Verkehrs lange Zeit nicht beseitigt oder verkleinert werden, da der Kaiser das Recht hat, jede Änderung der Straße, auch Umbauten und Renovationen, zu genehmigen. Er verbietet auch Straßenbahnen, ebenso dürfen hier und auf anderen Prunkstraßen keine Fahrräder und Kinderwagen geschoben werden.[25]

Die Gesellschaft des wilhelminischen Berlin ist klar gegliedert, die Standesgrenzen deutlich markiert. Die soziale Struktur gleicht einer Pyramide, deren Spitze mit dem Kaiser der breiten Basis der sozialen Unterschichten gegenübersteht und die sich von dieser Basis hierarchisch nach oben aufbaut. Die Gesellschaft insgesamt ist feudal, militärisch und bürokratisch überformt; an der Spitze stehen als privilegierte, geschlossene Kreise Hof, Adel und Militär.[26]

Das Überleben des Adels wird vom Staat gesichert. Auch die Militärs werden bevorzugt und aus der allgemeinen gesellschaftlichen Schichtung herausgehoben. Die Offiziere repräsentierten »in der Berliner Gesellschaft das Beste und Stolzeste ihrer Geschichte«, schreibt Modrow. Innerhalb des Offizierskorps gibt es eine weitere Differenzierung. Zwischen Gardekürassier und Pionier erstreckt sich eine ganze gesellschaftliche Skala, die von den Beteiligten als selbstverständlich

Der – Die – Das (Der Pöbel, Die Menge, Das Volk),
Bruno Paul 1897

respektiert wird. Im Bürgertum gilt es als eine Art gesellschaftlicher Auszeichnung, einen Offizier in Uniform zu Tisch zu haben.[27]

In Berlin zeigt sich auch mit besonderer Deutlichkeit die wichtige Rolle der Bürokratie in Deutschland. Die Beamten, die hohen wie die niederen, bilden gesellschaftliche Sondergruppen, die ganz wesentlich von der Staatsbezogenheit geprägt sind.

Wichtigste Gruppe Berlins um die Jahrhundertwende ist das Bürgertum. An der Spitze steht die neue Elite des reichen, wirtschaftlich und oft auch politisch mächtigen Großbürgertums in Industrie, Handel und Bankwesen. Ebenso zählen zu dieser Schicht die seit der Jahrhundertwende aufkommenden Manager. Die neue Schicht der reichen »Bourgeois« konkurriert in ihren Formen der Selbstdarstellung häufig mit der Aristokratie, der sie in Pracht und Aufwand in nichts nachsteht.[28]

Typisch für Deutschland ist die relativ starke Stellung des sogenannten Bildungsbürgertums. Modrow sieht die Akademiker sogar als zweitvornehmsten Stand Berlins. Professoren sind bei Einladungen hochwillkommene Gäste, Ärzte und Juristen immer gern gesehen. Wer mit einem »Doktor« geschmückt ist, erlangt Zutritt, wo ein Unbetitelter nicht hinkommt. Anders als zum Beispiel in den angelsächsischen Ländern ist das Bildungsbürgertum eng mit dem Staat und der Beamtenschaft verknüpft und nationalistischer ausgerichtet. Dennoch ist seine politische Bedeutung wesentlich geringer als die der Wirtschaftsbourgeoisie.

Der liberalere Teil des Bürgertums steht dem Hof kritischer gegenüber, verbündet sich bisweilen auch mit den Vertretern der Moderne, den Künstlern, Literaten und Intellektuellen. Er bildet die Gesellschaft des neuen Westens, ist Träger der Sezessionsmode.

In Wirklichkeit allerdings sind die Übergänge oft kaum wahrzunehmen, Distanz und Nähe zum Hof sind keine klar definierten Werte. Die bürgerlichen und großbürgerlichen Schichten aus Industrie und Hochfinanz, Wissenschaft und Kunst, die den Takt und den Stil einer neuen Zeit bestimmen, können und wollen sich der Strahlkraft des Hofes nicht immer entziehen, wie auch das Besuchsprogramm des Ehepaars Frey in Berlin zeigt.[29]

Wichtiges Bindeglied zwischen Bürgertum und Hof ist das Institut des Reserveoffiziers. Fontane nennt diesen den »Vitzliputzli des preußischen Kultus«. Ein Reserveoffizierspatent, am besten in einem der vornehmen Regimenter, der Garde, der Kavallerie oder gar der Gardekavallerie, ist der Schlüssel zu allen gesellschaftlichen Positionen. Die militärische Hierarchie und der Respekt vor ihr durchformen das Leben der gesamten Gesellschaft. Die Geschichte vom Schuster Voigt, der als Hauptmann von Köpenick eine ganze Stadt in Atem hält, ist dafür beredtes Symbol. Jules Laforgue sieht 1887 den »allergrößten Einfluß« der militärischen Formen auf die »Elégants und die jungen Bürgerlichen«: »Dabei ist das vorherrschende Merkmal natürlicherweise das der militärischen Haltung: das Steife, der abgehackte Gang und oft, ja mehr als oft, die Manie, die Hacken zusammenzuschlagen.« Und Jules Huret doppelt 1907 nach: »Wodurch Berlin sich auszeichnet … ist der militärische Sinn der Bevölkerung. Der erste beste Droschkenkutscher weiß Bescheid über die nächsten Manöver und welche Generäle sich daran beteiligen werden.«[30]

Bezeichnend für die Staatslastigkeit der Bürger wie der Gesamtgesellschaft ist auch die Ordens- und Titelsucht. Die Berliner haben, auch wenn sie diese Vorliebe mit Witz und Spott gelegentlich überdecken, hohen Respekt vor Titeln und Ehrzeichen; Auszeichnungen und Orden sind begehrt.[31] Die Beamtenkategorie des »Rats« ist ein Kennzeichen der bürgerlichen Welt – vom Justiz- und Medizinal- bis zum Kommerzienrat, den auch der Schwager des Ehepaars Frey als Titel trägt.

In der gesellschaftlichen Hierarchie folgt dem Großbürgertum die ganze Bandbreite bürgerlicher Positionen bis hinunter zum Kleinbürgertum. Dieses umfaßt Gruppen wie die Handwerker, Krämer, kleinen Angestellten und kleineren Beamten. Seit der Jahrhundertwende ist die Rede vom »Mittelstand«, der neben dem Kleinbürgertum auch mittlere Beamte, Privatangestellte und die weniger gut gestellten Vertreter der freien Berufe einschließt. Wichtiges Merkmal der Epoche ist die rasante Bedeutungszunahme der in den Großbetrieben arbeitenden Angestellten. Der weiße Stehkragen wird deren Statussymbol, mit dem man sich von den Proletariern abgrenzt. Damit bildet sich das Fußvolk des Individualismus und der beginnenden Massengesellschaft heraus. Aber auch diese Gruppe ist dem Staat stark verbunden, wie etwa die Selbststilisierung der Angestellten als »Privatbeamte« zeigt.[32]

Die Grenze zwischen den Kleinbürgern und den sozialen Unterschichten ist nicht exakt zu bestimmen. So unterscheiden sich zum

Beispiel die oft zum Kleinbürgertum gerechneten unteren Beamten, die mit Routinesachen befaßten einfachen Angestellten und viele der ohne Gesellen und maschinelle Hilfsmittel arbeitenden, oft am Rande des Elends lebenden Kleinmeister in ihrer ökonomischen Lage nicht vom Industriearbeiter, distanzieren sich aber bewußt vom Proletariat und versuchen, kleinbürgerliche Verhaltensweisen zu kopieren.

Den massiven Sockel der gesellschaftlichen Pyramide bilden die Arbeiter, zu denen 1895 sechzig Prozent der Berliner gehören. Aber auch Randexistenzen wie Asylbewohner, Vagabunden und Obdachlose sind Teil des gesellschaftlichen Fundaments.[33]

»Spree-Chicago«

Das Wachstum Berlins ist nicht nur Folge der neuen Funktion als Hauptstadt und Kaiserstadt, sondern vor allem auch der expandierenden Industrie. Aus dem »Spree-Athen« wird ein »Spree-Chicago«, wie Mark Twain um die Jahrhundertwende bemerkt.[34] Auch Jules Huret hält Chicago für die einzige Stadt, mit der man Berlin vergleichen kann was die unglaubliche Schnelligkeit seiner Entwicklung betrifft.[35] Nach 1830 verändert die entstehende Industriewirtschaft das soziale und kulturelle Gefüge Berlins nachhaltig und beschleunigt den Prozeß neuzeitlicher Urbanisierung.

In wenigen Jahrzehnten wird Berlin der führende und größte Industriestandort auf dem Kontinent. 1895 sind über 400 000 Menschen in der Industrie tätig, deren Triebkräfte die modernen Branchen Maschinenbau, Chemie und Elektrotechnik sind. Der Aufstieg der Großbetriebe beginnt. 1837 entsteht August Borsigs Maschinenbauanstalt, die ab 1841 auch Lokomotiven baut. Emil Siemens gründet 1847 die Telegraphenbauanstalt, Emil Rathenau 1883 unter dem Namen »Deutsche Edison-Gesellschaft für angewandte Elektrizität« die AEG, in der Chemie dominieren Schering (seit 1851) und Agfa (seit 1873). Manche Fabriken bilden eigene Quartiere oder sogar Städte, wie etwa die Siemenswerke zwischen Spandau und Charlottenburg, wo Siemensstadt entsteht. Im Norden Berlins, in unmittelbarer Nähe der Fabriken, in Wedding und Gesundbrunnen, entstehen dichte Arbeiterquartiere, in denen abwechselnd endlose Mietskasernen und große Fabrikgebäude das Stadtbild prägen.

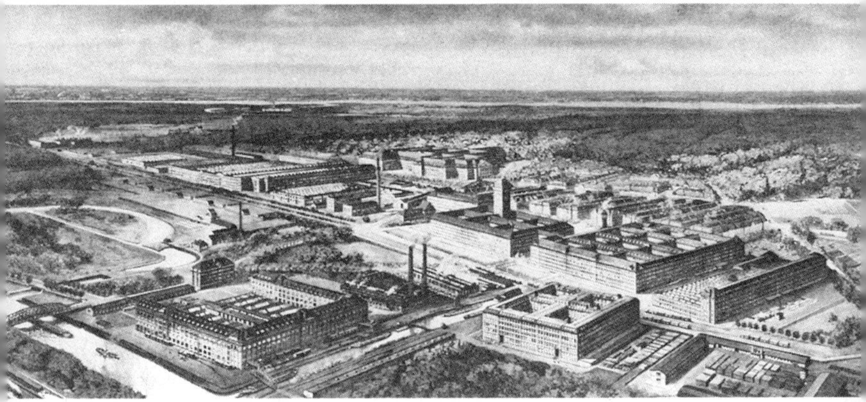

Berlin: Siemensstadt

Im Süden hingegen finden sich eher kleinere Firmen und Handwerksbetriebe, die in den Höfen und Hinterhäusern der dichten Blockbebauungen Platz finden.[36]

Die industriellen Außenquartiere sind kaum bekannt bei den reichen Bürgern, die im Westen der Stadt leben. Walther Rathenau, Industrieller und späterer Reichsaußenminister, schreibt von den »schwarzen Polypenarmen« der Arbeiterstadt, welche den »schwächlichen Westen mit Eisenzähnen« umklammern würden.[37]

Die Freys allerdings gehen mit dem elektrischen Tram auf Entdekkungstour und fahren kreuz und quer durch die Stadt. Endstation der Fahrt ist der Norden, das Arbeiterquartier Gesundbrunnen. Von den Berliner Verwandten war noch niemand in diesen Gegenden, in denen die Besucher »ein Stück Volksleben« kennenlernen.

Um die Jahrhundertwende werden in den Arbeiterquartieren wie Gesundbrunnen, Wedding und Kreuzberg viele alte Straßen mit berüchtigten Massenquartieren und Mietskasernen niedergerissen. Othmar Frey erkennt die Straßen Kreuzbergs, in denen er als Student gewohnt hat, nicht wieder, die früher so öde Gegend ist »vorteilhaft umgestaltet«. Dennoch bleibt Berlin die »größte Mietskasernenstadt der Welt«.[38]

Trotz ihres Ausflugs in den Norden sehen die Freys die sozialen Probleme der Stadt, die zusammengepferchten Menschen, die Armut und Arbeitslosigkeit, die fehlende soziale Sicherheit nicht. Ihnen fällt nur auf, daß in diesen Quartieren alles viel billiger ist als im Zentrum, das Leben dort wirkt auf sie beschaulich, »die Kinder tummeln sich fröhlich auf der Straße, die Handwerker sitzen vor dem Haus mit der Arbeit, kurz der Ort bietet den Anblick einer kleinen Stadt«. Berlin wächst nicht nur schnell in die Breite, sondern erlebt auch eine ungeheure städtebauliche und soziale Verdichtung, insbesondere in den Arbeiterquartieren. Ein großer Teil der Bevölkerung lebt in dunklen feuchten, schlecht durchlüfteten und überbelegten Wohnungen. Um die Jahrhundertwende sind fast ein Viertel der Häuser mit 100 bis 300 Menschen belegt. Es gibt über 25 000 Kellerwohnungen, nahezu 800 000 Einwohner und damit mehr als zwei Fünftel der Gesamtbevölkerung sind beschränkt auf ein von mehreren Personen genutztes einziges heizbares Zimmer ohne Nebenraum. Zwei Drittel der Volksschulkinder sind ohne eigenes Bett.

Krankheiten wie Tuberkulose und Rachitis verbreiten sich unter diesen Umständen leicht. Die Säuglingssterblichkeit der Stadt ist extrem hoch. Um 1900 stirbt in Berlin jedes fünfte Kind im ersten Lebensjahr, in den Arbeitervierteln sogar jedes vierte, in einem Arbeiterviertel in Wedding sind es 1905 zweiundvierzig Prozent; Zahlen, die weit über dem Reichsdurchschnitt liegen.[39]

In Berlin stoßen negative und positive Seiten des Kapitalismus heftig aufeinander, die sozialen Gegensätze verschärfen sich. In der Stadt gibt es auch viele Obdachlose. Während für die einfachsten hygienischen Erfordernisse keine öffentlichen Mittel zur Verfügung stehen, werden Millionen für die wilhelminische Repräsentation, vor allem für die Monumentalarchitektur ausgegeben, etwa für den Dom, im Volksmund respektlos »Seelengasometer« genannt.[40]

Die Not treibt die Arbeiter auch auf die Straße, Demonstrationen werden von der Polizei jedoch schnell aufgelöst. Als 1892 Arbeiter und Arbeitslose Unter den Linden demonstrieren und sogar Seine Majestät beim Ausritt mit Rufen wie »Brot!«, »Hunger!« belästigen, werden sie von den berittenen Polizisten mit blanker Waffe auseinandergejagt. Diese Szenen werden von Heinrich Mann, der damals in Berlin studiert, später in seinem Roman »Der Untertan« verarbeitet.[41]

Arbeiterwohnung in Berlin, um 1900

»Parvenüpolis«

Heinrich Mann gehört zu den vielen Schriftstellern und Künstlern, die um die Jahrhundertwende nach Berlin kommen. Die Atmosphäre voller sozialer Spannungen und kultureller Konflikte zieht sie an. Stefan Zweig, der um 1900 ebenfalls in Berlin lebt und die Stadt in »Die Welt von gestern« beschreibt, ist allerdings wenig begeistert vom »unscheinbaren Ort an der Spree«. Außer Unter den Linden gibt es »kein richtiges Zentrum«, »und vollkommen fehlte dank der preußischen Sparsamkeit eine durchgängige Eleganz. Die Frauen gingen in selbstgeschneiderten, geschmacklosen Kleidern ins Theater, überall vermißte man die leichte, geschickte und verschwenderische Hand, die in Wien wie in Paris aus einem billigen Nichts eine bezaubernde Überflüssigkeit zu schaffen verstand. In jeder Einzelheit fühlte man friderizianische, knickerische Haushälterischkeit; der Kaffee war dünn und schlecht, weil an jeder Bohne gespart wurde, das Essen lieblos, ohne Saft und Kraft. Sauberkeit und eine straffe, akkurate Ordnung regierten allerorts statt unseres musikalischen Schwungs.«[42]

Das kulturelle Leben entfaltet sich auf vielen Ebenen und ist voller Gegensätze: auf der einen Seite steht die staatlich geprägte Kulturpolitik, unterstützt von einem kapitalkräftigen Großbürgertum, das für seine mäzenatischen Leistungen mit gesellschaftlicher Anerkennung, Ordensverleihungen und Nobilitierung belohnt wird, auf der anderen Seite versuchen unabhängige Maler und Galeristen, Dichter und Verleger, Theaterleute und Musiker, sich in hartem Konkurrenzkampf um die Gunst des großstädtischen Publikums zu behaupten.[43]

»Parvenüpolis« nennt Walther Rathenau die Stadt. Berlin sei »der Parvenü der Großstädte und die Großstadt der Parvenüs«.[44] Die Stadt ist neu, die Bewohner sind neu. Es wird hart gearbeitet, und wer Erfolg hat, stellt das demonstrativ zur Schau. Das architektonische Bild widerspiegelt diese Haltung: »Die Bauten und Anlagen des Staates suchten mit grundfalschen Mitteln eine Monumentalität zu erreichen, die in leeren Äußerlichkeiten steckenblieb. Höhepunkte dieses Irrwegs bezeichneten die unsagbare Siegesallee, die ›romanische‹ Enklave um die Gedächtniskirche[45] und die zerklüftete Baumasse von Julius Raschdorffs neuem Dom im Lustgarten, die sich, mit Spitzchen, Türmchen, Kuppeln, Ornamenten überstreut, im Maßstab vollkommen vergriffen, ohne Rücksicht zwischen die edlen alten Bauwerke am Ostende der berlinischen Prachtstraße einschob.«[46]

Der Baustil ist auf Pracht und Prunk ausgelegt, welche die Kaiser- und Weltstadt zeigen sollen, aber nach Ansicht der Kritiker bloß zu einem »charakterlosen« Stadtbild führen. Modrow spricht vom »Baustil einer Zeit, die es sich etwas kosten lassen kann und kosten lassen will«.[47] Berlin wirkt großspurig in jener Zeit, »kolossal« heißt das Losungswort des Berliner Aufschwungs. Nachdem sich die Architektur im 19. Jahrhundert besonders den Museen, Universitäten, Verwaltungs- und Parlamentsgebäuden gewidmet hat, sind im neuen Jahrhundert Bahnhöfe, Industriebauten, Ingenieurkunstwerke, Geschäfts- und Kaufhäuser gefragt. Einen der wichtigsten dieser neuen Bauten bewundern die Freys auf einer Einkaufstour in der Leipzigerstraße, das von Alfred Messel erbaute Warenhaus Wertheim. Es gehört zu den gelungensten Monumentalbauten des modernen Berlin und wirkt für viele Kaufhäuser prägend. Als neue Materialien werden vor allem Eisenkonstruktionen und Glas verwendet.[48]

Der Staat allerdings hält an den alten Formen fest. Im Reichstagsgebäude neben dem Brandenburger Tor, 1894 nach mehr als zehnjähriger Bauzeit fertiggestellt, wird das Selbstbewußtsein des Nationalstaates auf imposante Weise Stein. Bauaufgabe war es, einen »deutschen Reichsstil« zu erfinden, der nicht Stilgemisch, sondern durch die »in freier Bewegung höher entwickelten« Formen der historischen Stile neu und eigenständig sein sollte. Resultat ist in den Augen der Berliner ein »Leichenwagen Erster Klasse«;[49] Olga Frey hingegen sieht den »vornehmsten Monumentalbau der deutschen Kaiserstadt«, »nur steckt er zu sehr im Boden drin«.

Auf Initiative Wilhelms II. entstehen unter anderem der Dom und das Kaiser-Friedrich-Museum, die Kaiser-Wilhelm-Gedächtniskirche und die Skulpturen der Siegesallee. Absicht ist nicht nur die Verschönerung der Stadt, sondern eine erzieherische Wirkung: den »unteren Ständen« soll die Möglichkeit gegeben werden, »sich an den Idealen wieder aufzurichten«, wie der Kaiser bei der Eröffnung der Siegesallee 1901 bemerkt.[50] Der synthetisch-historistische Stil wird, von höchster Seite gefördert, zum Kennzeichen der hauptstädtischen Architektur. Die Reichsbehörden wollen mit ihrer monumentalen Fassadenornamentik und ihrem allegorischen Skulpturenschmuck ebenso imponieren wie die Banken, Versicherungsgesellschaften und Großkonzerne, ja selbst die privaten Wohnhäuser. Die Angleichung aristokratischer und bürgerlicher Stil- und Geschmacksformen ist Kennzeichen von Kultur und Lebensweise in der »Parvenüstadt« Berlin. Der französische Reisejournalist Huret stellt aber auch Ähnlichkeiten mit den USA fest: »Die Mietshäuser haben, ..., ein sehr luxuriöses Aussehen. Die Fassaden tragen reichen Bildhauerschmuck, vergoldete Balkone, zeigen pompöse Haustore aus Glas und schmiedeeiserne Zieraten, das Treppenhaus hat seine weißen Marmorstufen und Wände, seine Messinggeländer, seine farbenprächtigen Teppiche. Herrschaftlich geradezu. ... Die Skulpturen, die draußen unsere Bewunderung erregten, fangen bereits – nach kaum drei Jahren – an abzubröckeln, der Regen weicht diese Ornamente aus erbärmlichem Stuck auf, und das Mauerwerk darunter wird sichtbar. Indes, was schert sie das, diese Hausbesitzer und Bauunternehmer? In fünfzehn Jahren reißen sie ja all das wieder nieder, um neue, modernere und noch reichere Bauten an ihre Stelle zu setzen. Und darin verspüren wir wiederum einen verwandten Zug zwischen den heutigen amerikanischen und deutschen Sitten: Eine merkwürdige Vorliebe für die Fassade, für den Schein.«[51]

Viel belächelt wird die »glorreiche« Siegesallee,[52] 1895 vom Kaiser in Auftrag gegeben als »bleibender Ehrenschmuck für Meine Haupt- und Residenzstadt Berlin«, »welcher die Entwicklung der vaterländischen Geschichte von der Begründung der Mark Brandenburg bis zur Wiederaufrichtung des Reiches darstellen soll«. Eine breite Avenue mit Marmorstandbildern der Fürsten Brandenburgs und Preußens läuft vom Königsplatz, an dem sich das Reichstagsgebäude befindet, quer durch den vorderen Teil des Tiergartens. Die Reihe beginnt mit dem Markgrafen Albrecht dem Bären und schließt mit Kaiser Wilhelm I., sie wird ergänzt mit je zwei Bildwerken von besonders charakteristischen Männern der jeweiligen Epoche, »sei er Soldat, Staatsmann oder Bürger«.[53]

Die Oberaufsicht über die Ausführung der Siegesallee ist dem Bildhauer Reinhold Begas anvertraut, dem Hauptvertreter der neobarocken Plastik. Berühmt durch sein Schillerdenkmal vor dem Schauspielhaus auf dem Gendarmenmarkt, wird er zum Triumphbildhauer des siegreichen Kaiserreichs und zum Hofbildhauer Wilhelms II. Die Freys besichtigen von Begas' Arbeiten das Nationaldenkmal

Berlin: Siegesallee

von Kaiser Wilhelm I. vor dem Schloß, den Neptunbrunnen, das Schillerdenkmal, die Siegesallee und im Mausoleum von Potsdam den Sarkophag mit der nach einer Totenmaske gearbeiteten Figur von Kaiser Friedrich III. Von Begas stammen auch die Germania für den Reichstag und das Bismarckdenkmal.

Während manche Autoren Kaiser und Stadt gerade in ihrem Kulturverständnis einander gegenüberstellen, sieht Modrow in Begas ein Beispiel für die Ähnlichkeit der beiden: »Der Kaiser und Berlin, so scharf sie einander kritisierten, waren doch im Grunde eines Bluts und wollten das Gleiche: ihre Macht genießen und zugleich Großes wirken, aber mit einer gewissen Ungeduld und Hast, möglichst schnell und möglichst sichtbar wirken. Da war ihnen der Gewaltmensch, der künstlerische Riese Begas, der rechte Mann.«[54]

Kunstsammler und Kommerzienrat

Verstärkt wird das kulturelle Element der Freyschen Reise durch den Schwager, Kommerzienrat Ernst Seeger, einen eifrigen Kunstkenner, der über eine imposante Sammlung verfügt. Er ist mit einigen der wichtigsten zeitgenössischen Künstler wie Böcklin, Uhde, Leibl und Liebermann befreundet. Bei einer Kunstreise nach Italien wird er gar am italienischen Hof empfangen. Im Dachgeschoß seines Geschäftes hat er sich ein »Tuskulum« eingerichtet und mit seinen Schätzen angefüllt. Offenbar verwendet er einen Großteil seiner Zeit für seine reichhaltige Sammlung, die neben Originalen auch gemalte Reproduktionen von Tizian, Rembrandt, Raphael und Rubens enthält.

Im Eßzimmer der Seegers hängen die »Meeresidylle« von Böcklin[55], ein von Leibl gemaltes Porträt des Schwagers und andere Bilder von Leibl und Francesco Paolo Michetti. Im Salon des Hauses sind die alten Meister zu finden: Tiepolo, Rubens, Ostade und Hobbema. »Man kann sich manchen Gang in die Museen ersparen, wenn man sich mit Muße an all den Meisterwerken des Schwagers satt sehen darf«, staunt Olga Frey, die ihren Bericht mit Reproduktionen der entsprechenden Bilder schmückt.

Im zeitgenössischen Berlin stoßen alte und neue Kunstrichtungen heftig aufeinander. 1898 trennt sich eine Gruppe junger Maler von dem erstarrten Akademismus und der Salonkunst des bürgerlichen Kunstvereins und gründet die oppositionelle Berliner Sezession, der unter der Präsidentschaft von Max Liebermann Künstler wie Lovis Corinth, Käthe Kollwitz, Max Slevogt und Lesser Ury angehören. Sie kritisieren die lichtlos-leblose Ateliermalerei ebenso wie die hohle wilhelminische Repräsentationskunst und die chauvinistische Kulturpolitik. 1899 findet die erste Sezessionsausstellung im eigenen Gebäude an der Kantstraße statt. Corinth berichtet: »Jetzt konnte man in Taten umsetzen, was man früher in Worten gepredigt. Leibl und Böcklin wurden als die größten Deutschen durch ihre bedeutendsten Schöpfungen hier ausgestellt und zu den ersten Ehrenmitgliedern ernannt; ebenso stellten sofort Thoma und Uhde aus. … Max Liebermann errang erst jetzt seine ganze Bedeutung.«[56] Ausgestellt werden auch Manet und Monet, Cézanne, Gauguin, der noch unbekannte van Gogh. Die Parteinahme für und wider die Sezession bestimmt die heftigen Diskussionen der Berliner Kunstfreunde.

Max Liebermann (1847–1935), der Präsident der Sezession, von dem auch Seeger Bilder besitzt, ist einer der wichtigsten Vertreter der Moderne. Als er 1872 fünfundzwanzigjährig erstmals an die Berliner Öffentlichkeit tritt, zieht er mit einem Bild, das keine christliche

Legende, keine Griechen und Römer, keine Episode der ruhmreichen Hohenzollerngeschichte, sondern Gänserupferinnen darstellt, die Empörung von Publikum und Rezensenten auf sich. Der renommierte Kritiker Adolf Rosenberg nennt ihn den »Apostel der Häßlichkeit«; sein zweites großes Bild, die »Konservenmacherinnen« (1873), wird nicht ausgestellt. Nach längeren Aufenthalten in Paris und München lebt Liebermann nach 1884 wieder in Berlin und erringt, anderswo bereits berühmt, auf den akademischen Kunstausstellungen erste Erfolge. Aus Solidarität mit den jüngeren, mißachteten Künstlern übernimmt er den Vorsitz der Sezession. Später wird er Präsident der Preußischen Akademie der Künste.[57]

Wilhelm Leibl (1844–1900), der einen von Courbet inspirierten malerischen Realismus pflegt, schart in München eine Gruppe von Gleichgesinnten um sich. Seit 1873 lebt er in Oberbayern auf dem Land. Wie Michetti hat er sich von »der Welt losgesagt« und verachtet »das Leben und Treiben der Masse«, wie Olga Frey begeistert festhält. Dennoch malt er nicht die Landschaft, sondern ihre Menschen und entwickelt seinen Stil zu fast fotografischer, aber streng komponierter Detailtreue, die auch die Freys bewundern. Schwager Ernst erzählt, wie er seinem Freund Leibl Bilder entrissen hat, die dieser, unzufrieden mit dem Resultat, vernichten wollte.[58]

Den Realisten entgegengesetzt, aber dennoch ebenfalls zu den Vertretern der Moderne gehörend, ist die Gruppe der »idealistischen« Maler, der bauenden, komponierenden und symbolisierenden Gedankenmaler. Herausragende Figur dieser oft auch als »Deutsch-Römer« bezeichneten Gruppe ist der von Ernst Seeger besonders verehrte Arnold Böcklin (1827–1901). Der Schweizer Maler arbeitet in Weimar, München, der Schweiz und Italien. Er gelangt seit den sechziger Jahren zu einem eigenen, von Sage und Dichtung angeregten Stil. Die meisten seiner Bilder stellen südliche, traumhaft-mediterrane Landschaften mit Götter- und Fabelwesen dar, die in der Natur wirkende Kräfte verkörpern. Die chthonischen oder dionysischen Tiermenschen oder Menschtiere stehen für das Idol des Übermenschen, der nicht durch Geist und Seele, sondern durch »Tierkraft« sein Vollmenschentum beweist und damit einen Gegenpol zur Zivilisation bildet. Heinrich Wölfflin notiert 1903, nachdem er das bei Seeger hängende Bild »Meeresidylle« gesehen hat: »Böcklin gesehen, die frische Luft, die über das Meer streicht. Die große Bewegung der dunklen Körper vor heller Luft. Die Masse und Schwere der tierischen Leiber; eine Befreiung von all den kleinen und unreinen Wesen. Die Wirkung der Bilder reicht bis in die höchsten Sphären hinaus. Das Gefühl, daß wir einem vollkommen freien Geiste gegenüberstehen.«[59]

Auch wenn diese Kunstrichtungen um 1900 bereits sehr populär sind, genießen sie noch längst nicht das Wohlwollen der konservativeren Kreise oder des Hofes. Der Kaiser äußert sich wiederholt abfällig über die neuen Strömungen.[60] Er unterstützt die Linie der Akademie mit dem allmächtigen Direktor Anton von Werner, der das neue Kaisertum mit monumentalen Historiengemälden verewigt hat, und der Gruppe um Reinhold Begas. Typisch für die Hof- und Akademiekunst sind Historienbilder, es kommt auf das »Höhere« an, auf Bildung und Erbauung. Das bekannteste Werk Werners, die »Kaiserproklamation in Versailles«, findet Eingang in unzählige Schulbücher. Werner, der Kunstpapst seiner Zeit, ist lange Jahre auch der Vorsitzende des Vereins Berliner Künstler. Sein Einfluß reicht so weit, daß er die Werke moderner Berliner Maler von den alljährlich stattfindenden großen Kunstausstellungen ausschließen kann.[61] Manche Künstler schaffen allerdings gerade durch diese ablehnende Haltung des Establishments den Durchbruch, etwa Käthe Kollwitz. Die kaiserliche Weigerung, sie auf Vorschlag der Jury der Berliner Kunstausstellung 1898 für ihren »Weberzyklus« mit einer Goldmedaille auszuzeichnen, macht sie einer breiten Öffentlichkeit bekannt. Andere sozialkritische Künstler wie Max Klinger oder Heinrich Zille, der mit volkstümlichen, von bitterem Humor erfüllten Zeichnungen das Elend in den Armenvierteln anprangert, kümmern sich ohnehin nicht um Lob oder Tadel der höchsten Kreise.[62]

Etwas zwischen den Gruppen steht der 1898 nobilitierte Adolph (von) Menzel (1815–1905), die »kleine Exzellenz«. Hoch geehrt als Schöpfer von rund 400 Illustrationen zu Kuglers »Geschichte Friedrichs des Großen«, rückt er durch die Darstellung bedeutender historischer Ereignisse in die Nähe des königlich-kaiserlichen Hofes. Zugleich anerkennen aber die jungen Künstler Menzel als wegweisend. Er entnimmt die Anregungen für seine Gemälde und Zeichnungen vorwiegend dem Leben der Gegenwart, malt Straßen, Werkstätten und Restaurants, Gärten und Hinterhäuser, Hofbälle und Kurpromenaden. Sein berühmtestes Bild, das »Eisenwalzwerk« (1875), bewundern auch die Freys.[63]

Der Konflikt zwischen alten und neuen Richtungen entbrennt mit aller Wucht in der Nationalgalerie. Hier finden die Freys Bilder von Böcklin, Leibl (darunter ein von Schwager Seeger verkauftes), Liebermann, Uhde, Menzel und Skulpturen von Bildhauer Max Kruse, mit dem Olga Frey in der Kantonsschule Aarau viel getanzt hat. Die Nationalgalerie ist vom Schweizer Hugo von Tschudi vollständig neu eingerichtet worden. Er verbannt die akademischen Historienbilder in einige Nebenräume und gewährt den modernen deutschen Malern, vor allem aber den französischen Impressionisten viel Raum. Damit zieht er sich den Unmut des Kaisers zu, der sonst nur selten direkt in Museumsangelegenheiten eingreift. 1899 inspiziert Wilhelm II. die Nationalgalerie, mokiert sich über die modernen Bilder und ordnet an, nicht nur den alten Zustand wiederherzustellen, sondern ihm auch alle weiteren Ankäufe zur Genehmigung vorzulegen. Von Tschudi kann sich durch geschicktes Taktieren bis 1909 halten, muß dann aber seinen Hut nehmen.[64]

Die Freys zeigen viel Sympathie für die Neuerungen von Tschudis. Sie stellen fest, daß die traditionellen Akademiebilder, die Darstellungen großer historischer Szenen auf sie veraltet und leblos wirken. Und was sie früher für »verrücktes Zeug« hielten, erscheint ihnen nun ganz natürlich, der »vielverlachte Böcklin« ist nun ganz nach ihrem Geschmack, und sie wundern sich auch nicht mehr über die »Extravaganzen« der Sezessionisten. Die symbolische Welt Böcklins, aber auch der Realismus eines Leibl sind ihnen vertrauter geworden, wohl nicht zuletzt dank der kundigen Vermittlung des Schwagers. Er gehört zur Gruppe der großbürgerlichen Kunstsammler und Mäzene, die um 1900 immer wichtiger werden, an der Entstehung eines eigentlichen Kunstmarktes mitwirken und damit den moderneren Ansätzen gegenüber der Akademie- und Hofmalerei zum Durchbruch verhelfen.

Die von Ernst Seeger geschätzten und gesammelten Künstler finden um die Jahrhundertwende breiten Anklang beim liberalen Bürgertum. Auf der einen Seite stehen Maler wie Leibl und Michetti, die das Leben der einfachen Menschen zeigen. Ihre Bilder vom ländlich-bäuerlichen und handwerklichen Leben bestärken das Bürgertum in seiner Sehnsucht nach Einfachheit, Klarheit und Unverdorbenheit. Man nimmt die reale soziale Differenzierung nicht wahr; diese löst sich auf im vagen Begriff des »Volkes«. Die schweren, symbolschwangeren Bilder eines Böcklin hingegen führen zivilisationskritisch in eine Welt, die zeitlos scheint, in der die ewigen Fragen der menschlichen Existenz nicht von den Alltagsproblemen des modernen Lebens verdrängt werden. Er findet damit beim Bildungsbürgertum, das dem Materialismus des Großkapitals ebenso skeptisch gegenübersteht wie den Forderungen der Arbeiterschicht und das – bei allem Stolz über die Macht und die Einigung des Reiches – den »Niedergang des deutschen Geistes« beklagt, große Beachtung. So gegensätzlich die beiden Richtungen erscheinen, weisen sie doch auch Berührungspunkte auf. Seeger gehört zu einem wichtigen Publikum, das die Traditionskunst epigonal empfindet und zugleich in einer Welt der Rationalität und des materiellen Strebens nach einer anderen Kunst sucht, aber nicht nach der Augenkunst des Impressionismus oder nach einem Formalismus des L'art pour l'art, sondern nach einer Kunst der Seele, der Phantasie, der Innerlichkeit, einer Kunst zudem, die auch die beiden metapolitischen Begehren des gebildeten Bürgertums erfüllten könnte: volkstümlich-klassenverbindend zu sein und national.[65]

Etwas anders sieht es bei der Kunst im öffentlichen Raum aus. Hier dominiert noch immer der Geschmack der Auftraggeber, insbesondere des Hofes und seines Umfeldes. Neue Richtungen haben es wesentlich schwerer, sich durchzusetzen. Und anders als in der Malerei stellen die Freys hier den Pathos kaum in Frage. Die monumentalen Werke der wilhelminischen Epoche finden praktisch uneingeschränktes Lob.

Die Freys besuchen neben der Nationalgalerie auch eine ganze Reihe von weiteren Museen, um die Schätze der deutschen Reichshauptstadt zu besichtigen: Das Alte Museum mit dem Fries des Zeustempels zu Pergamon, das Neue Museum mit ägyptischen und asiatischen Altertümern und dem Kupferstichkabinett, aber auch das Postmuseum.

Weniger lebendig als die Welt der bildenden Kunst ist die im Konservativismus der Hofkreise erstarrte Königliche Oper. »Das ist kein Kunstinstitut, das ist eine Kaserne«, kritisiert der berühmte Pianist Anton Rubinstein.[66] Die Freys sehen »Die lustigen Weiber«, eine komische Oper des 19. Jahrhunderts von Carl Otto Ehrenfried Nicolai

(1810–1849). Wenig Neues gibt es auch im Schauspielhaus am Gendarmenmarkt zu entdecken. »Der Widerspenstigen Zähmung« von Shakespeare und »Der eingebildete Kranke« von Molière füllen den Abend, den die Freys hier verbringen. Shakespeare hat hier seit alten Zeiten eine »heilige Stelle«, das Haus ist generell den Klassikern vorbehalten, dem Neueren bleiben die Pforten verschlossen.[67]

Aber auch in Literatur und Theater machen sich neue Strömungen bemerkbar, von denen die Gäste aus der Schweiz allerdings weniger Notiz nehmen. Seit dem Ende der achtziger Jahre wird Berlin Brennpunkt der jungen Literatur. Von 1887 bis 1890 triumphiert Ibsen auf den Berliner Bühnen. Die 1889 gegründete Freie Bühne spielt daneben auch Strindberg, Tolstoj und Hauptmann und löst mehrmals Tumulte aus. Nachdem die »Weber«, von der Obrigkeit zuerst verboten, auf der Freien Bühne und der Volksbühne aufgeführt worden sind, stehen sie 1894 auch auf dem Spielplan des Deutschen Theaters. Der Kaiser kündigt daraufhin die Hofloge, weil er das Stück verabscheut, und fordert die Offiziere auf, dieses Haus nicht mehr zu betreten. Er diffamiert die gesamte Richtung als »Rinnsteinkunst«.[68]

Neben der sogenannten hohen Kultur bietet Berlin eine immense Palette volkstümlicherer Vergnügen, denen sich auch die Freys hingeben. Den tierliebenden Berlinern wird eine besondere Schwäche für Zoo und Zirkus nachgesagt. Der Zoologische Garten, bei seiner Gründung 1841 weit draußen vor der Stadt gelegen, erlebt ab den siebziger Jahren seine große Blüte. An Sonntagen kann hier »kein Appel zur Erde fallen«, bisweilen tummeln sich mehr als hunderttausend Menschen im großen Tiergelände. Von früh bis spät erklingt Musik, an besonderen Festtagen konzertieren bis zu fünf Musikkapellen im Zoogelände.[69] Auch die Freys erleben ein solches »Monsterkonzert« von vier Regimentskapellen, die vier Stunden lang spielen.

Die Namen Renz, Busch und Schumann sind jedem Berliner bekannt. Der Zirkus Busch errichtet 1895 am Bahnhof Börse sein festes Haus, das 4330 Zuschauern Platz bietet. Hier werden Manegenstücke von ungeheurem Prunk und mit bisher nicht gekannten Licht- und Beleuchtungseffekten inszeniert. Besonders aufregend sind die Wasserpantomimen, zu denen Paula Busch die Texte schreibt und in denen die »Wasserminna« ihre waghalsigen artistischen Leistungen zeigt. Sie kämpft mit lebenden Bären, tritt als Schlangenbeschwörerin auf und springt zu Pferde aus der Zirkuskuppel. Grete Zille, die Tochter des berühmten Heinrich Zilles, erinnert sich an einen Zirkusbesuch mit den Eltern, bei dem ihre Mutter in Ohnmacht fiel.[70] Die Freys finden den Abend weniger atemberaubend. Die Späße der Clowns erscheinen ihnen veraltet und wenig originell; »von dem berühmten Berliner Witz merkt man nicht viel«.

Auch eine andere wichtige Berliner Unterhaltung der Epoche löst wenig Begeisterung aus: das Varieté. Während immer weniger Leute ins Theater gehen, setzt die Blütezeit der Kabaretts, Varietés und aufwendigen Ausstattungsrevuen ein. 1900 gründet Ernst von Wolzogen am Alexanderplatz das sogenannte »Überbrettl«, ein Jahr später Max Reinhardt Unter den Linden das Kabarett »Schall und Rauch«. Gedichte, Couplets, Gesang und Lesungen wechseln in bunter Folge. Die Zensur verhindert manches, zwingt aber zugleich zu listigen Umgehungen. Die Schlager der Revuen erfreuen sich einer ungeheuren Popularität.[71]

Das Varieté ist eine jener modernen, großstädtischen Unterhaltungsformen, die wenig spezifisch Berlinerisches enthalten. Dennoch ist gerade das internationalste, der »Wintergarten« im Central-Hotel am Bahnhof Friedrichstraße, »das populärste und besuchteste Etablissement dieser Art in Berlin«, vielleicht sogar in Europa.[72] Die elektrischen Sterne, die allabendlich an dem blauen Himmel des »Wintergartens« aufstrahlen, werben für ein riesiges Lokal von 2500 Quadratmetern, das von einem gewaltigen Glasdach überwölbt und mit Springbrunnen, Lianen, Palmen und riesigen Blumenarrangements geschmückt ist. Wohl alle berühmten Stars, die in Berlin gastieren, treten zuerst im Wintergarten auf. Jongleure, Akrobaten, Herkules-Damen, dressierte Hunden und Katzen, »Musik-Excentrics«, Chansonetten, »Henry de Vry's lebende Riesen-Reliefs und Reproduktionen von Werken berühmter Meister« als lebende Marmorgruppen erleben die Freys. »Es muß schönes Menschenmaterial geben in Berlin, um die Antike so täuschend nachahmen zu können«, konstatieren sie. Aber insgesamt ist man auch hier nicht sehr entzückt, wäre gescheiter ins Lessingtheater gegangen, wo die berühmte Duse als Giaconda auftritt.

Auch die Technik hält um die Jahrhundertwende Einzug in die Unterhaltungswelt und beginnt diese grundlegend zu verändern. Mit Phonograph, Grammophon und Kino zeichnen sich die Anfänge einer modernen Massenkultur ab, welche die elitäre bürgerliche Kultur von unten her zu verändern beginnt.[73] In Aarau haben die Freys vor längerer Zeit einen Phonographen gehört, jene Erfindung, die für die Verbreitung von Musik eine ungeheure Rolle spielt und das kulturelle Alltagsleben drastisch verändert. Die Verwandten in Berlin besitzen ein moderneres Modell, Zeuge für den »immensen Fortschritt« der Technik. Aber auch öffentliche Phonographen können benutzt werden. Man wirft 10 Pfennig ein, bringt die Hörrohre ans Ohr und lauscht der bekannten Hunnenrede des Kaisers. Militärmusik und Kommandos auf dem Kasernenhof tönen ebenso aus den Phonographen wie pikante Couplets.

Neu ist auch das Kino: Im »Kaiserpanorama« unter den Linden kann man »Weltreisen« machen. 1895 führt der Pankower Fotograf Max Skladanowsky mit seinem selbstkonstruierten Doppelprojektor »Bioscop« im »Wintergarten« erstmals in Deutschland »lebende Bilder« vor. Auch hier spielt das Militär die Hauptrolle, zu den ersten gefilmten Szenen gehört 1896 der Wachaufzug Unter den Linden. Die ersten Kinos werden 1899 eröffnet, sie sind reine Volksunterhaltung, billig und populär, und genießen daher kein großes Ansehen. Gezeigt werden meist kurze Sequenzen von drei bis fünf Minuten Dauer. Für diese neuen Lokale erfinden die Berliner schlagartig einen neuen Namen: Kintopp.[74]

»Gerne schnell«: Essen und Trinken

Kultur und Vergnügungen machen müde, hungrig und durstig. Für jeden Reisenden spielt daher das Entdecken der Verpflegungsmöglichkeiten eine zentrale Rolle. In Berlin durchkämmen die Freys das ganze Spektrum gastronomischer Künste. Einen Lunch im feinsten Berliner Restaurant, dem Kaiserhof am Wilhelmplatz, leisten sie sich allerdings nur einmal. Hier versammelt sich die Hofwelt und das reiche Bürgertum, werden rauschende Bälle gefeiert.[75]

Jules Huret, der bekannteste französische Reisejournalist in den Jahren vor dem Ersten Weltkrieg, der drei Bände über Deutschland veröffentlicht, entdeckt in Berlin allerdings wenig Raffinesse: »Wirkliche Eleganz oder wirklicher Luxus existiert hier nicht. Aller Prunk, den man sieht, vereinigt sich in einigen Hotels, wie dem Kaiserhof, dem Bristol, Continental, Adlonhotel, in zwei oder drei Restaurants Unter den Linden und nächster Umgebung, ..., die auf der Höhe unserer guten Pariser Kabaretts stehen.«[76]

Die Berliner lieben die Menge, nicht die Qualität, und sie essen schon damals gerne schnell. »Die Portionen in den Berliner Bierlokalen sind oft überraschend groß, ... der Berliner differenziert kaum im Essen ...« Deshalb ist die Wurst, die sich schnell und problemlos verzehren läßt, so beliebt. Und deshalb ist Berlin die Stadt der Stehbierhallen. Die Zahl der Verpflegungsstätten und Bierhallen ist enorm, auf 450 Personen kommt eine Restauration.[77] »In der Friedrichstraße rechnet man auf 250 Häuser mehr als 250 Trink- und Eßgelegenheiten, Gasthöfe, Restaurants, Viktualienläden. Manche Gebäulichkeiten vereinigen tatsächlich bis zu drei Geschäfte dieser Art, Speiseanstalt, Café, Bierlokal, unter ein und demselben Dache. In den anstoßenden Straßen sind ebenfalls eine Unmenge kleiner, billiger Restaurationen zu finden, wo die Angestellten ihre Mahlzeiten einnehmen. ... Von zehn Malen ist das Essen neunmal ungenießbar«, notiert Huret.[78]

Zum schnellen Essen trinken die Berliner Bier, das auch Othmar Frey liebt, während Olga dem Gerstensaft abgeschworen hat und ihr »Pfifflein Rotwein« bevorzugt. Berliner Bierverleger setzen jährlich an die hundert Millionen Flaschen ab. Mit 31 obergärigen und 77 untergärigen Braustätten ist die Stadt der größte Brauplatz des Kontinents. Die Brauereien betreiben als Aktiengesellschaften eigene geräumige Restaurationen und Konzertgärten. Die traditionellen, eher einfachen Bierlokale werden zunehmend verdrängt durch anspruchsvolle Bierpaläste, meist reich ausgestattet im Renaissance-, Rokoko- oder sonst einem Stil, mit schwerer Holztäfelung, Wand- und Deckenmalereien. »Der Aufenthalt in ihnen ist zumeist ein angenehmer und erträglicher, sicher fast immer ein unterhaltsamer; denn stets neue durstige Scharen strömen durch die weitgeöffneten Tore herein, Greise und Kinder, Männlein und Weiblein; denn auch letztere verstehen jetzt, was früher streng verpönt war, den Humpen tüchtig zu schwingen«, berichtet ein Zeitgenosse.[79] Den größten Saal besitzt die Actien-Brauerei Friedrichshain mit 1100 Quadratmetern für 1400 Gäste.

Pro Kopf werden im Jahr 170 Liter Bier getrunken. Münchner, Nürnberger, Kulmbacher, Pilsner und andere Marken konkurrenzieren die einheimischen Brauereien. Das Berliner Weißbier, die »schäumende Blonde«, ist aber noch nicht verschwunden. Eine bayrische Kette erobert jedoch Berlin: die Aschinger'schen Bierquellen werden sogar zu einem Wahrzeichen der Stadt. 1882 eröffnen die Brüder Aschinger ihre erste Gastwirtschaft in der Neuen Rosenstraße. Daraus entwikkelt sich das größte Gastronomie-Imperium Berlins mit Spezialgerichten für den Schnellesser am Tresen, der den Teller Löffelerbsen mit Speck und gratis Weißbrötchen dazu im Stehen einnimmt. Die spiegelverglasten Räume, Papierservietten, Bierseidel und Sülzkoteletts, serviert von weißblau gekleideten Kellnerinnen, gefallen den Berlinern. 1900 vergleicht der spätere Reichskanzler und Außenminister Gustav Stresemann, Sohn eines Flaschenbierverlegers, in seiner Dissertation zur »Entwicklung des Berliner Flaschenbiergeschäfts« Alt und Neu: »Welcher Gegensatz zwischen einer Weißbierstube im alten Berlin und den in den letzten Jahren entstandenen berühmten Aschinger'schen Bierquellen! Dort die Bürger etwas ehrwürdig an den einfachen Tischen vor den runden Gläsern vereinigt, Zeitung lesend oder in Ruhe und Behäbigkeit sich unterhaltend. Hier ein ewiges Hasten und Treiben, Kommen und Gehen, die Einzelnen kaum sich Zeit lassend, um Platz zu nehmen, sondern im Stehen eines der obligaten Brötchen essend oder einen Schnitt echten Bieres hinunterstürzend und mit dem Blick auf die Uhr nach einigen Minuten forteilend, um anderen Platz zu machen, welche ebenso wie sie ›in der Eile‹ etwas ›genießen‹ wollen.«[80]

Noch lieber als die Bierpaläste sind den Berlinern aber die Biergärten. »Die Berliner sind sehr anspruchslos in manchen Dingen; ihm gilt schon als Garten, wofür man anderweit nur die Bezeichnung Wüstenei gebrauchen würde.«[81] Besonders beliebte Ausflugsziele sind die großen Gartenlokale am Rande der Stadt und in den Vororten, in denen eine Kapelle aufspielt, die Kinder Karussell fahren und die Väter an Schießständen und Würfelbuden ihr Glück probieren können.

Für die Arbeiterbevölkerung gibt es billige Lokale; über 8000 Kellerkneipen und Destillationen existieren 1900 in Berlin.[82] Die Freys sehen auf ihrer Fahrt in den von Arbeitern bewohnten Norden der Stadt

Berlin: Biergarten

eine »Unmenge von Vergnügungslokalen und Wirtschaften, die alle, vornehmlich Sonntags, vom Handwerker- und Arbeiterstand besucht werden«. »Hier wird noch mit Vorliebe die ›kühle Blonde‹ getrunken und ist das Weißbier zu Haus, das zu lächerlich billigem Preise, der jeweilen am Eingang angeschlagen ist, ausgewirtet wird.« Auch die Touristen haben Durst, »es sieht aber alles wenig verlockend aus, und unheimliche Leere gähnt uns überall entgegen«. Dafür ist es hier draußen so billig, daß man glaubt, »nicht mehr in Berlin zu sein«.

Am untersten Ende der Skala stehen die Kaschemmen und Asyle der Obdachlosen: »Eine andere Art von dunklen Winkeln sind die Kaffeeklappen. ... In ihnen verkehrt außer Kolporteuren, Droschkenkutschern, Zeitungshändlern und anderem einfachen Publikum oft viel von jenem Volk, das auch die vielen Herbergen und Asyle bevölkert. In den Kaffeeklappen ruhen sie sich bei einem Fünfpfennigkaffee von ihren Bettelfahrten aus oder besprechen neue Touren. Hier kann man auch erfahren, was alles von ihnen als Schlafgelegenheit benutzt wird: Spreekähne, Stadtbahnbögen, Fuhrplätze, Güterbahnhöfe, Holzplätze – vor allem aber die Palme, das große städtische Asyl in der Fröbelstraße, in dem oft 3–4000 Männer nächtigen.«[83]

Relativ neuen Datums sind die Weinstuben, in denen sich die Freys ab und zu einen »tüchtigen Imbiß« genehmigen. Mit dem berühmten

Kempinski beginnt eine neue Ära des Weinlokals als Speiselokal; das Essen wird zunehmend wichtiger als der Wein. Der Riesenerfolg von Kempinski macht Schule. Die Kombination von exklusiven, speziellen Speisen und vernünftigen Preisen trifft den Geschmack der Berliner. Auch die mondänen Wiener Cafés wie Bauer und Kranzler sind neueren Datums und verdrängen zunehmend die traditionellen Berliner Konditoreien.[84]

Schweizer und Deutsche

Die Freys verbinden vielfältige Beziehungen mit Deutschland. Sowohl die Familie Frey wie die Familie Schmidlin stammen ursprünglich aus Süddeutschland. Die Ausbildung zum Kaufmann oder das Studium erfolgt in der Regel in deutschen Städten, und auch Heiratsverbindungen sind im Laufe der Generationen häufig. Zwei Schwestern von Olga Frey-Schmidlin sind in Deutschland verheiratet: Anna Margaretha in Berlin, Ottilie Constance in München. Olga Frey besucht sie schon vor 1900. Die Reise des Ehepaars Frey führt also in ein vertrautes Land, alle Stationen außer der Ostsee sind den beiden bekannt von früheren Aufenthalten. Die Freys sind kein Einzelfall innerhalb des deutschschweizerischen Bürgertums, sondern entsprechen eher der Regel. Das Beziehungsnetz zwischen Schweizern und Deutschen ist vor 1914 wesentlich dichter als heute. Gerade im Grenzkanton Aargau pflegt man nicht nur wirtschaftliche, sondern auch persönliche Kontakte über den Rhein hinweg.

Der Rhein ist weniger Grenze als heute, man sieht sich durch die gemeinsame Sprache und Kultur verbunden und gelangt nicht in ein fremdes, unvertrautes Land, wenn man den Fluß überquert. Ernst Frey schildert in seinem Roman »Güggs« den sonntäglichen Spaziergang einer aargauischen Familie ins benachbarte Deutschland um die Jahrhundertwende aus der Sicht des jugendlichen Helden:

»Ich breitete meine Arme aus und rief: ›Man fühlt etwas – so weit, so weit!‹ – ›Ja,‹ stimmte meine Mutter zu, ›… so weit! Und es ist, als ob jene großen Taten, die ein großes Deutschland machten, mit diesem Gefühl etwas zu tun hätten.‹ … ›Bueb‹, fiel der Vater ein, ›ich glaub, du bist mehr begeistert für Deutschland, als für unser Heimatland, du weißt gar weniger von ihm, als von diesem.‹ – ›Wir haben keinen Kaiser, nicht einmal einen König‹, erhob ich voll Bedauern. ›Wir haben auch einen Landesvater‹, rief er eifrig. ›Der alle Jahre neu gebacken wird‹, versetzte die Mutter.« Der Held des autobiographischen Romans schwärmt von Deutschland, besucht es am schulfreien Mittwochnachmittag und träumt davon, die Heimat zu verlassen und nach Deutschland »zu hohen, edlen« Menschen zu gehen. »Rasche Herzschläge« ergreifen ihn beim Betreten des deutschen Bodens.[85]

Viele Dienstmägde und Knechte, Arbeiterinnen und Arbeiter in der schweizerischen Grenzregion stammen aus dem Schwarzwald, die Bauern von dort besuchen die Märkte jenseits des Rheins. Viele Schweizer studieren in Deutschland und erleben hier wie Othmar Frey »schöne Zeiten«, manche fühlen sich wie etwa Bundesrat Welti geradezu als Deutsche. Gesellen auf der Walz arbeiten hüben wie drüben. Zudem leben während des ganzen 19. Jahrhunderts viele Deutsche in der Schweiz und prägen das kulturelle, aber auch das politische Leben entscheidend mit. Die wichtige Rolle deutscher Liberaler und Radikaler für die Schweiz des 19. Jahrhunderts ist um 1900 noch immer spürbar. Wenige Jahre vor der Reise erleben die Freys in Aarau die Einweihung des Denkmals von Heinrich Zschokke. Dieses steht unweit ihres Hauses am Graben im Kasinopark.

Der aus Magdeburg stammende Heinrich Zschokke (1771–1848) ist einer der wichtigsten politischen Denker der Epoche. Daneben wären allein in Aarau zu nennen der Schriftsteller Franz Xaver Bronner aus Höchstädt in Schwaben, der Dichter Adolf Ludwig Follen aus Gießen, der Buchhändler und Verleger Heinrich Remigius Sauerländer aus Frankfurt a. M., der Musiker und Komponist Michael Traugott Pfeiffer aus Würzburg, der Historiker Joh. Fr. Kortüm aus Mecklenburg, der Literaturhistoriker Heinrich Kurz aus Hof (Franken). Für kurze Zeit findet auch der berühmte Nationalökonom Friedrich List aus Reutlingen in Aarau Zuflucht, ebenso die Publizisten Josef Görres aus dem Rheinland und Wolfgang Menzel aus Schlesien. Aarau ist in jener Zeit Verbindungspunkt zwischen dem neuen, demokratischen Deutschland und dem aufblühenden Geistesleben in der Schweiz und spielt für beide Länder eine wichtige Rolle.[86]

Zschokke hat seit der Helvetik verschiedene politische Ämter inne. Daneben publiziert er eine unglaubliche Fülle an Texten und

Büchern, die zum Teil gewaltige Auflagen erleben. In seinem Haus »Blumenhalde« verkehren Generäle, Staatsmänner, Dichter und Gelehrte aus ganz Europa. Im Drucker und Verleger Heinrich Remigius Sauerländer, der aus Frankfurt in die Schweiz kommt, findet er einen Geistesverwandten. Dieser errichtet ab 1807 in Aarau mit Zschokkes Unterstützung das für die Schweiz wegweisende Verlagshaus Sauerländer. Zschokke ist der wichtigste Autor des Verlages, wirkt auch als Redaktor, Herausgeber, Publizist. Die beiden geben die meinungsbildende Wochenzeitung »Der aufrichtige und wohlerfahrene Schweizerbote« heraus. Hier und in der weitverbreiteten »Aarauer Zeitung« finden die Vordenker eines politischen und gesellschaftlichen Wandels ihr Publikum. Zschokkes »Des Schweizerlands Geschichten für das Schweizervolk« prägt das Geschichtsbild der Schweizer mit.[87] Zschokke und Sauerländer machen aus Aarau »ein im In- und Ausland gefürchtetes Zentrum für liberale Presseerzeugnisse«. Das monarchistische Ausland beobachtet die Gruppe argwöhnisch, österreichische und preußische Agenten bespitzeln die Exponenten, deren Ideen den Großmächten nicht behagen.[88]

Auch die Elite der in den deutschen Landen unterdrückten Achtundvierzigerrevolution sucht im benachbarten Bundesstaat Zuflucht. Das aargauische Bürgertum ist aber nicht nur mit den deutschen Flüchtlingen der ersten Hälfte des 19. Jahrhunderts eng verflochten. Obwohl sich die Schweiz nach 1848 politisch anders entwickelt als Deutschland, empfinden viele große Sympathie für das nach 1871 entstehende Deutsche Kaiserreich. Sie bewundern trotz einiger politischer Auseinandersetzungen zwischen den beiden Staaten die militärischen Erfolge ebenso wie die Politik Bismarcks im Innern. Diese deutschfreundliche Haltung entsteht nicht zuletzt aus dem Gefühl einer gemeinsamen Kultur. Insbesondere die vielen deutschen Professoren und Schulmeister tragen wesentlich dazu bei, die Schweizer zum Glauben an die Überlegenheit der deutschen Kultur zu erziehen.[89]

»Bild heiteren Lebens auf kriegerischem Hintergrund«

Ein wichtiges verbindendes Element ist auch das Militär, dem man hüben wie drüben eine herausragende Rolle zugesteht. Die Familie Frey legt, wie wir gesehen haben, großen Wert auf militärische Karriere. Friedrich, der Urahn, ist Oberleutnant, liebt das Militär und das Reiten und findet seinen Tod bei einem Reitunfall. Othmars Onkel, Bundesrat Friedrich Frey-Herosé (1801–1873), bekleidet den Rang eines eidgenössischen Obersten, ist Mitglied des Eidg. Kriegsrates und im Sonderbundskrieg Chef des Generalstabs unter General Dufour. Bereits Bundesrat, läßt er sich 1856 während des Neuenburgerhandels reaktivieren, um noch einmal als Stabschef zu dienen. Trotz seiner vielen politischen Ämter als Großrat, Regierungsrat, Landammann, Tagsatzungsgesandter, Nationalrat und Bundesrat sieht er das Militär als wichtigstes Element seiner Karriere: »Was ich dabei wurde, das bin ich allerdings größthenteils durch den Degen geworden«, schreibt er im Vorwort seiner Autobiographie.[90]

Aarau ist stark vom Militär geprägt, Kaserne, Schieß- und Exerzierplätze sorgen dafür, daß regelmäßig Soldaten in der Stadt sind. Truppenzusammenzüge verwandeln den sonst ruhigen Flecken für Stunden oder Tage in ein Heerlager.[91] Bereits in der Schule spielt das militärische Element eine große Rolle. Die Bezirksschüler erhalten als uniformierte und bewaffnete Kadetten eine vormilitärische Ausbildung. Am Maienzug, dem Aarauer Jugendfest, liefern die disziplinierten Kadetten den wilden »Freischaren« ein stets siegreiches Gefecht.

Wie alle seine Vorfahren hat auch Othmar einen hohen Dienstgrad, den er in Berlin einsetzt, um die Militärparade sehen zu können. Anders als mit der »Bankdirektor«-Visitenkarte ist er mit dem Titel eines Oberstlieutenants auf deutschen Amtsstellen erfolgreich. Auch im militärischen Bereich sind die Kontakte mit dem Deutschen Reich eng; die Gegend von Regensburg kennt der Urlauber von den bayrischen Manövern, an denen er als Schweizer Offizier teilgenommen hat.

Ihren Höhepunkt erlebt die Deutschfreundlichkeit der Schweizer 1912, als Kaiser Wilhelm II. das Land besucht. Nie zuvor ist ein ausländisches Staatsoberhaupt mit solcher Begeisterung empfangen worden.[92] Und es ist selbstverständlich ein militärisches Ereignis, das den Hauptakzent des Besuches setzt: die zu Ehren des Gastes durchgeführten »Kaisermanöver«.

Die Bewunderung des Ehepaars Frey für das Militär und das Militärisch-Disziplinierte des Deutschen Reiches ist im ganzen Bericht zu spüren. Gleich beim Grenzübertritt am Badischen Bahnhof in Basel fallen den beiden die »strammen deutschen Beamten« auf. Nur aus-

Wir sind kein Volk von Kunst und Dichtern,
Wir sind ein harter Arbeitsschlag,
Es spielt die Pflicht mit scharfen Lichtern
Durch unsern schweren Werkeltag.

Doch heute leuchten Blumenreiser
An jedem Berg, an jedem Strand.
Willkomm' vieledler deutscher Kaiser!
Die Freude geht durch's Schweizerland.

Wir grüssen dich mit offnen Stirnen,
Doch inniglich so Greis wie Kind,
Wir alle, die im Schein der Firnen
Des Hochlands schlichte Söhne sind.

Und blühen wird in Bergesrunde
Die Schweiz, ein Eigenspiel der Welt,
Wenn uns in gut- und böser Stunde
Der deutsche Kaiser Freundschaft hält.

J.C. Heer

Titelseite der »Zürcher Wochen-Chronik« zum deutschen Kaiserbesuch im September 1912. Begrüßungsgedicht von J. C. Heer (1859–1925)

Aarau: Maienzug, Schlacht der Kadetten gegen die Freischaren

nahmsweise ist auch etwas Kritik zu hören, etwa als in Karlsruhe »die ersten deutschen Offiziere sich wichtig machen«.

Und so erstaunt es kaum, daß die Freys die Abreise von Berlin an die Ostsee verschieben, um die große alljährliche Herbstparade auf dem Tempelhofer Feld sehen zu können. Im Riesengewühl von Besuchern und anmarschierenden Truppen bewundern sie »die musterhafte Ordnung und das sich fügende Publikum im gleichen Maße«. Die Wagen der Besucher werden ausgerichtet wie die Grenadiere, Hunderte von berittenen Schutzleuten sorgen für Ordnung. Kenntnisreich kommentiert Olga Frey die »prachtvollen Pferde« und die »spiegelblanken« Ausrüstungen und Uniformen der verschiedenen Einheiten. In ihren Reisebericht legt sie auch die »Ordre de Bataille«, welche die genaue Truppenaufstellung der Parade festhält.

Am gleichen Abend besuchen die Freys den Zapfenstreich, den selbst viele Berliner noch nie gesehen haben. Auf Empfehlung des Hausarztes ihrer Verwandten dürfen sie aus der Wohnung eines Feldwebels in der Kommandantur zusehen. Für jedes Fenster werden fünf Personen in die Wohnung eingelassen und entrichten dem Feldwebel eine Gegenleistung in »Naturalgaben«. Die Freys bekommen »eigent-

Der Kaiser mit seinen sechs Söhnen

lich erst hier den Begriff von der Würde und Stellung eines solchen militärischen Funktionärs«, dessen Wohnung »soliden Wohlstand« zeigt.

Noch aufregender als die Parade in Berlin sind für Binnenlandbewohner aus der Schweiz die Flottenmanöver in der Pommerschen Bucht. Für die Freys bieten die großen Schlachtschiffe der deutschen Kriegsflotte ein »nie gesehenes Schauspiel«. Und so verbringen sie mehrere Tage ihres Ostseeurlaubs mit dem Beobachten der Schiffe. »Ganz wunderschön ist das Schauspiel vom hochgelegenen Kulm aus, den wir die nächsten Tage kaum mehr verlassen, weil gar so viel Aufregendes auf dem Meer passiert.« Sie nehmen kaum den Feldstecher vom Auge, gehen schnell essen und baden und kehren dann wieder zum Beobachtungsposten zurück.

Ein Ausflug nach Swinemünde wird unternommen, um die dort vor Anker liegende Flotte aus nächster Nähe zu betrachten. Ebenso liebevoll wie in Berlin die unterschiedlichen Uniformen der Einheiten werden hier die Schiffe beschrieben und die Namen aufgelistet: »Odin, Ägir, Greif, Grille, Siegfried, Hildebrandt, Frithjof, Pelikan, Heimdall,

Blitz«. Das Treiben der Matrosen bietet den Freys ein »Bild heiteren Lebens, froher Arbeit auf kriegerischem Hintergrund«. Wie bei den Soldaten, die ein »lebensfrohes, farbenprächtiges Bild« vermitteln, sind auch hier die Bescheibungen des Militärischen immer von einem locker-heiteren Grundton bestimmt, Begriffe wie »lebensfroh« und »farbenprächtig« tauchen mehrmals auf. Matrosen und Offiziere »sehen alle sehr gut aus mit ihrer von der Luft gebräunten Gesichtsfarbe und den hellen Augen, die alle so froh ins Leben blicken«.

Die vier großen Schlachtschiffe, die vor dem Urlaubsort Heringsdorf vor Anker liegen (›Kaiser Wilhelm I‹, ›Friedrich III‹, ›Sachsen‹ und ›Württemberg‹), werden zu »Freunden«. Die Freys vermissen die Flotte, als sie verschwindet, und sind hoch erfreut, als sie am anderen Morgen wieder auftaucht. Als das Gefecht endlich losgeht, sind die beiden natürlich von früh an auf ihrem Observationsposten und verfolgen es »in höchster Spannung«. Weil sie aber leider »ohne alle Fühlung mit hohen militärischen Kreisen« sind, können sie die »Kriegslage« und Manöverannahmen nicht genau verstehen. Die Komplexität der Abläufe ist ihnen dennoch bewußt. Anders als bei den einfachen schweizerischen Manövern spielt hier »nicht nur eine Armee mit, sondern die Flotte, die Festung, die Landarmee, alles greift ineinander«.

Die ganze Bevölkerung bewundert die Kriegsschiffe. Ein Dampfer bietet Extrafahrten zur Besichtigung der Flotte an. Regelmäßig wird der Besuch des Kaisers angekündigt und der Fahrpreis erhöht, ohne daß Wilhelm II. aber wirklich eintrifft. Als schließlich die berühmte kaiserliche Segeljacht »Iduna« auftaucht, weichen die Leute nicht mehr vom Strand und »vergessen Alles, Essen und Schlafen, um ihren Kaiser sehen zu können«. Aber der ist, so wissen es unsere aufmerksamen Urlauber, nicht hier, sondern bei der Flotte, sie haben frühmorgens ein Torpedoboot mit der Kaiserstandarte beobachtet, das zur Flotte gefahren ist. »Wir sind auf der Brücke und sehen, heimlich lachend, dem fieberhaften Treiben zu, das uns höchlich belustigt.«

Die Flotte ist zum Symbol des Deutschen Reiches geworden. Mit dem Sieg über Frankreich und der Einigung des Reiches 1870/71 wird Deutschland zu einer der führenden Weltmächte. In gewisser Weise aber ist es im Wettlauf um Einflußsphären und Kolonien, um

Kleines Bordfest

einen »Platz an der Sonne«, zu spät gekommen. Wilhelm II. möchte dies ändern, nun soll »Weltpolitik« gemacht werden. Bereits kurz nach der Amtsübernahme 1888 befiehlt er den Bau von vier Panzerschiffen auf einen Schlag. Die Flottengesetze von 1898 und 1900 führen zu einem dramatischen Ausbau der Flotte. Die Seemacht scheint Kaiser und Regierung entscheidend in einem zukünftigen Konflikt. »Unsere Zukunft liegt auf dem Wasser«, verkündet der Kaiser.[93] In erster Linie soll die Flotte als Druckmittel gegen England fungieren. Wilhelm II. zeichnet viele Schlachtschiffe und erstellt Marinetafeln, welche die Stärke der verschiedenen Flotten vergleichen.[94]

Das Streben, es England gleichzutun oder dieses gar zu übertreffen, wird nach 1890 zu einer deutschen »Nostalgie«, die nicht zuletzt in den Matrosenuniformen der Kinder ihren Ausdruck findet. Auch die vielen Darstellungen der Kriegsschiffe seiner Majestät auf Postkarten lassen die Begeisterung erkennen, mit der die Flottenaufrüstung verfolgt wird.[95] Es ist daher kein Zufall, daß die markigsten Worte des Kaisers häufig in Zusammenhang mit der Flottenpolitik oder den imperialistischen Zielen des Reiches stehen. In Berlin lauschen die Freys am Phonographen der im gleichen Jahr gehaltenen berühmten Rede an die Soldaten, die in Kiel nach China eingeschifft werden. Die deutschen Truppen sollen dort als Teil einer internationalen Streitmacht die Interessen der europäischen Kolonialmächte durchsetzen und den sogenannten Boxeraufstand niederschlagen. »Kommt ihr vor den Feind, so wird er geschlagen, Pardon wird nicht gegeben; Gefangene nicht gemacht.«[96]

Die Freys bewundern wie große Teile des deutschschweizerischen Bürgertums die Bestrebungen des Kaiserreiches, seine Macht auszudehnen. Auf der ganzen Reise haben sie Gelegenheit, »das Aufblühen der Industrie und den damit verbundenen Wohlstand zu beobachten«. Deutschland ist mächtig gewachsen, »der heimatliche Rock ist ihm fast zu eng geworden, so daß die Deutschen sich in der weiten Welt ausdehnen wollen und deshalb ihre fernen Kolonien gründen«. Auch wenn die Schweiz keine kolonialen oder anderen territorialen Ambitionen hat, sucht man zumindest auf militärischer Ebene, vom Erfolg Deutschlands zu lernen. Die schweizerische Armee wird immer stär-

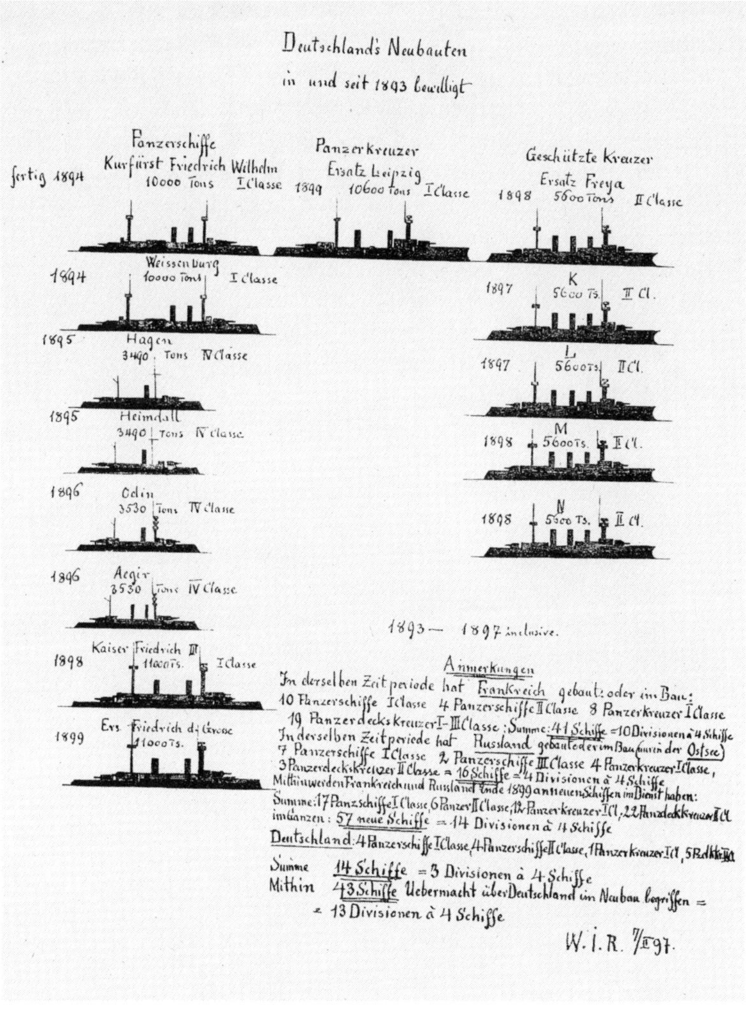

Marinetabelle, von Kaiser Wilhelm II. eigenhändig gezeichnet, 1897

ker nach preußisch-deutschem Vorbild ausgerichtet. Die Bewunderung beschränkt sich allerdings nicht auf die militärische Ebene, sondern erstreckt sich auf das Feld der Politik, so daß der Schweiz im Ersten Weltkrieg eine extreme Belastungsprobe erwächst, weil die Deutschschweizer mehrheitlich Deutschland, die Westschweizer aber Frankreich und die Alliierten unterstützen. In Aarau wie anderswo erscheinen in den Zeitungen nach deutschen Siegen Lobgedichte und pathetische Sympathiebekundungen.[97]

Im Kaiserreich läßt sich auf eine andere Art Politik machen als in der kleinen, föderalistischen und demokratischen Schweiz. Auch die Freys spüren den Unterschied. Anders als im engen, heimatlichen Aarau und in der Schweiz, die voll sind von »kleinlichen Zänkereien und politischen Streitigkeiten«, ist hier ein Geist spürbar, der Großes im Sinn hat und auch durchführt. Die Auseinandersetzungen in der Schweiz »haben aber für uns bedeutend an Wert verloren und regen uns nicht allzusehr auf«, stellen die Freys in Berlin befriedigt fest. Man flüchtet die enge Heimat, um diese Größe zu genießen. Sinnbilder der beiden unterschiedlichen Staaten sind die Berge und das Meer. Für die Freys kommen die heimatlichen Berge als Urlaubsziel nicht in Frage, sie vermochten in den letzten Jahren nie richtig zu befriedigen. »Unangenehme politische Zustände, die ewigen daraus resultierenden Angriffe auf die Bank und eine tiefe Verstimmung« sprechen für einen Auslandurlaub. Die Weite der Ostsee hingegen erlaubt es, den kleinkarierten schweizerischen Alltag abzuschütteln und sich ganz den Träumen von Größe hinzugeben.

Der Ostsee-Tourismus

»In dat kolle Wader is noch keen Minsch ahn Tüg rin gahn. Se haln sich den Dod!«, warnen die Fischer auf der Insel Usedom die wenigen »Verrückten«, die in der ersten Hälfte des 19. Jahrhunderts auf die Idee kommen, in der Ostsee zu baden.[98] Die Badenden sind keine Einheimischen, sondern Hergereiste, meist aus den Städten im Landesinnern. Aber die Warnungen der Fischer nützen nichts. Von Jahr zu Jahr steigt die Zahl derjenigen, die an die Ostsee strömen, und bald ist aus manch kleinem Fischerdorf ein großes Seebad geworden.

Angefangen hat es bescheiden. Vereinzelte Badepioniere tauchen zwar schon im 18. Jahrhundert auf. 1783 macht Gerhard Otto Christoph Janus, Pastor der Nordseeinsel Juist, in einer Eingabe an den preußischen König Friedrich II. zum ersten Mal den Vorschlag, ein Seebad einzurichten. Bis dahin besteht in West- und Mitteleuropa keine Badekultur, das Meer ist voller Ungeheuer, Seeschlangen und Sirenen. Nun beginnen Ärzte, die Heilwirkung des Meeres zu propagieren, die Thalassotherapie, die Meeresheilkunde, entsteht. 1793 erscheint der epochemachende Aufsatz vom Göttinger Physiker und Schriftsteller Georg Christoph Lichtenberg: »Warum hat Deutschland noch kein großes öffentliches Seebad?«.[99] Im gleichen Jahr steigt Friedrich Franz I., der Herzog von Mecklenburg-Schwerin, höchstpersönlich in die Fluten der Ostsee und eröffnet die Badesaison an Deutschlands Küste.[100]

Nun werden Fischernester zu Touristenzentren, die »Zivilisation« kommt an die Küste, das Zusammentreffen führt zu einem Kulturschock, die Fremden werden von den »Eingeborenen«[101] bestaunt – und umgekehrt: Heinrich Heine, der sich im Sommer 1826 zweimal auf der Nordseeinsel Norderney aufhält, sieht die »blutarmen«, »armen Insulaner«, deren »Fischgeruch« ihm unerträglich ist, in einem »Kindheitszustande«, im »Zustand der Gedanken- und Gefühlsgleichheit«, in dem oft ganze Völker und ganze Zeitalter gelebt hätten. Aber die moderne Zeit zerstöre diesen Zustand, »Sittenverderbnis« drohe: »Auch diese [Inselbewohner] stehen an der Grenze einer … neuen Zeit, und ihre alte Sinneseinheit und Einfalt wird gestört durch das Gedeihen des hiesigen Seebades, indem sie dessen Gästen täglich etwas Neues ablauschen, was sie nicht mit ihrer altherkömmlichen Lebensweise zu vereinen wissen. Stehen sie des Abends vor den erleuchteten Fenstern des Konversationshauses und betrachten dort die Verhandlungen der Damen und Herren, die verständlichen Blicke, die begehrlichen Grimassen, das lüsterne Tanzen, das vergnügte Schmausen, das habsüchtige Spielen usw., so bleibt das für diese Menschen nicht ohne schlimme Folgen, die von dem Geldgewinn, der ihnen durch die Badeanstalt zufließt, nimmermehr aufgewogen werden. Dieses Geld reicht nicht hin für die eindringenden, neuen Bedürfnisse; daher innere Lebensstörung, schlimmer Anreiz, großer Schmerz.«[102]

Fontane, der 1882 auf Norderney weilt und »dem alten body« »drei Wochen lang Sauerstoff« einpumpt, sieht in den Einwohnern »kräftige, tüchtige, urgermanische Menschen, ehrlich und zuverlässig. Daß sie sich ihre Luft etc. gut bezahlen lassen, kann ich ihnen nicht verdenken; ..., aber sie fordern nur viel, sie betrügen nicht; selbst die Viel-Forderung hält sich immer noch innerhalb einer gewissen Manirlichkeit; es sind anständige Leute, kein Gesindel.«[103]

Joseph von Eichendorff erschauert 1805 beim Anblick der »grausigen Fluthen« der Ostsee, Caspar David Friedrich und Philipp Otto Runge entdecken die Küstenlandschaft als elementares Naturerlebnis, das die von der Romantik genährten Sehnsüchte befriedigt.

Von Mecklenburg aus soll kein Geringerer als Blücher, der weißhaarige »Marschall Vorwärts« der deutschen Befreiungskriege, die Sitte, in offener See zu baden, nach Pommern, zu dem die Inseln Usedom und Wollin gehören, gebracht haben.[104] Trotz aller Vorbehalte der Einheimischen läßt sich die Ausbreitung der neuen Badegepflogenheiten nicht aufhalten. Die wirtschaftliche Not anfangs des 19. Jahrhunderts beschleunigt die Entwicklung des Badewesens ebenso wie der preußische Ehrgeiz, ein eigenes Seebad zu besitzen.

Die Inseln Usedom und Wollin liegen zwischen den drei Oderausflüssen Peene, Swine und Dievenow, die vom Haff aus in die Pommersche Bucht treten. Usedom besteht aus mehreren Erhöhungen, die durch flache Dünenbildungen miteinander verbunden sind. Gegen die Südseite und das Haff hin liegen zwischen den Erhebungen sumpfige Wiesen und vertorfte Seen.[105]

Die Insel bietet das, was Urlauber im 19. Jahrhundert suchen: eine pittoreske, idyllische Landschaft in den Bergen oder am Meer und Dörfer, die dem Schwärmen von Einfachheit und Natürlichkeit entsprechen. Hier kann man der Hektik und der Nervosität der industriell-kommerziellen Lebenswelt und der städtisch-bürgerlichen Zivilisation entkommen, sich beim Baden und Spazieren in der Natur erholen und sich in den Anblick eines Panoramas oder eines Sonnenuntergangs versenken. Das Paradoxe an dieser Suche nach Natur, »Freiheit« und Unmittelbarkeit ist schon damals, daß gleichzeitig das Natürliche, Elementare gezähmt und zu einem Luxus- und Konsumobjekt gemacht wird. »Die besuchteren Punkte sind durch Wegweiser genau bezeichnet und nicht zu verfehlen, wie die *Waldeinsamkeit*« (ein Ausflugspunkt), ist im Reiseführer zu Heringsdorf zu lesen.[106]

Haupterwerbszweig auf den beiden Inseln ist im 19. Jahrhundert der Fischfang; vor allem Heringe, aber auch Flundern und Steinbutte füllen die Netze. Auch um 1900 wird noch gefischt, 1719 Personen sind um diese Zeit auf den beiden Inseln im Fischfang tätig.[107] Die Fischerdörfer liegen in der Regel hinter den Dünen verborgen.[108] Die Fischerboote inmitten des Badestrandes, die zum Trocknen aufgehängten Netze und Reusen, die alten Salzhütten mit ihren Schilfdächern gehören noch zum Bild der Küstenlandschaft und geben dem Strand den folkloristischen Rahmen, den die Badenden um 1900 so mögen und der auch auf vielen Postkarten auftaucht. In der Badeliteratur ist der Fischer je nach Geschmack des Autors Teil der ungezähmten Natur, dem die zivilisierte Lebensweise noch weitgehend fehlt, oder er wird als Naturbursche zum ästhetisierten Garanten ursprünglicher Geselligkeit.[109]

Doch die Fischerei ist risikoreich und krisenanfällig. Allein im Dörfchen Ahlbeck, das an Heringsdorf anschließt, kehren zwischen 1850 und 1905 43 Fischer nicht zurück. An Winterabenden sitzt die ganze Familie um den »Knüttstock« und knüpft die Netze aus Flachsgarn. Zu einem einzigen sechsundfünfzig Meter langen und fünf Meter breiten Netz sind Zehntausende Knoten nötig. Der Verlust des Netzes oder gar des Bootes bedeutet einen enormen Schaden und bedroht die wirtschaftliche Existenz. In den Badeorten werden überall Fische verkauft, und am Strand machen bisweilen Schilder die Badegäste auf die Situation der Einheimischen aufmerksam: »Der Fischer leidet große Not, eßt mehr Fisch, dann hat er Brot!«[110] Doch die Touristen nehmen die Fischer nur als malerischen Lokalkolorit wahr. Den Freys fallen in Ahlbeck zwar die vielen »ärmlichen Fischerhütten« auf, aber deren Bewohner erscheinen ihnen als wetterhart, kräftig, trotz ihrer Armut froh und heiter, vollkommen zufrieden mit ihrem Schicksal. Die »äußerst charakteristischen Typen« dienen als Sujets für die Postkarten. Vom Badebetrieb profitieren die Fischer in der Regel aber nur in Hilfsfunktionen des Dienstleistungssektors wie Fischverkauf, Zimmervermietung und Bootsverleih.[111]

»Ahlbeck, Heringsdorf, Bansin – das ist die Badewanne von Berlin«

Die Inseln Usedom und Wollin werden Hauptsitz des Badelebens an der Ostsee, besonders nach dem Ausbau der Bahnverbindungen mit Berlin. Der Küste entlang ziehen sich – aneinandergereiht wie an einer Perlenkette – die Badeorte. Die älteren von ihnen haben sich zu städtischer Eleganz entfaltet.

Die Ostseeküste ist sehr flach und behindert damit die Schiffahrt. In den Bädern müssen selbst die Passagierdampfer an weit ins Meer hinausragenden Landungsbrücken anlegen. Andererseits gibt der sanftgeneigte Sandboden einen herrlichen Badegrund ab, auf dem man stellenweise 100 bis 200 Schritte weit hinauswaten kann. Auch die Haffe sind sehr flach.

1821 eröffnet Swinemünde, der Hauptort Usedoms, als erster Ort den Badebetrieb, der von Anfang an so vordergründig auf das Geldverdienen angelegt ist, daß sich ein Zeitgenosse bitter beklagt: »Das Gewerbe der Einwohner des kleinen Ortes spekuliert gegenwärtig zu sehr auf die kurze Badezeit, sucht die Gäste gar zu sehr zu schröpfen.«[112] Um 1900 besuchen jährlich 12 000 Personen Swinemünde, das trotz prächtiger Villenstraßen an Eleganz aber von anderen übertroffen wird.[113]

Bald nach dem Hauptort beginnt sich auch das kleine Dörfchen Neukrug bei Heringsdorf zu regen. Oberforstmeister von Bülow, der 1817 das Rittergut Gothen erworben hat, zu dem der Strand von Heringsdorf gehört, versteht sich auf die Erschließung gewinnbringender Kapitalanlagen. In Heringsdorf, 1818 als Fischerkolonie angelegt, läßt von Bülow 1824 die erste Badeanstalt und die dazugehörigen Logierhäuser, zwei Jahre später das erste »Gesellschaftshaus« bauen. Seinen Namen erhält der Ort durch den damaligen Kronprinzen, den späteren König Friedrich Wilhelm IV., der hier frisch gefangene Heringe verspeist. In der Nachfolge des gräflichen Oberforstmeisters und Gutsbesitzers sorgt Gräfin von Stolberg-Wernigerode für das Wohl der wohlhabenden Badegäste. Zu Beginn der Gründerjahre erwirbt der bekannte Berliner Bankier Hugo Delbrück das Heringsdorfer Strandgelände und gründet 1871 die »Aktiengesellschaft Seebad Heringsdorf«, die bis in die Inflationsjahre besteht und an ihre Aktionäre alljährlich reiche Dividenden ausschüttet. Heringsdorf wird zum vornehmsten, teuersten Bad der Ostsee, auch Wilhelm II. besucht den Ort.[114] Ein Reiseführer jener Zeit schwärmt: »Entzückende landschaftliche Reize, eine seltene Verbindung von Wald und See, der Genuß ozonreicher und staubfreier Wald- und Seeluft, kokette, ja pikante, mit allem Zauber der Architektonik ausgestattete Villen, die den Meeresstrand umsäumen, vortreffliche, mit allem Komfort ausgestattete Bade- und Wohnungseinrichtungen und die friedliche Ruhe, die uns in diesem reizenden Flecken pommerscher Erde empfängt, – all dies trägt dazu bei, daß Heringsdorf immer mehr der Sommeraufenthalt der wohlsituierten Berliner, Stettiner, Brandenburger und Pommeraner wird.«[115] Ein knappes Jahrzehnt genügt den Aktionären der »Seebad AG«, um Heringsdorf 1880 mit 4300 Gästen vor Heiligendamm, Warnemünde und Saßnitz-Crampas an die Spitze der deutschen Ostseebäder zu rücken. Wirksam zur Aufwertung des Ostseeurlaubs trägt die häufige Anwesenheit Wilhelms II. in Swinemünde bei, wo dieser seiner »besonderen Passion für die Marine« huldigt, die in seiner Jugend nach eigenem Bekunden durch mehrfache Besuche der Seebäder geweckt worden ist.[116]

Das Fischer- und Bauerndorf Zinnowitz, 1309 erstmals urkundlich erwähnt, beantragt bereits 1851 beim Königlichen Landratsamt in Swinemünde den Badekonsens. Kurz darauf eröffnet es als dritter Ort auf Usedom den Badebetrieb. Die ersten Badegäste, vor allem Gutsbesitzerfamilien aus der Umgebung, nehmen Unterkunft in den bescheidenen Bauernkaten des Dorfes.[117]

1852 treffen auch in dem um 1800 gegründeten Fischerdorf Ahlbeck die ersten »offiziellen« Badegäste ein. Das Dorf liegt hinter den Dünen versteckt, die prächtige Strandpromenade verbindet den Ort mit Heringsdorf. Anders als in den übrigen Orten haben hier die Fischer das Bad selbst gegründet und halten das Beherbergungswesen fast zwanzig Jahre in ihren Händen. Um 1900 zieht das Dorf 13 000 Besucher jährlich an, ist aber trotz einer Fülle von Vergnügungen für den Badegast bescheidener und ruhiger als Heringsdorf.[118]

1846 kommen die ersten Gäste nach Koserow, 1885 »entdecken« Zinnowitzer Sommergäste auf einer Bootsfahrt die Fischerkolonie Karlshagen als Badeort. 1893 nimmt Ückeritz die ersten Badegäste auf. Als 1897 Bansin mit sechs Villen als jüngstes Seebad den Badebetrieb eröffnet, hat bei den umfangreichen Bodenspekulationen auch hier der Gründer der Heringsdorfer Seebad AG seine Hände im Spiel. Lange bevor jemand an ein Seebad Bansin dachte, erwarb Delbrück große Teile des dortigen Dünengeländes zum Spottpreis von 10 Pfennig pro Quadratmeter. Neben ihm sind zwei ortsansässige Bauern, der Schriftsteller Necker aus Sallenthin, ein gewisser Wille aus Heringsdorf, ein Berliner Handschuhfabrikant und ein Berliner Zahnarzt am Konsortium beteiligt, eine bunt zusammengewürfelte Gesellschaft, vereinigt in der Hoffnung auf schnellen und reichen Gewinn. In den ersten Bansiner Hotelbauten hält das gleiche Publikum wie in Heringsdorf Einzug. »Ahlbeck, Heringsdorf, Bansin – das ist die Badewanne von Berlin«, heißt es zu Anfang des Jahrhunderts.[119]

Anders als auf Usedom gibt es auf Wollin nur einen wichtigen Badeort, das vornehmlich in mittleren Kreisen Berlins beliebte Misdroy, das Heringsdorf in der Frequenz nahekommt.[120]

Die Hinwendung zu den Badeorten am Meer ist zunächst von dem Bestreben der Aristokratie gekennzeichnet, sich von den großbürgerlichen Schichten abzusetzen, die sich dem Adel angleichen wollen. Doch auch hier folgt bald das Großbürgertum. Die Ostseebäder bieten eine ideale Plattform, um seine Zugehörigkeit zur Elite zu demonstrieren. Hier besteht der ländlich-feudale Rahmen, der die Imitation aristokratischer Lebensformen gestattet.[121] Die wachsende Touristenschar sucht sich immer entlegenere und kleinere Fischerdörfchen aus, weil sich zunehmend auch Leute mit bescheideneren Mitteln Urlaub leisten. Da die Distinktion durch eine klare räumliche Trennung der Urlaubsziele nicht mehr möglich ist, werden um so mehr Fragen des Stils, der feinen Unterschiede wichtig. Es entsteht ein ausdifferenziertes Angebot, sowohl von Ort zu Ort wie auch innerhalb der Seebäder durch das vielfältige Angebot an Hotels, Pensionen und Restaurants. An manchen Orten distanzieren sich gegen Ende des Jahrhunderts Adel und Großbürgertum gemeinsam von den »Massen« der Urlauber.[122]

Die einzelnen Bäder richten sich an verschiedene Besuchergruppen. Die meisten kleineren Badeorte (Kölpinsee, Zempin und »Hammelstall«, das spätere Trassenheide) wachsen nach und nach in den Badebetrieb hinein. Sie werden hauptsächlich von Angehörigen des Mittelstandes, von Beamten, Gewerbetreibenden, Lehrern und Fami-

Familie am Strand von Ahlbeck, 1900

lien mit Kindern bevorzugt, die sich mit den von den Einheimischen vermieteten Privatquartieren begnügen.[123]

Zinnowitz, ursprünglich eher für den Mittelstand gedacht, entwikkelt sich zum Treffpunkt der ostelbischen Gutsbesitzer und Landjunker. Werbeslogans zeigen die angesprochenen Kreise: 1907 offeriert das »Dünenschloß« »abgeschlossene Wohnungen von 3 bis 12 Zimmern mit Pferdestall für 2 Pferde, Wagenremise und Kutscherlogis«. Zinnowitz wird zum Bad der Deutschnationalen und preist sich als judenfrei an; Verbotstafeln sollen »jüdische und fremdstämmige Kurgäste« vom Betreten des Ortes abhalten. Die Berliner reagieren mit Spottversen darauf: »Die Ostsee ist mir einerlei – doch Zinnowitz ist judenfrei.«[124] Bansin nennt sich von Anfang an »Deutsches Ostseebad«, mit dem erklärenden Zusatz »christliche Häuser in bester Lage«. Auch in Swinemünde wirbt das »Strandschloß« mit dem Zusatz »christliches Hotel und Restaurant«.[125] Heringsdorf, »das elegante Bad von Weltruf«, fragt hingegen nie nach dem Glaubensbekenntnis der Gäste, wenn die Kasse stimmt. Es hat auch gegen sogenannte »Israelitische Häuser« nichts einzuwenden. Die teuren Hotels stehen allen offen, die sich die Zimmerpreise leisten können. »Vorherrschend war das jüdische Element«, bemerkt Olga Frey etwas abschätzig, als sie in Ahlbeck die von Heringsdorf abreisenden Touristen beobachtet. Antisemitische Vorurteile sind auch dort zu finden, wo die Juden als Gäste toleriert werden. Der Japaner Sazanami Sanjin, der in Heringsdorf die vielen Villen bewundert, hört das Gerücht, die meisten würden Juden gehören. »Diese sind die den Europäern am meisten verhaßte Menschenrasse, die indeß mit ihrem Mammon jedenfalls an so schönen Orten immer den ersten Platz einnimmt.«[126]

Äußerst beliebt ist Ahlbeck, man wohnt hier billiger als in den beiden eleganteren Nachbarbädern, wegen der Nähe von Heringsdorf und Swinemünde kann man dennoch alle dort gebotenen Annehmlichkeiten genießen. Villen und Pensionen von Ahlbeck und Heringsdorf gehen ineinander über, die Grenze ist nicht mehr sichtbar. Vornehmere Heringsdorfer Gäste bezeichnen Ahlbeck aber naserümpfend als »Kinderbadewanne von Berlin«.[127]

Während Swinemünde und Heringsdorf seit 1826 regelmäßig von Fahrgastschiffen angelaufen werden, bildet für die neuentstandenen Badeorte im Westteil der Insel die Wolgaster Chaussee die einzige

Verkehrsverbindung mit der »Außenwelt«. Die 1876 eröffnete Bahnlinie Berlin–Pasewalk–Ducherow–Swinemünde kommt hauptsächlich den Badegästen an der Swinemündung und – weil mit der Pferdekutsche leicht zu erreichen – denjenigen von Ahlbeck und Misdroy zugute. Auf Betreiben der Aktionäre der »Aktiengesellschaft Seebad Heringsdorf« wird die Bahnlinie 1894 über Ahlbeck bis Heringsdorf verlängert. Von nun an offeriert das »Berliner-Verkehrs-Bureau« den hauptstädtischen Ferienreisenden täglich vier Direktverbindungen über Wolgast oder Karnin mit der Insel Usedom. Die Weiterführung der Inselbahn bis zur Wolgaster Fähre kann erst 1911 durchgesetzt werden. Weil aber die Ruhe der Heringsdorfer Badegäste nicht gestört und die Luft nicht mit Kohlenstaub verschmutzt werden darf, muß die Bahnlinie einen großen Bogen um den Ort beschreiben. Drei Kilometer von der Endstation Ahlbeck entfernt wird die Lokomotive auf dem Heringsdorfer Kopfbahnhof vor der Weiterfahrt umrangiert, als befände man sich am Ende der Welt.[128]

Der Badebetrieb ändert die wirtschaftliche Situation der ehemaligen Fischerdörfer grundlegend. Zinnowitz ist zu Beginn des 19. Jahrhunderts eines der ärmsten Dörfer der Insel. Von 1864 bis 1905 erhöht sich die Einwohnerzahl von 356 auf 1267, die Zahl der Wohn- und Gewerbebauten von 59 auf 259 – Raum genug, um die Badegäste, deren Zahl auf die 10 000 zugeht, unterzubringen. 1907 zählt die Gemeinde, die einst fast ausschließlich aus Fischern und Bauern bestanden hat, neben 156 land- und forstwirtschaftlichen Betrieben 27 größere und 180 kleinere Betriebe der Dienstleistungs- und Beherbergungsbranche.

Die Gemeinden wachsen in der Regel um ein Mehrfaches. Die Steuereinnahmen des Kreises erhöhen sich von 1874 bis 1911 um das Zwanzigfache. Die gesamte Insel verzeichnet eine steile Zunahme der Besucherkurve bis 1911. In diesem Jahr werden mit rund 100 000 Besuchern die bis dahin höchsten Besucherzahlen erreicht. Der Erste Weltkrieg stoppt diese stürmische Entwicklung.[129]

Am Strande von Heringsdorf. Zeichnung von E. Cucuel, Illustrirte Zeitung, Leipzig/Berlin, 27. September 1900

HERINGSDORF
1900

»Strandidyll«, »Seeperle« und »Neptun«

Heringsdorf, wo die Freys ihre Ferien verbringen, ist der »Höhepunkt des Luxus und des fashionablen Badelebens, der an der Ostsee erreicht wird«. Seit dem Ende des 19. Jahrhunderts geben sich in den Spielkasinos und Salons, auf den Promenaden und Rennplätzen die Spitzen der wilhelminischen Aristokratie, Angehörige der kaiserlichen Familie, deutsche, österreichisch-ungarische, polnische und russische Großgrundbesitzer, aber auch amerikanische und französische Börsianer und Industrielle ein Stelldichein. Während in den anderen Badeorten der Anteil der Ausländer gering ist, macht er hier rund 20 Prozent aus. Monokel und dicke goldene Uhrketten, »an denen man die stärksten Bären hätte anbinden können«, wie Max Kretzer in seinem Roman »Der Millionenbauer« von Heringsdorf erzählt, sind die äußeren Kennzeichen der Besucher. 12 000 Personen jährlich verbringen um die Jahrhundertwende hier ihre Ferien.[130]

Die steil vom Flachstrand aufsteigenden Dünen, die im »Kulm« gipfeln, sind mit schönem Eichen- und Buchenwald geschmückt, und in diesen hinein bettet sich die moderne Villenstadt. Die Seebäderarchitektur zwischen Ahlbeck und Heringsdorf erscheint als ein endloses Band von Villen, Hotels und Pensionshäusern mit klassizistischen Fassaden und Schnörkelgiebeln, Türmchen und Erkern, die »Strandidyll«, »Seeperle« und »Neptun« heißen. Charakteristisch für diese Gebäude sind die den Fassaden zugeordneten Loggien, Balkone und Veranden, die den Gästen ermöglichen, das Treiben auf der Promenade zu beobachten.[131] Die Freys finden die neueren Bauten weniger elegant, aber origineller, seien sie nun im »Cottage Styl« oder »im Chalet Styl«, als »pompöse Paläste« oder reizende Häuschen »in norwegischer Art« erbaut.

Das Badeleben konzentriert sich um das Kurhaus, das am Hang unmittelbar an der See und doch im Schatten des Waldes liegt. Das 1881 erbaute, dreigeschossige Gebäude besteht aus einem siebenachsigen Mittelbau mit zwei doppelachsigen Anbauten.[132] Unmittelbar davor ragt die »Kaiser-Wilhelm-Brücke«, ein 1893 erbauter hölzerner Seesteg, 413 Meter weit ins Meer hinaus, der beliebteste Aufenthaltsort der Heringsdorfer Badegäste. Hier werden Souvenirs verkauft, meist Muscheln und Bernsteinarbeiten wie die Zigarrenspitze, die Olga Frey für ihren Mann ersteht. Auf der Plattform am Ende der Brücke erhebt sich ein Restaurationspavillon.

Am Strand unweit des Kurhauses ist ferner ein Strandkasino errichtet worden, mit Musik-, Spiel- und Lesezimmer, Ball- und Theatersaal. Die Strandpromenade, eine junge Schöpfung der Heringsdorfer Aktiengesellschaft, ist mit Bäumen und Bänken versehen, der Rasen der Garten- und Parkanlagen wird bewässert. Auch ein spezieller Weg für die Radler ist vorhanden, der von den unzähligen Betreibern des »neusten Sports« fleißig benutzt wird. Plätze und Hauptwege werden von elektrischen Bogenlampen beleuchtet. Spazierwege durchziehen die Waldpartien und erschließen die Anhöhen wie den 54 Meter hohen Langen Berg, auf dem ein 23 Meter hoher Aussichtsturm steht. Bei klarer Sicht sieht man im Nordwesten Rügen, im Osten Wollin.[133]

Heringsdorf als vornehmster Badeort zieht immer auch Künstler an. Ein Bild von Anfang des Jahrhunderts des bereits erwähnten Anton von Werner, Direktor der Akademie der bildenden Künste in Berlin und ständiger Gast des Seebades, zeigt die dortige Kegelbahn mit illustren Gästen. Neben Konsuln, Kommerzienräten und Chefredakteuren hat sich der Maler selbst, seinen Malerkollegen Professor L. Knaus und den Zeichner der satirischen Zeitschrift »Kladderadatsch«, Wilhelm Scholz, ins Bild gebracht.[134]

Im nahen Swinemünde verbringt einer der bedeutendsten deutschen Erzähler einige Kindheitsjahre: der Apothekersohn Theoder Fontane. In »Meine Kinderjahre« schildert er das Leben in der Stadt und den Beginn des Badetourismus zwischen 1827 und 1832.[135] Auch später besucht er die Insel oft und schwärmt »für einen kleinen Hausbau« zwischen Heringsdorf und Ahlbeck, da die Preise in Heringsdorf selber schon zu teuer sind.[136] Thomas Mann ist der Ostsee besonders zugetan, er verbringt hier die »glücklichsten Tage« seines Lebens. Im Sommer 1923 wohnt sein Bruder Heinrich im damaligen Heringsdorfer »Strandhotel«, während er selbst ein Jahr später in Bansin und anschließend in Ahlbeck nach dem Morgenbad an den letzten Kapiteln seines Romans »Der Zauberberg« schreibt.[137]

Der aus Stettin stammende Kurt Tucholsky schildert in seiner sarkastischen Art den »Saisonbeginn an der Ostsee«: »Die frisch gesalzenen Wogen rollen an den Strand. In einer Reihe, die ganze Küste entlang, stehen die Wirte, großen Raubvögeln gleich, vor ihren Horsten und lauern auf Beute. Sie klappern mit den Schnäbeln, die leeren Kröpfe baumeln im Winde, ab und zu fällt einem von ihnen hinten ein kleiner Prospekt heraus. Sie scharren ungeduldig mit den riesenhaften Fängen im Sande. Und warten.«[138] Den übrigen Gästen kaum bekannt ist ein gewisser Alexej Maximowitsch Peschkow, genannt Maxim Gorki, der »Bittere«, der 1922 mehrere Monate in Heringsdorf lebt und hier an seiner Autobiographie schreibt. Er kuriert auf Drängen Lenins seine Tuberkulose aus. Die »Pension Irmgard«, in der er wohnt, wird 1950 als »Maxim Gorki Gedächtnisstätte« unter Denkmalschutz gestellt. Gorki schreibt zum Abschied ins Gästebuch: »... und dennoch und trotz alledem wird die Zeit kommen, da die Menschen wie Brüder leben. Heringsdorf 25.IX.1922.«[139]

Die Freys richten sich im vornehmsten Haus ein, dem zum Kaiserhof in Berlin gehörenden Kurhaus. Die Unterkünfte sind bis gegen Ende des 19. Jahrhunderts meist bescheiden, größtenteils wohnen die Badegäste privat, ohne jeden Komfort. Als 1852 der Gutspächter Holtz aus Stolpe seine Kinder in Begleitung ihrer Erzieherin nach Ahlbeck schickt, gibt er ihnen nicht nur die kompletten Betten und eine Fuhre Lebensmittel mit, sondern auch am Haff geschnittenes Rohr zum Bau einer Badehütte. Die ersten Zinnowitzer Badegäste sind nicht weniger anspruchslos. Sie geben ihrer Unterkunft den Namen »Wigwam«, weil sie eher einem Indianerzelt als einem Logierhaus gleiche.[140]

»Es läßt sich gegen diese Badereiserei gewiß sehr viel sagen, in hundert kleinen Dingen verschlechtert man sich, es fehlt an Komfort und manchem anderen noch, aber man hat *Ruhe und frische Luft*, und diese beiden Dinge wirken wie Wunder und erfüllen Nerven, Blut und Lungen mit einer stillen Wonne.« Als Thedor Fontane am 24. August 1863 von Heringsdorf aus diese Sätze an seine Frau Emilie schreibt, ahnt er kaum, daß es mit Ruhe und fehlendem Komfort bald vorbei sein würde.[141] Nach und nach entstehen Logier- und Kurhäuser. Der preußische Baumeister Karl Friedrich Schinkel entwikkelt 1835 für ein Gasthaus auf Rügen eine Architektur, die auch anderswo Verwendung findet: das Schweizerhaus, ein Gebäudetyp mit flachem Satteldach und umlaufendem Balkon und unter großzügiger Verwendung von Holz, das dem Muster einer schweizerischen Berghütte folgt.[142] Gefragt ist zunehmend standesgemäße Unterbringung. Das Prestige- und Statusdenken verlangt die Befriedigung der gehobenen Ansprüche.[143] Und so erstaunt es nicht, daß die Freys ganze zweispännige Wagen voller Gepäck beobachten: Betten, Kissen, Sitzbadkasten, nebst »3–4 Stück Dienerschaft« werden mitgeführt. Reitpferde und Equipagen haben einige Herrschaften ebenfalls dabei.

Die jährlich erscheinenden Badeführer – umfangreiche, bebilderte Broschüren mit Anzeigenteil bereits um die Jahrhundertwende – unterbreiten ein großzügiges Angebot an Unterkunftsmöglichkeiten. Man hat die Wahl zwischen Häusern ersten Ranges, »bestrenommiert und neurenoviert«, und etwa dem Kurhaus (»mit allem Komfort der Neuzeit ausgestattet, elektrisches Licht in sämtlichen Zimmern«), schließlich altrenommierten Gasthöfen mit Gartenrestauration. Als neuzeitlich gelten neben der Elektrizität die Spülklosetts, die Wasserleitungen im Haus und die Telefonanschlüsse. Zur Verfügung stehen Einzelzimmer oder große und kleine Wohnungen mit Küchen, für das Personal dienen Zimmer im Dachgeschoß.

Die Freys widmen sich, wenn nicht gerade Flottenmanöver stattfinden, dem Badeleben. Dieses ist allerdings nicht frei und unkompliziert, sondern unterliegt einer Vielzahl von Regeln, die sich im Laufe der Zeit herausgebildet haben. Der Zugang zum Meer darf nur durch geschlossene Badeanstalten erfolgen. Diese Anlagen sind die Nachfolger von allerlei Einrichtungen, die seit dem 18. Jahrhundert das Baden erleichtern sollen, es in der Regel aber eher behindert haben.

Vielerorts in Gebrauch waren die Ende des 18. Jahrhunderts auftauchenden Badekarren, auch »Bademaschinen« genannt. Die hölzernen Umkleidekabinen werden auf Rädern ins Wasser gerollt, an einigen Orten von Frauen oder Männern geschoben, an anderen von Pferden gezogen. Man zieht sich in ihnen aus, steigt über eine Treppe ins Meer, hält sich an einem Seil oder an der Treppe fest, taucht ein paar Mal ins Wasser und klettert dann wieder in den Wagen. Eine Art Zelt, das über der Treppe angebracht ist und bis auf das Wasserniveau abgesenkt werden kann, dient als Anstandshaube,welche anderen Personen die Sicht verdecken soll. Damen- und Herrenbäder sind strikte getrennt. Heinrich Heine amüsiert sich über diese Badeart, denn »wer ein gutes Glas führt, kann überall in der Welt viel sehen«.[144]

Eine andere Form, Neugierige abzuschütteln, sind Badeschaluppen. Diese fahren mit einigen Gästen ins Meer hinaus und gehen dort vor Anker. Die Badenden werden in einem etwa zwei Meter langen und einem Meter breiten Holzgitter, das Badediener halten, ins Wasser gelassen. Diese Badekörbe, spöttisch auch Aalkasten genannt, werden wie Badewannen genutzt, von Schwimmen kann keine Rede sein.[145]

In den siebziger und achtziger Jahren des 19. Jahrhunderts nimmt die Zahl der Badenden rasch zu, die Karren und Schaluppen reichen nicht mehr aus, in den Ostseebädern werden nun immer mehr Badeanstalten gebaut, die auf Pfählen stehend häufig hufeisenförmig ins Meer hinausragen, Badekabinen anbieten und aus Sittlichkeitsgründen mit hohen Bretterwänden umgeben sind. Zur festgesetzten Zeit trennen sich die Geschlechter. Alles Männliche zieht zum Herrenbad am Oststrand, die Weiblichkeit zum Damenbad im Westen. Strandsperren, hohe Zäune und Verbote, während der Badezeit den Strandweg zu benutzen, sollen moralisch Verwerfliches verhindern. Der französische Journalist Jules Huret bringt von einer Reise an die Ostsee den Eindruck mit, »daß die deutsche Schamhaftigkeit die Grenzen der erlaubten Heuchelei übersteige«.[146] In Heringsdorf liegen die beiden Anstalten wie fast überall weit auseinander; während das Herrenbad nur wenige Schritte vom Strandkasino entfernt ist, befindet sich das alte Damenbad im Westen Richtung Bansin, das neue im Osten Richtung Ahlbeck. Noch weiter im Osten steht eine Badeanstalt abwechslungsweise Frauen und Männern zur Verfügung. Während diese baden, weht eine schwarz-weiß-rote Flagge mit der Aufschrift »Herren«, bei jenen eine weiße mit der Aufschrift »Damen«.[147] Zwischen der Herren- und der Damenanstalt liegt die neutrale Strandzone mit Kasino, Seebrücke und Strandkörben. Erst 1903 entstehen in Ahlbeck, Bansin und Heringsdorf die ersten Familienbäder der Ostsee, die von Sittenwächtern aber noch lange bekämpft werden. Das freie Baden vom Strand aus ist erst in den zwanziger Jahren offiziell erlaubt.[148]

Herr Frey kauft sich eine Badehose und einen Bademantel, um ins sechzehn Grad kalte Wasser zu steigen. Er ersteht beim Portier eine Badmarke und zieht sich in einer der Kabinen der Heringsdorfer Männerbadeanstalt um. Einmal ins kalte Wasser gestiegen, schwimmt er auch einige Züge. Das Bad ist allerdings kurz. Man solle nicht länger als fünf Minuten baden, eher zweimal täglich, heißt die Regel. Die meisten verzichten jedoch auf ein zweites Bad. Dennoch fühlt sich Herr Frey schon nach dem kurzen Bade »neugestärkt und verjüngt«.

Vor der Abreise und in Berlin noch sichtlich müde und apathisch, lebt der gestreßte Bankdirektor an der Ostsee auf. Auf ihn trifft zu, was die Ärzte der Seebäder im 19. Jahrhundert immer wieder betont haben: »Der Badegast gleicht häufig einem aus dem Gefängnis Entsprungenen, der seine verhaßten Ketten gewaltsam abgestreift hat. Am fremden Ort wird man durch nichts an die Ketten erinnert, denen man entflohen ist und in deren Druck so häufig auch die Ursache körperlicher Leiden zu suchen ist.«[149]

Olga Frey badet offenbar nicht, spricht aber dennoch vom »genußreichen Bad«. Sie sucht sich mit dem Feldstecher einen Beobachtungsposten, um ihrem Mann zuzusehen.

Für jedes Bad müssen Gebühren entrichtet werden. Der Preis für ein Einzelbad beträgt um die Jahrhundertwende 40 Pfennig, für Kinder und Dienstboten 20 Pfennig. Für die Dienstleistungen der »Bade-Dienerschaft« werden Extragebühren erhoben: Für das Geleit ins Wasser 25 Pf., »für einmaliges Abreiben des Körpers 10 Pf.«, für Lieferung eines Bademantels 20 Pf., für ein Handtuch 10 Pf., für eine Schwimmhose 5 Pf., für eine Badekappe 5 Pf., für das Trocknen und Aufbewahren der Badewäsche pro Person und Woche 70 Pf. Neben dem Meer stehen in Heringsdorf und anderswo auch warme Bäder, natürliche Solbäder, Moorbäder, kohlensäurehaltige Bäder und warme Sandbäder zur Verfügung.[150]

In der Regel wird beim Baden im Meer nicht der ganze Körper untergetaucht. »Wer untertauchen will, hält den Strick fest und fällt auf ein Knie, wie die Soldaten beim Feuern im ersten Gliede«, heißt es in einer Beschreibung eines Badekarrens. Häufig gehen die Badenden sogar nur bis zu den Waden im Wasser, bei Knietiefe wird etwa in einem Frauenbad um 1900 bereits Alarm gegeben.[151] Der schon zitierte französische Reisejournalist Huret schüttelt ob der deutschen Badesitten den Kopf: »Es war die Stunde, wo gebadet wurde. Mit vorsichtigen Schritten kamen die Badenden heran. Kaum näherten sie sich, bespritzte der Badewärter sie mit kaltem Wasser, bedachte auch solche, die eben aus dem Wasser stiegen. Solange die Wellen den Badenden nicht höher als bis zu den Waden reichten, sagten die

Wärter nichts. Waren die Leute aber so unvorsichtig, sie bis über die Kniee reichen zu lassen, ging ein Tuten, ein Fahnenschwenken, ein Winken, umzukehren, ein Geschrei im barschesten Befehlshaberton an, um die Unglücklichen, deren Schenkel zu ertrinken drohten, zurückzurufen. Und dabei ist der Strand tadellos, ohne Felsen und ohne Löcher. Gefahr besteht also keine, namentlich nicht bei der angeborenen Bedächtigkeit der Deutschen. Aber die Luft hallte beständig wider von diesen Hornsignalen, diesem wütenden Korporalsgezeter. Die Leute müssen sich die Aufsicht dieser Kerle, die sie zur folgsamen Herde macht, dieses lächerliche Inswassertunken gefallen lassen. Deshalb schwimmt auch niemand hinaus; um sich von der kosenden Flut umspülen zu lassen, bleibt einem nichts anderes übrig, als sich niederzuducken. Ich wohnte dieser Komödie mehrere Tage bei, gegen die hier kein Mensch Einspruch erhebt und die in Frankreich genügen würde, sämtliche Badebaracken in Brand zu setzen. 30 000 Badegäste unterwerfen sich alljährlich diesem Zwang. Das gibt zu denken.«[152]

»Hoch zum Halse aufsteigend«

Auch die Bademode ist streng. Noch zu Beginn des 19. Jahrhunderts war überwiegend nackt gebadet worden. Im Laufe des Jahrhunderts wird der Männerkörper teilweise, der Frauenkörper aber vollständig bedeckt, zuerst mit schweren Flanell-, dann mit leichteren Baumwollstoffen, dem züchtigen »Badecomplet« mit dreiviertellangen Hosenbeinen, Röckchen und Rüschen, einer Kappe aus Wachsleinwand auf dem Kopf, grobgeflochtenen Schuhen an den Füßen.[153] Um die Jahrhundertwende herrscht eine strenge bürgerliche Moral, die jede Körperlichkeit in der Öffentlichkeit tabuisiert. Die beim Baden erlaubte relative Freizügigkeit muß daher von einer stark erotischen Aufladung begleitet gewesen sein, wie unzählige Genrekarikaturen zeigen. In satirischen Zeitschriften wie dem »Simplicissimus« ist die Bademode jeden Sommer ein Thema. Erst mit den Familienbädern werden Frauen in diesen Kostümen allerdings für die Öffentlichkeit sichtbar. Dennoch zeigen bereits um die Jahrhundertwende Postkarten Frauen in gepunkteten oder gestreiften eng anliegenden Badeanzügen mit bloßen Armen, Waden und Décolleté, die ihre wohlpro-

Berliner Pflanzen, Karikatur von Ernst Heilemann, 1908

portionierte Figur zeigen und von den Männern bewundert werden. Hier eilt die Phantasie der Zeichner der Wirklichkeit voraus.[154]

Sonnenbaden ist noch streng verpönt. Gebräunte Haut gilt der Aristokratie und dem Bürgertum als »plebejisch«, als Stigma körperlicher Arbeit im Freien. Blässe und alabasterweißer Teint werden kultiviert. Sie fungieren als Statusmerkmal einer Gesellschaftsklasse, deren Leben sich fernab von der Natur, also auch von Licht und Sonne, abspielt. Im Zweifelsfall hilft man mit weißer Schminke oder Puder nach. Ein Damenbrevier von 1914 hält fest: »Um nicht Gefahr zu laufen, daß die Sonne die Ausschnittform auf die Haut prägt, tragen vorsichtige Damen unter dem Anzug ein weißes Leibchen mit langen Ärmeln, hoch zum Halse aufsteigend.« Ab der Jahrhundertwende bekennen sich »Freunde des Lichts« zu einem Gegenideal. Erste Beschreibungen von Sonnenbräune als etwas Positivem tauchen auf, der Bräunungskult nimmt hier seinen Anfang. Auch die Freys beobachten seltsame Badegäste, die eine Stunde in der Sonne liegen und sich rösten lassen. Doch erst in den zwanziger Jahren wird es in, braungebrannt und sportlich auszusehen.[155]

Am Nachmittag promeniert man unter dem Motto »Sehen und gesehen werden« »in eleganter Toilette« am Strand und auf den Seebrücken und Konzertplätzen; die Damen mit Federhut, geblümtem Sonnenschirm, Handschuhen und in langen, hochgeschlossenen Rökken, die Herren mit Spazierstock, steifem Hut und dunklem Anzug. »Im ganzen herrscht ein reserviert vornehmer Ton.« Bademode auf der Promenade oder im Strandrestaurant ist undenkbar.[156]

Im gleichen Tenue sitzt man auch im Strandkorb. 1882 entwickelt der Rostocker Korbmacher Wilhelm Bartelmann auf Wunsch einer rheumageplagten alten Dame dieses spätere Wahrzeichen der Ostsee als Schutz gegen Wind und Wetter und als Sitz am Meer. Der Korb setzt sich schnell durch gegen die älteren Schilderhäuser und Hütten aus Stroh und Lehm. Er wird aus Weide und Rohr geflochten und mit Markisenstoff überdacht. Bald wird der Komfort verbessert, eine Fußstütze und ein Seitentisch montiert, auch ein Zweisitzermodell entsteht. Frau Bartelmann wird die erste Strandkorbvermieterin.[157]

Auch in Heringsdorf bevölkern »wer weiß wie viele Strandkörbe aus spanischem Rohr und Zelte aus Segeltuch« den Strand, wie der Japaner Sanjin 1901 beobachtet. »Wenn man ins Innere blickt, so

Bademoden an der Ostsee, 1907

hat man allerhand Bilder vor Augen: Mädchen, die stricken, Schüler, die lesen, Kinder, die mit Muscheln spielen, Herren, die Karten spielen und – alte Leute, die ein Mittagsschläfchen halten. So sieht der Hauptsache nach ein Seebad aus, und wenn man eines gesehen, so sind die anderen im großen und ganzen eine Wiederholung.«[158]

Neben dem Korb finden sich in Heringsdorf auch noch größere transportable »patentierte« Strandhütten mit Wänden aus Storendrilch, verschließbaren Türen und Fensterchen. Man mietet die Hütten und Körbe für die Dauer des Aufenthaltes und zahlt pro Woche 4 Mark Miete.[159]

Ab neun Uhr morgens finden sich die Kurgäste am Strand ein und öffnen ihre Hütten und Körbe. Die Kinder bauen Sandwälle, der Vater liest die Zeitung. Olga Frey findet den Strand für Kinder ideal, hier können sie barfuß gehen und sind immer beschäftigt, während sie im langweiligen Bergkurort gehütet werden müssen, artig beim Haus zu sitzen haben und keinen Lärm machen dürfen.

Groß und klein baut Strandburgen, die seit den neunziger Jahren als Windschutz in Mode kommen. Strandburgenkolonien nach dem Vorbild der Schrebergärten entstehen, jede Familie steckt ihr Territorium ab. Geschützt durch den Wall, legt man sich auch mal locker in den Sand, selbstverständlich vollständig bekleidet. Wenn die Intimsphäre durch die Umwallung gesichert ist, machen sich die Parzellenbesitzer daran, ihr Terrain nach eigener Fasson herzurichten. Die Festung wird reich verziert, man überzieht den Wallring mit Ornamentfriesen aus Muscheln und Steinen. Bekrönt wird die Anlage, in deren Mitte der Strandkorb thront, mit aufgepflanzten Wimpeln und Flaggen in Landes- und Reichsfarben. Geschäfte vermieten Fahnenstangen und Schaufeln. Häufig erhalten die Strandburgen auch Inschriften (Namen, Herkunftsort, Vereinsmitgliedschaft), die zwar den Besitzanspruch klar markieren, zugleich aber auch eine Einladung zur Kommunikation sind. Über den Wall hinweg fällt die Kontaktaufnahme mit den Nachbarn leichter. Die Strandburgen entwickeln daher einen eigentümlichen Doppelcharakter von Abgrenzung und Kommunikation, von Distanzierung und Annäherung, von Individualität und Konformismus. Und während draußen die Manöver der Großen stattfinden, üben hier die Kinder. Die Anzeige eines Jugendpensionates und Ferienheimes unter Leitung eines Pastors a.D. berichtet von dieser Kinderbeschäftigung »unter Aufsicht Erwachsener«: Aufgeteilt in »Kompagnieen« zieht man an den Strand, um Burgen zu bauen und Krieg zu spielen.[160]

Die Erwachsenen nutzen die relativ ungezwungene Atmosphäre, um sich näherzukommen. Manchen ›flirt‹ bekommen die Freys zu sehen. »Da liegen sie, Herren und Damen, im Sand eingewühlt vor ihren Strandhütten und belustigen sich.« Man wirft sich Sand an oder spielt Blindekuh und andere Spiele, wobei es oft laut zugeht. Jeden Morgen erscheint ein Fotograf und nimmt die Gesellschaft »in den malerischsten Gruppierungen auf«, zum Beispiel in einem Boot oder eben in der Strandburg.[161]

Sandburgenbau, Postkarte, um 1900

Das Baden in der See nimmt die wenigste Zeit in Anspruch. Den ersten Höhepunkt des Urlaubstages bildet lange Zeit die »Table d'hôte«, die große Mittagstafel. Während die Herrschaften dann am Nachmittag promenieren, ist es dem Dienstpersonal gegen Entrichtung der tariflich festgelegten Badegebühren erlaubt, die Seebadeanstalten zu besuchen; in Heringsdorf stehen ihnen die Badeanstalten von 6 bis 7 Uhr morgens und 17 bis 18 Uhr nachmittags zur Verfügung.[162] Reunions, Feuerwerke und andere Vergnügungen beschließen den herrschaftlichen Urlaubstag, sind den Dienstboten »im Interesse der übrigen Badegäste« jedoch verboten.[163]

Die gleiche Entwicklung wie bei der Unterkunft ist beim Essen zu beobachten. Im 19. Jahrhundert wird praktisch ausschließlich die regionale Küche angeboten. Die Gasthäuser offerieren nur einfache, bei längeren Aufenthalten oft sehr eintönige Speisefolgen. In größeren Kurorten und Seebädern sind Frühstück und Abendessen à la carte, zum Mittagessen versammelt mach sich zur Table d'hôte. Jeden Tag zur festgesetzten Stunde, in Heringsdorf um 13.30 Uhr, ruft die Glocke die Badegäste an der langen Tafel im Speisesaal zusammen. Auf Etikette und festliche Garderobe wird Wert gelegt. Eine einfache Regel bestimmt die Tischordnung: Der jeweils zuletzt eingetroffene Badegast nimmt am Tischende Platz und rückt mit der Abreise von Gästen allmählich vor.[164] Thomas Mann beschreibt in den »Buddenbrooks« 1901 dieses Ritual: »Die Table d'hôte war lustig, das Bad stand in Flor, viele Leute, … füllten den großen Saal des Kurhauses, an einem feierlichen Tischchen kredenzte ein schwarz gekleideter Herr die Suppe aus einer silberblanken Terrine, es gab vier Gänge, die schmackhafter, würziger und jedenfalls auf irgendeine festlichere Weise zubereitet waren als zu Hause, und an vielen Stellen der langen Tafeln ward Champagner getrunken.«[165]

Gegen Ende des 19. Jahrhunderts kommt die Table d'hôte aus der Mode. Fontane tut sie als unzeitgemäßen Brauch ab. Im Kurhaus in Heringsdorf existiert sie 1900 noch, das Menu kostet drei Mark, was Olga Frey als »teuer« empfindet. Individueller Service, kleine Tische, frei wählbare Zeiten ersetzen zunehmend den Zwang einer Tischgesellschaft, die einem oft nicht angenehm ist. Restaurants mit einem breiten Angebot an Speisen kommen als Alternative zu den großen Speisesälen der Hotels auf. Sie heften die Tagesmenus draußen an, für die Besucher aus der Schweiz eine offenbar unbekannte, aber »sehr zweckmäßige Sitte«. »Ganz ungeniert studiert man die verschiedenen Tageskarten, sieht sich auch den nebenstehenden Preis an …« Erst mit der Zunahme der Badedauer verlagert sich im Laufe der Zeit die Hauptmahlzeit immer mehr zum Abend hin.[166]

Ziel des Urlaubs ist schon im 19. Jahrhundert, sich zu erholen und zu vergnügen. Bad, Essen, Promenade, Brett- oder Kartenspiel, Briefeschreiben, Lektüre, Konversation, Handarbeit für Damen und Ausflug in die Umgebung bestimmen den Tagesablauf. In einigen wenigen Seebädern gibt es Spieltische und Spielbanken, in den meisten aber stehen nur die Gesellschaftsräume des Konversationshauses zur Verfügung.[167] Ende des 19. Jahrhunderts steigen die Ansprüche auch an die Unterhaltung. Neureiche geben den Ton an. Man macht keine Spaziergänge, sondern flaniert auf der Promenade und dem Landungssteg. Man stellt sich und seine Mode zur Schau und reflektiert auf »gesellschaftliche Ereignisse«. Strand und Meer dienen als Kulisse für die Selbstdarstellung der herausgeputzten Badegesellschaft; die Garderobe mit ausgesuchten Accessoires, Hüten, Schals, Schirmen und Handschuhen wird präsentiert. Tanzveranstaltungen im Kurhausfestsaal, Bälle an Bord der Salondampfer, Konzerte und Theater bieten Abwechslung. Der Sport wird immer wichtiger, Radtouren kommen in Mode, Lawn-Tennis, Croquet und Boccia verkürzen die Zeit.[168]

Die Kurmusik spielt täglich im Strandkasino, am Wochenende tanzt man Walzer, es herrscht »reger Verkehr bis in die Nacht hinein«, Feuerwerke und bengalische Beleuchtung erhellen den Nachthimmel.[169]

Trotz der Abwechslung sind Badeferien von einer gewissen Eintönigkeit. Und trotz aller zur Schau gestellten (relativen) Lockerheit dominiert auch am Strand ein gesellschaftlicher Kodex, der das Verhalten jedes einzelnen bis ins Kleinste regelt; unzählige Rituale werden von Menschen beachtet, die sich nie zuvor begegnet sind und sich auch nie wieder begegnen werden. Das auf den ersten Blick so unspektakuläre Strandleben mit seiner Monotonie und seinen Regeln bietet daher eine gute Basis zum Studium einer Gesellschaft, ihrer Werte, Verhaltensweisen und Gepflogenheiten.

Ähnlich verhält es sich mit dem Text von Olga Frey. Er bietet weder sprachlich noch inhaltlich Außergewöhnliches, aber gerade dadurch macht er den Blick frei auf das Leben und Erleben einer bestimmten Gesellschaftsschicht und einer bestimmten Epoche. Unmittelbarer als im Text einer selbstkritisch-intellektuell reflektierenden Person wird die bürgerliche Welt um die Jahrhundertwende sichtbar – in ihrer ganzen Alltäglichkeit und »Banalität« ebenso wie in ihrer sozio-politischen und kulturellen Bedeutung, die eine ganze Epoche prägt.

Anmerkungen

1 Erismann, Altes und neues Aarau, 17.
2 Erismann, Anno dazumal, 14, 56–58, 62–64; Aarau, 154–163.
3 Erismann, Chronik, 79, 83f.; Erismann, Anno dazumal, 8.
4 Erismann, Anno dazumal, 5, 8, 12; ders., Aarau, 5–14.
5 Erismann, Anno dazumal, 43–49.

6 Ebd., 9f., 20–28, 38f.; ders., 700 Jahre Aarau, 125, 128.
7 Erismann, Anno dazumal, 50, 52–56, 85.
8 Ebd., 65–75.
9 Osborn, 87–93, 107.
10 Erismann: Altes und neues Aarau, 17; Modrow, 9; Berlin, Berlin, 42.
11 Huret, 30; Schneider, 305; Modrow, 17f.
12 Modrow, 130f.
13 Löschburg, 157–168; Modrow, 23; zur Entwicklung der Berliner Prunkstraße zwischen 1855 und 1914 vgl. Stadtmuseum Berlin.
14 Modrow, 20, 36–47, 55–57, 85f.; Berlin um 1900, 57f.; Lange, 81.
15 Modrow, 22, 59–64, 69–75, 77–83, 110.
16 Modrow, 111–126; Berlin, Berlin, 39f.; vgl. insgesamt zur Stadtentwicklung um 1900: Modrow, 15–132.
17 Vielsitziger Mietwagen für Landpartien und Ausflüge, nach einem gleichnamigen Hofrat benannt, der 1822 die erste Berechtigung für das Aufstellen solcher Wagen in Berlin erhielt.
18 Vgl. zur Verkehrsentwicklung: Schneider, 314, 344–346; Osborn, 107–109, 132–136, 158–161; Schüddekopf, 197.
19 Ullmann, 10–13, 95–137.
20 Berlin, Berlin, 256. Zu Kaiser Wilhelm II. vgl. Balfour.
21 Berliner Pflaster. Berlin 1891, 235f., zit. nach Löschburg, 172.
22 Berlin und die Berliner, 300.
23 Löschburg, 173.
24 Berlin und die Berliner, 295.
25 Löschburg, 176–178.
26 Nipperdey, Bd. 1, 417–419; vgl. generell zur Klassengesellschaft: Ebd., 414–427.
27 Modrow, 250f.
28 Berlin, Berlin, 257; Masur, 90.
29 Masur, 92–95; Berlin, Berlin, 255; Modrow, 252.
30 Laforgue, zit. nach Baehr, 70; Huret, 8; vgl. auch Masur, 90f.
31 Nipperdey, Bd. 1, 395.
32 Berlin um 1900, 49–51.
33 Masur, 90, 97f.
34 Berlin, Berlin, 255.
35 Huret, 27, 33.
36 Berlin, Berlin, 38f., 157–161; Schneider, 310; Ullmann, 95–105; Osborn, 114–117.
37 Berlin, Berlin, 333.
38 Vgl. zur Wohnungssituation in Berlin: Asmus.
39 Berlin, Berlin, 40f., 240f.
40 Schneider, 366.
41 Löschburg, 173.
42 Zweig, 109f.
43 Holmsten, 196–202; Berlin, Berlin, 260f., 276.
44 Berlin, Berlin, 41.
45 In Anspielung auf das in der Nähe gelegene »Kaufhaus des Westens« nannten die Berliner die Kirche »Taufhaus des Westens«. Masur, 222.

46 Osborn, 149f.
47 Modrow, 9f., 33.
48 Modrow, 55–57; Osborn, 161–166, 171–173. Zur Architektur um 1900 in Berlin: Berlin um 1900, 210–242.
49 Ermann, 365.
50 Zit. nach Masur, 215.
51 Huret, 29.
52 Die Berliner nennen sie Puppenallee, Masur, 216.
53 Siegesallee, 5f.
54 Modrow, 206. Berlin und die Berliner, ein 1905 erschienener, bisweilen sarkastischer Reiseführer, nennt Begas spöttisch »unser Michelangelo«, 92.
55 In Andrees Œuvrekatalog sind insgesamt neun Bilder Böcklins im Besitz Seegers aufgeführt. Er gehört damit zu den wichtigsten zeitgenössischen Böcklin-Sammlern. Acht Bilder aus der Sammlung werden 1899 versteigert. Das letzte, die »Meeresidylle«, verkauft Seeger 1901 der Neuen Galerie, Wien, für 100 000 Mark. Andree, 97.
56 Schneider, 353. Zur Sezession vgl. Paret.
57 Zu Liebermann vgl. Busch.
58 Zu Leibl vgl. Röhrl, Czymmek/Lenz, Ruhmer.
59 Kleine Schriften, Basel, 1946, 254, zit. nach Andree, 476; zu Böcklin vgl. auch Holenweg, Christ, Zelger.
60 Schneider, 354.
61 Berlin, Berlin, 277f.; Glatzer, Kaiserstadt, 179. Zu Werner vgl. Bartmann.
62 Berlin, Berlin, 307; Schneider, 369f.
63 Zu Menzel vgl. Keisch, Hermand, Lammel.
64 Zu von Tschudi vgl. Paul.
65 Nipperdey, Bd. 1, 708; Bausinger, Bürgerlichkeit, 135–139; Zelger, 53f.
66 Zit. nach Glatzer, Kaiserstadt, 201.
67 Modrow, 177, 180.
68 Zu Literatur und Theater: Berlin um 1900: 299–374; Masur, 159–180, 215f., 254–260; Félix und Pierre Bertaux: Berlin 1880–1890 – Hauptstadt des Naturalismus, in Kühn, 250–264.
69 Osborn, 95f.; Flügge, 154.
70 Flügge, 159.
71 Schneider, 336; Schüddekopf, 210; Modrow, 190–200.
72 Eduard von Winterstein, zit. nach Schneider, 376f.; zu den Varietés vgl. auch Glatzer, Kaiserstadt, 230–232; Buchner, Günther.
73 Vgl. zur Geschichte der Massenkultur: Maase.
74 Schneider, 376f.
75 Zum Kaiserhof vgl.: Bodo-Michael Baumunk: Grand Hotel. In: Die Reise nach Berlin, 192–198.
76 Huret, 54.
77 Modrow, 228f.; Schneider, 340; Huret lernt in Berlin auch das zu den großen Portionen passende Sprichwort kennen: »Lieber den Magen verrenkt, als dem Wirt was geschenkt.« Huret, 228.
78 Huret, 53.
79 Paul Lindenberg, zit. nach Schneider, 338.

80 Zit. nach Berlin, Berlin, 212f., vgl. auch Masur, 128.

81 Johannes Trojan, zit. nach Glatzer, Kaiserstadt, 213.

82 Lange, 98.

83 H. Ostwald, zit. nach: Ich weiß Bescheid in Berlin. Vollständiger systematischer Führer durch Groß-Berlin für Fremde und Einheimische, für Vergnügungs- und Studienreisende. Berlin 1908, zit. nach: Berlin um 1900, 58.

84 Modrow, 230–233.

85 Frey, 92, 192.

86 Ammann, Alt-Aarau, 106–108, 116.

87 Kutter, 27.

88 Ebd., 106–127; Biographisches Lexikon des Aargaus, 917f.; Lebensbilder aus dem Aargau, 83–99 (zu Zschokke) und Lexikon des Aargaus, 652f.; Lebensbilder aus dem Aargau, 100–103 (zu Sauerländer); vgl. auch Holger Böning: Heinrich Zschokke und sein »Aufrichtiger und wohlerfahrener Schweizerbote«. Die Volksaufklärung in der Schweiz. Bern, Frankfurt, New York 1983; Eduard Vischer: Heinrich Zschokke – einst und heute. In: Argovia 104 (1992), 164–174.

89 Urner, 21, 102, 495 und generell zur Rolle der Deutschen in der Schweiz.

90 Frey-Herosé, Selbstbiographie, 1.

91 Erismann, Anno dazumal, 80f.

92 Urner, 558–568.

93 Treue, 140.

94 Fröhlich, 73–95; Schüddekopf, 48f., 117.

95 Schüddekopf, 121; Die Bildpostkarte, 26.

96 Zit. nach Fröhlich, 166, zur imperialistischen Außenpolitik vgl. Fröhlich.

97 Gautschi,159.

98 Wille, 80. Als eine der wenigen frühen Publikationen zum Tourismus an der Küste Vorpommerns vgl. M. Friederichsen: Vorpommerns Küsten und Seebäder. Greifswald 1912.

99 1793 im Göttinger Taschen Calender publiziert.

100 Saison am Strand, 10–25; Prignitz, Badekarren, 11–22, 35–54; Merker, 221; Tilitzki/Glodzey, 515.

101 Heine, 121.

102 Ebd., 121–127.

103 Fontane, Briefe, 168f.

104 Wille, 79.

105 Wegener, 123, 134f.

106 Grieben: Misdroy, Swinemünde, Ahlbeck, Heringsdorf, Bansin, 48.

107 Wille, 93.

108 Wegener, 135f.

109 Wille, 93; Tilitzki, Küstenfischer, 201–218.

110 Wille, 95f.

111 Tilitzki/Glodzey, 518.

112 Wille, 80.

113 Wegener, 12f., 135f.

114 Wille, 80; Wegener, 136; Merian, Deutsche Ostseeküste, 98f.; Vorpommersche Küstenregion, 293; Grieben: Misdroy, Swinemünde, Ahlbeck, Heringsdorf, Bansin, 48.

115 Zit. nach Prignitz, Badekarren, 121.
116 Tilitzki/Glodzey, 520–522.
117 Wille, 82.
118 Tilitzki/Glodzey, 518; Wegener, 136. Ahlbeck hat heute die letzte noch erhaltene Seebrücke von Mecklenburg-Vorpommern. Zu den noch erhaltenen Baudenkmälern der Insel Usedom vgl. Vorpommersche Küstenregion.
119 Jeschek, 3; Merker, 301.
120 Wegener, 138.
121 Tilitzki/Glodzey, 522.
122 Wegener, 135f.; Bausinger, Bürgerliches Massenreisen, 142, 144.
123 Wille, 81–83.
124 Ebd., 89f.; Merian, Deutsche Ostseeküste, 98.
125 Grieben: Misdroy, Swinemünde, Ahlbeck, Heringsdorf, Bansin, eingeheftetes Werbeblatt, 4.
126 Sanjin, 40.
127 Wille, 90.
128 Ebd., 84.
129 Ebd., 87.
130 Prignitz, Badekarren, 131; Tilitzki/Glodzey, 520; Wille, 81.
131 Vorpommersche Küstenregion, 17; zu den heute noch vorhandenen Baudenkmälern in Heringsdorf vgl. ebd., 293–306.
132 Tilitzki/Glodzey, 529f.
133 Wegener, 136f.
134 Koch, 48.
135 Theodor Fontane: Autobiographische Schriften. Zürich 1987.
136 Fontanes Briefe in zwei Bänden, Bd. 2, 305.
137 Wille, 138; Merian, Deutsche Ostseeküste, 113.
138 Tucholsky, 178.
139 Wille, 135–137.
140 Saison am Strand, 74f.; Wille, 83f.
141 Fontanes Briefe in zwei Bänden, Bd. 2, 305.
142 Tilitzki/Glodzey, 530f.
143 Saison am Strand, 75f.
144 Heine, 146/149.
145 Prignitz, Badekarren, 85–100; Saison am Strand, 100–104.
146 Huret, 39.
147 Grieben: Misdroy, Swinemünde, Ahlbeck, Heringsdorf, Bansin, 39 und Plan bei 48.
148 Prignitz, Badekarren, 141; Saison am Strand, 108; Wille 86.
149 R. Kind: Das Seebad zu Swinemünde, Stettin 1828, 30f., zit. nach Tilitzki/Glodzey, 516.
150 Grieben: Misdroy, Swinemünde, Ahlbeck, Heringsdorf, Bansin, 39f.
151 Zit. nach Prignitz, Badekarren, 94.
152 Huret, 127f.
153 Prignitz, Badekarren, 147–149.
154 Saison am Strand, 34–38, 114; Prignitz, Meeresbaden, 9.

155 Saison am Strand, 114, 145f.
156 Grieben: Ost- und Nordsee-Bäder, 62; vgl. auch Saison am Strand, 39–45, 126.
157 Prignitz, Badekarren, 149–157; Merian, Deutsche Ostseeküste, 12f. An der Nordseeküste waren ähnliche Körbe allerdings schon vorher bekannt. Prignitz, Meeresbaden, 8.
158 Sanjin, 41.
159 Grieben: Misdroy, Swinemünde, Ahlbeck, Heringsdorf, Bansin, 44.
160 Saison am Strand, 139f.
161 Zu den Strandburgen vgl. Kimpel/Werckmeister.
162 Grieben: Misdroy, Swinemünde, Ahlbeck, Heringsdorf, Bansin, 39.
163 Wille, 87.
164 Saison am Strand, 82f.
165 Mann, 632.
166 Saison am Strand, 84.
167 Ebd., 90f.
168 Grieben: Misdroy, Swinemünde, Ahlbeck, Heringsdorf, Bansin, 41.
169 Ebd., 41, 45f.; zu Sport, Spiel und Unterhaltung im Seebad vgl. auch Prignitz, Badekarren, 54–73.

Literaturverzeichnis

Aarau. Geist und Antlitz der Stadt. Genf 1959.
Ammann, Hektor: Der Bezirk Aarau. Heimatgeschichte und Wirtschaft. Zürich 1945.
Ammann, Hektor: Alt-Aarau. Aarau 1944[2].
Andree, Rolf: Arnold Böcklin. Die Gemälde (Œuvrekataloge Schweizer Künstler, 6), Basel, München 1977, 1996[2].
Asmus, Gesine (Hg.): Hinterhof, Keller und Mansarde. Einblicke in Berliner Wohnungselend 1901–1920. Reinbek bei Hamburg 1982.
Baehr, Ulrich (Hg.): Mythos Berlin – Wahrnehmungsgeschichte einer industriellen Metropole. Berlin 1984.
Balfour, Michael: Der Kaiser. Wilhelm II. und seine Zeit. Berlin 1996.
Bartmann, Dominik: Anton von Werner. Berlin 1985.
Baur, Anton: Aargauische Kantonalbank 1913–1942. Diss. Freiburg, Wohlen 1943.
Bausinger, Hermann: Bürgerlichkeit und Kultur. In: Kocka, Jürgen (Hg.): Bürger und Bürgerlichkeit im 19. Jahrhundert. Göttingen 1987, 121–142.
Bausinger, Hermann: Bürgerliches Massenreisen um die Jahrhundertwende. In: Ueli Gyr (Hg.): Soll und Haben. Alltag und Lebensformen bürgerlicher Kultur. Festgabe für Paul Hugger zum 65. Geburtstag. Zürich 1995, 131–147.
Berlin, Berlin. Die Ausstellung zur Geschichte der Stadt. Katalog, hg. von Gottfried Korff und Reinhard Rürup. Berlin 1987.
Berlin um 1900. Ausstellung der Berlinischen Galerie in Verbindung mit der Akademie der Künste, 1984. Hg. Berlinische Galerie e.V. in Verbindung mit der Akademie der Künste und der Berliner Festspiele GmbH. Berlin 1984.
Berlin und die Berliner. Leute, Dinge, Sitten, Winke. Karlsruhe 1905.
Die Bildpostkarte in Deutschland. Auch ein Spiegel ... der Kulturgeschichte. Ausstellung 20. Oktober – 30. November 1965. Altonaer Museum in Hamburg. Hamburg 1965.
Biographisches Lexikon des Aargaus 1803–1957. Zweiter Band der Jubiläumsausgabe zum 150jährigen Bestehen des Kantons. Argovia 68/69 (1958) (Aarau 1958).
Buchner, Eberhard: Varieté und Tingeltangel in Berlin. Berlin 1909.
Busch, Günter: Max Liebermann. Maler, Zeichner, Grafiker. Frankfurt a.M. 1986.
Christ, Dorothea: Arnold Böcklin 1827–1901. Gemälde, Zeichnungen, Plastiken. Ausstellung zum 150. Geburtstag. Basel 1977.
Czymmek, Goetz, Christian Lenz (Hg.): Wilhelm Leibl zum 150. Geburtstag. Heidelberg 1994.
Erismann, Paul: Altes und neues Aarau. Hinweise auf Wesen und Geschichte einer kleinen Stadt. Aarau 1954.
Erismann, Paul: Aarau (Schweizer Heimatbücher 37, Aargauische Reihe, erster Band), Bern 1950.
Erismann Paul: Anno dazumal in Aarau. Ein lokalgeschichtlicher Rückblick auf die Zeit der Jahrhundertwende. Aarau 1952.
Erismann, Paul: 700 Jahre Aarau, 1248–1948. Bilder aus Geschichte und Alltag einer kleinen Stadt. Aarau 1948.
Erismann, Paul: Von Aarauer Handwerk und Gewerbe. Gewerbeverein Aarau 1864–1964. Aarau (1964).
Erismann, Paul: Kleine Aarauer Chronik 1248–1950. Aarau 1951.
Erismann, Paul: Aarauer Straßennamen. Aarau 1957.

Erismann, Paul: Die Aarauer Stadtammänner und Stadtschreiber von 1803 bis 1961. Aarau, o.J.

Ermann, Hans: Berliner Geschichten. Geschichte Berlins. Historien, Episoden, Anekdoten. Herrenalb 1966.

Flügge, Gerhard, Heinrich Zille: 'ne dufte Stadt ist mein Berlin. Berlin 1979.

Fontane, Theodor: Briefe I. Briefe an den Vater, die Mutter und die Frau. Hg. von Kurt Schreinert. Frankfurt a.M., Berlin 1968.

Fontanes Briefe in zwei Bänden. Hg. v. den Nationalen Forschungs- und Gedenkstätten der klassischen Deutschen Literatur in Weimar. Berlin u. Weimar 1980^2.

Frey Ernst, Güggs, Zurzach 1984. Neudruck der Auflage 1915.

Frey-Herosé, Friedrich: Aus der handschriftlich hinterlassenen Autobiographie. (Argovia. Taschenbuch für das Jahr 1882). Aarau 1882.

Fröhlich, Michael: Imperialismus: Deutsche Kolonial- und Weltpolitik 1880–1914. München 1994 (Deutsche Geschichte der neuesten Zeit).

Gautschi, Willi: Geschichte des Kantons Aargau, Bd. 3, 1885–1953. Baden 1978.

Glatzer, Ruth: Berlin wird Kaiserstadt. Panorama einer Metropole 1871–1890. Berlin 1993.

Glatzer, Ruth: Das Wilhelminische Berlin. Panorama einer Metropole. Berlin 1997.

Griebens Reisebücher, Bd. 55: Die Ostsee- und Nordsee-Bäder. Praktischer Wegweiser. 8. Auflage, Berlin 1898.

Griebens Reisebücher, Bd. 56: Misdroy, Swinemünde, Ahlbeck, Heringsdorf, Bansin. 12. Auflage, neu bearbeitet von Th. Stromer. Berlin 1900.

Günther, Ernst: Geschichte des Varietés. Berlin 1978.

Heine, Heinrich: Reisebilder. Erster und zweiter Teil. Hamburg, Berlin, 1826. (Heine Werke in Einzelausgaben. Mit Bildern aus seiner Zeit. Hg. von G. A. E. Bogeng).

Hermand, Jost (Hg.): Adolph Menzel. Mit Selbstzeugnissen und Bilddokumenten. Reinbek bei Hamburg 1986 (Rowohlts Monographien 361).

Holenweg Hans, Franz Zelger: Arnold Böcklin. Die Zeichnungen (Œuvrekataloge Schweizer Künstler, 16), Basel 1996.

Holmsten, Georg (Hg.): Berlin in alten und neuen Reisebeschreibungen. Düsseldorf 1989.

Hürlimann, Martin: Berlin. Königsresidenz, Reichshauptstadt, Neubeginn. Zürich und Freiburg i. Br. 1981.

Hunziker, Gertrud: Helles und dunkles Rankenwerk um ein altes Bürgerhaus. In: Welt und Leben, Beilage zum Aargauer Tagblatt Nrn. 47–49, 1937.

Huret, Jules: Berlin. (In Deutschland. Dritter Teil). München 1909.

Jeschek, Franz: Vom Fischer- und Bauerndorf zum Ostseebad Koserow. In: Heimathefte für Mecklenburg und Vorpommern 6/2 (1996), 3–6.

Keisch, Claude, Marie Ursula Riemann-Reyher (Hg.): Adolph Menzel 1815–1905. Das Labyrinth der Wirklichkeit. Köln 1997.

Kimpel, Harald, Johanna Werckmeister: Die Strandburg. Ein versandetes Freizeitvergnügen. Marburg 1995.

Koch, Ingo, Brigitta Meuche: Regional- und Freizeitführer Mecklenburg-Vorpommern. Hamburg 1991.

Kühn, Hellmut: Preußen. Dein Spree-Athen. Beiträge zu Literatur, Theater und Musik in Berlin. Preußen. Versuch einer Bilanz. Eine Ausstellung der Berliner Festspiele GmbH. Katalog, Bd. 4. Berlin 1981.

Kutter, Markus: Die Schweizer und die Deutschen. Es hätte auch ganz anders kommen können... Zürich 1995.

Lammel, Gisold: Adolph Menzel. Bd. 1: Bildwelt und Bildregie, Bd. 2: Menzel und seine Kreise. Dresden, Basel 1993.

Lange, Annemarie: Das Wilhelminische Berlin. Zwischen Jahrhundertwende und Novemberrevolution. Berlin 1967.

Lebensbilder aus dem Aargau 1803–1953. Jubiläumsgabe zum 150jährigen Bestehen des Kantons. Argovia 65 (1953).

Löschburg, Winfried: Unter den Linden. Gesichter und Geschichten einer berühmten Straße. Berlin 1976 (3. Auflage), 1971.

Maase, Kaspar: Grenzenloses Vergnügen: Der Aufstieg der Massenkultur 1850–1970. Frankfurt a.M. 1997.

Mann, Thomas: Buddenbrooks. Verfall einer Familie. Stuttgart 1974 (Gesammelte Werke in 13 Bänden, Band 1).

Masur, Gerhard. Das kaiserliche Berlin. München, Wien, Zürich 1971.

Merian: Deutsche Ostseeküste. Mai 1994.

Merker, Ingeborg: Richtig reisen. Deutsche Ostseeküste. Köln 1993.

Modrow, Hans O.: Berlin 1900. Querschnitt durch die Entwicklung einer Stadt um die Jahrhundertwende. Berlin 1936.

Mommsen, Wolfgang J.: Bürgerstolz und Weltmachtstreben. Deutschland unter Wilhelm II. 1890 bis 1918. Berlin 1995 (Propyläen Geschichte Deutschlands, 7/2).

Nipperdey, Thomas: Deutsche Geschichte 1866–1918. 2 Bde., München 1990, 1992.

Oehler Robert: Die Frey von Aarau 1773–1949. Aarau 1949.

Osborn, Max: Berlin 1870–1929. Der Aufstieg zur Weltmacht. Berlin 1994 (Nachdruck von 1929).

Paret, Peter: Die Berliner Secession. Moderne Kunst und ihre Feinde im Kaiserlichen Deutschland. Berlin 1981.

Paul, Barbara: Hugo von Tschudi und die moderne französische Kunst im deutschen Kaiserreich. Mainz 1993.

Prignitz, Horst: Meeresbaden in Mecklenburg. In: Mecklenburg-Magazin 17, 21. August 1992, 5–11.

Prignitz, Horst: Vom Badekarren zum Strandkorb. Zur Geschichte des Badewesens an der Ostseeküste. Leipzig 1977.

Die Reise nach Berlin. Hg. von der Berliner Festspiele GmbH im Auftrag des Senats von Berlin zur 750-Jahr-Feier Berlins 1987.

Röhrl, Boris: Wilhelm Leibl. Leben und Werk. Hildesheim, Zürich 1994.

Ruhmer, Eberhard: Der Leibl-Kreis und die Reine Malerei. Rosenheim 1984.

Saison am Strand: Badeleben an Nord- und Ostsee, 200 Jahre. Ausstellungskatalog Altonaer Museum in Hamburg, Norddeutsches Landesmuseum, Herford 1986.

Sanjin, Sazanami: Briefe eines Japaners aus Deutschland. Hg. von H. Haas. Bremen, Yokohama, Shanghai 1904.

Schmid, Arthur: Die Aargauische Bank 1854–1912. Aarau 1913.

Schneider, Wolfgang: Berlin. Eine Kulturgeschichte in Bildern und Dokumenten. Leipzig und Weimar 1980.

Schüddekopf, Otto-Ernst: Herrliche Kaiserzeit. Deutschland 1871–1914. Frankfurt a.M., Berlin 1973.

Die Siegesallee. Amtlicher Führer durch die Standgruppenbilder. Hg. auf Veranlassung des Königlichen Unterrichtsministeriums. Berlin o.J.

Stadtmuseum Berlin (Hg.): Unter den Linden. Historische Photographien. Mit Texten von Dieter Hildebrandt, Hans-Werner Klünner, Jost Hansen. Berlin 1997.

Stein, Gerhardt: Die Reichshauptstadt, wie sie wurde und wie sie ist. Berlin 1896.

Tanner, Albert: Freizeitgestaltung und demonstrativer Müßiggang im Bürgertum. In: Ueli Gyr (Hg.): Soll und Haben. Alltag und Lebensformen bürgerlicher Kultur. Festgabe für Paul Hugger zum 65. Geburtstag. Zürich 1995, 113–129.

Tilitzky, Christian: Ostdeutsche Küstenfischer im Spiegel der Reise- und Bäderliteratur des 19. Jahrhunderts. In: Jahrbuch für ostdeutsche Volkskunde 25 (1982), 201–218.

Tilitzki, Christian, Bärbel Glodzey: Die deutschen Ostseebäder im 19. Jahrhundert. In: Rolf Bothe (Hg.): Kurstädte in Deutschland. Zur Geschichte einer Baugattung. Berlin 1984, 513–536.

Treue, Wilhelm (Hg.): Drei deutsche Kaiser: Wilhelm I. – Friedrich III. – Wilhelm II. Ihr Leben und ihre Zeit 1858–1918. Freiburg, Würzburg 1987.

Tucholsky, Kurt: Saisonbeginn an der Ostsee. In: Gesammelte Werke in 10 Bänden. Hg. von Mary Gerold-Tucholsky, Fritz J. Raddatz. Bd. 3, 1921–1924. Frankfurt a. M. 1960, 176–179.

Ullmann, Hans-Peter: Das Deutsche Kaiserreich 1871–1918. Frankfurt a. M. 1995 (Neue Historische Bibliothek).

Urner, Klaus: Die Deutschen in der Schweiz. Von den Anfängen der Kolonienbildung bis zum Ausbruch des Ersten Weltkrieges. Frauenfeld, Stuttgart 1976.

Vorpommersche Küstenregion. Mit Stralsund, Greifswald, Rügen und Usedom. Bearbeitet von der Abteilung Forschung und Dokumentation durch Gerd Baier, Horst Ende u. a., Berlin 1995 (Die Bau- und Kunstdenkmale in Mecklenburg-Vorpommern).

Wegener, Georg: Deutsche Ostseeküste. Bielefeld und Leipzig 1900 (Land und Leute. Monographien zur Erdkunde, VII).

Wille, Hermann Heinz: Usedom. Von Meer und Haff und stillen Winkeln. Leipzig 1983.

Zelger, Franz: Arnold Böcklin. Die Toteninsel. Selbstheroisierung und Abgesang der abendländischen Kultur. Frankfurt a. M. 1991.

Zweig, Stefan: Die Welt von gestern. Erinnerungen eines Europäers. Berlin 1955.

Bildnachweis

Altonaer Museum, Hamburg 87, 237, 239, 241
Amerika-Gedenkbibliothek, Berlin 189
Bildarchiv der Landesbildstelle, Berlin 39, 60/61, 206
Glatzer, Berlin wird Kaiserstadt 151
Hürlimann 59
Illustrirte Zeitung, Leipzig/Berlin, März 1897 217, September 1900 228/29
Kathleen Blumenfeld, Paris 225
Modrow 47
Postkarten im Manuskript von Olga Frey 83, 85, 99, 195
Sammlung Paul Hugger 213
Staatliche Graphische Sammlung, München 185
Stein 129
Stadtmuseum Aarau 11, 14, 172/73, 212
Treue 183
Zentralbibliothek Zürich 52/53
Zürcher Wochen-Chronik, September 1912 211

Register

Das volkskundliche Taschenbuch

1

Johann Rudolf Weiß: *»Ah! dieses Leben, diese Farbenglut!«*
Zwei Schweizer auf Gesellenwalz im Orient (1865–1874). Herausgegeben von Paul Hugger. 304 Seiten, 1 farbige, 30 s/w Abbildungen.

2

Ernst Witzig: *»Da war's um mich geschehen«.*
Erinnerungen eines Hagestolz aus dem Basel des 19. Jahrhunderts. Herausgegeben von Paul Hugger in Zusammenarbeit mit Ernst Huber. 208 Seiten, 24 Abbildungen.

3

Marie Beyme: *»Fränzelis Kinderjahre«.* Fast eine Idylle in Klingnau. Herausgegeben von Walter Nef in Zusammenarbeit mit Paul Hugger und Peter Widmer. 48 Seiten, 16 farbige, 2 s/w Abbildungen.

4

Hans Jecker: *»Glück und Tücken der Menschheit«.*
Erinnerungen eines solothurnischen Offiziers, Politikers und Unternehmers. Herausgegeben von Hans Rindlisbacher. 272 Seiten, 32 Abbildungen.

5

Arved von Brasch: *»Frei wie nirgendwo in der Welt!«* Leben im alten Baltikum. Herausgegeben von Rudolf Mumenthaler. 320 Seiten, 31 Abbildungen.

6

August, Heinrich und Jakob Staub: *»Strenge Arbeit, schmale Kost, geringer Lohn«.*
Erinnerungen aus Oberrieden (ZH). Herausgegeben von Walter R. Bernhard, Gerold Hilty und Paul Hugger. 168 Seiten, 30 Abbildungen.

7

Adolf Krayer: *Als der Osten noch fern war.*
Reiseerinnerungen aus China und Japan 1860–69.
Herausgegeben von Paul Hugger und Thomas Wiskemann. 424 Seiten, 30 Abbildungen.

8

Walter Weigum: *»Ketzer, Kind und Konkubine«.*
Eine Kindheit in Appenzell (1913–1922).
Herausgegeben von Roland Inauen. 204 Seiten, 30 Abbildungen.

9

Regina Lampert: *Die Schwabengängerin.*
Erinnerungen einer jungen Magd aus Vorarlberg 1864–1874.
Herausgegeben von Bernhard Tschofen. 440 Seiten, 27 Abbildungen.

10

Albert H. Burkhardt: *Blosse Füsse, blutige Zehen, blaue Wunder.*
Eine Kindheit in Zürich-Seebach. Mit Zeichnungen von Max Trostel.
Herausgegeben von Paul Hugger und Kurt Wirth. 180 Seiten.

11

Rémy Rochat: *L'heure du Berger.* 160 pages, 20 photos.